세계 속의
소상공인

세계 속의 소상공인

박준수 · 정우성 지음

2014년 국내 자영업자로써 그리고 소상공인 구성원으로써 살아가는 사람들은 약600만명이다. 2013년 5월 통계청에서는 자영업자 비율이 사상 최저수치를 기록했다고 발표했다. 자영업자 수는 줄어들고 있으며 자영업자 중 절반 이상이 50~60대인 것을 고려하면 퇴직금을 모아 시작한 노후 준비에 실패한 사람들의 어려움은 크나큰 사회적 위험요소로 되고 있다. 30~59세 남성의 자살률은 이미 지난 10년간 2배 이상 늘었으며, 근로자의 최저임금지급에 대한 강조는 높아지고 있지만, 정작 최저임금을 지급해야 하는 자영업자들인 소상공인들의 최저생계 보장에는 아무도 관심을 갖지 않고 있다. 최저임금 지불 주체는 최저생계 보장은커녕 빚더미와 폐업, 심지어 자살에 이르는 고통 속에 신음하고 있는데 아무 관련이 없는 사람들은 곳곳에서 최저임금을 인상하라고 목소리를 높이고 있는 아이러니한 상황인 것이다.

2014년 2월 04일에는 경기 침체로 수금도 않되어 빚에 쪼들리면서 주변에는 자신의 어려움을 얘기하지 못하고 설날 전날에 어머니와 아내 그리고 자녀와 가족들이 모여있는 잔치집 분위기속에서 경영난으로 자살을 기도하였던 부동산 인테리어업자 김씨가 극적으로 구조된 이야기가 있었다. 이러한 불행으로 인한 슬픈 기사들은 TV와 신문을 통해서 매번 발표되어지고 있다. 평균 자살률 1위인 국가, 청년자살률 및 노인

자살률 1등인 국가, 젊은 사람이든 나이든 사람이든 오늘이 힘들고 내일이 너무나 막막해서 어쩔 수 없이 삶을 포기하는 사람들이 세계에서 제일 많은 국가, 노인빈곤율과 이혼율이 세계 1위인 국가 대한민국!

"800만 명의 비정규직 한 달 평균임금이 일백만원 초반에 불과하고, 600만 명의 자영업자 중 절반 이상이 한 달에 일백만원도 벌지 못하는 나라"라는 등 많은 소상공인들의 삶속에서 이제 희망이라는 단어는 점차 사라져가고 있다. 최근에 소상공인의 행복한 삶을 위해서 정부와 여러 기관들이 많은 정보, 자금, 기타 여러 부분에서 지원들이 생겨나고 있으나, 이러한 혜택을 경험한 소상공인 수는 매우 적은 상황에 있다. 또한 소상공인을 위한 전문 서적들이 선보이고 있으나, 그 내용과 목적이 다르게 작성되어 있고 저마다 제시하고자 하는 예기가 지금의 소상공인들의 현실 속에서 활용되고 응용되기에는 다소 어려운 부분들이 담겨져 있다.

본 서적은 국내를 중심으로 여러 방법들을 제시하여 현실을 극복해 보고자 하는 대부분의 소상공인 서적에서 벗어나, 세계를 중심으로 국내 소상공인들의 새로운 무대와 성장의 기회를 찾아보고자 하는 것을 목적으로 서적을 제작하게 되었다. 그리고 글로벌시장에서 성공한 국내외 소상공인 사례들을 담아내서 실제 글로벌시장을 진출에 대한 희망과 도전의 가능성을 보여주고자 하였다. 또한 글로벌시장 진출에 필요한 선진국들의 정책 및 제도관련 내용과 글로벌 강자가 되기 위하여 소상공인이 스스로 제로썸 게임의 국내시장 경쟁력을 뛰어넘어 글로벌시장으로 점프하기 위하여 비즈니스를 수행하는데 필요한 체계적인 사업계획을 전략적으로 수립하여, 실행하는 전략을 함께 담아내었다. 소상공인에게는 가장 중요한 애로사항이 가장 중요한 소상공인 자체의 혁신과 사업운영을 위한 징기스칸 같은 헝그리정신으로 무장된 직원과 동맥과 같은 유동성(자금)이 매우 중요하다. 저자는 과거 30년간 소상공인과 중소기업의 현장을 뛰어다니면서 지원 실패와 경험을 바탕으로 소상공인들에게 필요한 여러 견해와 소상공인을 글로벌 강상공인으로 지속성장을 위해서 준비해야 할 제언들을 포함하였고 현장의 중심에 있는 혁신과 변화로 지속성장을 꿈꾸며 실현해가는 소상공인 그리고 발톱의 가시를 등에서 찾고 있는 정부, 지원기관, 학계연구자들에게 실질적인 도움이 되었으면 한다. 우리 모두는 '빨리 가려면 혼자가고 멀리가려면 같이 가라'는 아프리카 속담을 되새기면서 이제는 선택과 집중을 통해서 소상공인에서 글로벌히든챔피언이 된 독일 및 스위스의 소상공인을 벤치마킹하면서 산학연관 핵심역량을 모아서 많은 대한민국 고유모델의 소상공인글로벌히든챔피언을 창출하기 위해서 힘차게 전진해야 할 중요한 절호의 시기임을 명심해야 한다.

공동저자는 대한민국 최고의 애국자인 소상공인들이 신바람 나는 세상을 만들기 위해 저희들의 부끄럽고 조그마한 땀을 진정한 강(强)상공인을 위해 바친다.

○ **공동저자 박준수**
저는 부족한 지식으로 포화상태인 국내시장의 한계를 보면서 소상공인이 강상공인이 되기 위하여 몇 가지를 생각해 보았습니다.
첫째, 사람입니다. 모든 문제의 발생은 사람에 있습니다. 소상공인

성장에 장애가 되는 문제는 임직원에 있습니다. 그중 창업초기, 성장기 소상공은 특히 기업가정신이 매우 중요합니다. 본인은 그동안 3,000여 개의 중소벤처기업 지원을 경험하면서 뼈저리게 느낀 점이 CEO의 투철한 사명감을 가진 기업가정신입니다. 대부분 중소벤처기업 CEO는 기업에 타인자금이 유입되어 유동성이 좋아지면 그때부터 춥고 배고프던 때를 금방 잊어버립니다. 이러한 도덕적 해이를 방지하기 위하여 소상공인에 대하여 기업가정신 함양을 위한 시스템을 갖추어 체계적인 교육과 훈련이 필요합니다. 또한 성공한 소상공인은 어느 누구보다도 우선적으로 사회적인 존경과 사랑을 받아야 합니다. 본인은 그들만큼 사회에 탁월한 기여를 하는 진정한 애국자는 없다고 생각합니다.

둘째, 소상공인은 경쟁력 있는 아이템의 성공적인 사업화를 통하여 국내시장을 뛰어넘어 글로벌시장 진출하여 유동성확보에 주력해야 합니다. 대한민국 시장은 매우 협소합니다. 5천만의 시장은 GDP대비 과도한 무역의존도를 가지고 있는 한국시장을 지향하는 소상공인은 치열한 경쟁으로 성공이 어렵습니다. 따라서 소상공인은 글로벌시장에서 승부할 수 있는 제품과 비즈니스모델을 찾아 승부를 걸어야 대박날 수 있습니다. 기술과 비즈니스 모델은 목적지까지 가는 차표(Ticket)라 생각합니다. 차표를 들고 CEO는 목적지까지 가야합니다. 목적지까지 가는 차표가 완행버스(저,중급기술과 비즈니스모델)냐 아니면 KTX(첨단 기술과 비즈니스모델)냐의 차이입니다. 최종적인 것은 기술 및 비즈니스모델(1000고지)이 생산(2000고지), 글로벌마케팅(3000고지)을 거쳐 유동성으로 누적되어야 합니다. 즉 아무리 좋은 기술과 비즈니스모델도 사업화되어 마케팅이 되지 않으면 소용이 없다는 뜻이지요

셋째, 소상공인은 성장단계별 자금지원이 수반되어야 지속적인 성장이 가능합니다. 간접금융(금융권 보증 및 대출)에 있어서 세계에서 한국처럼 완벽한 신용보증제도 등 중소벤처기업 지원제도가 잘 되어 있는 나라는 없다고 생각합니다. 이는 오히려 소상공인의 자생력을 약화시키는 결과를 가져올 수 있습니다. 자생력을 강화할 수 있도록 금융지원프로그램을 간접금융(투자)를 도입하는 등 리스트럭쳐링해야 한다고 생각합니다. 직접금융(투자) 제도를 소상공인에 과감하게 지원하야 글로벌경쟁력을 갖추고 성공할 가능성이 큽니다. 지금까지 우리나라는 2000년 설립한 한국벤처투자가 중소벤처기업과 사회적 기업에 대해서만 투자역할을 수행하고 있습니다. 정부와 민간 벤처캐피탈은 투자리스크가 많은 소상공인에 대한 투자에 대해서 그동안 무관심으로 일관하여 기술력과 비즈니스모델이 탁월한 소상공인의 스피드한 성장이 지체되고 있는 현실입니다. 이러한 점을 감안하면 향후 정부의 투자정책의 방향이 어느 곳에 있는지 시사점을 줍니다. 소상공인에 대한 투자기피 등 시장의 실패를 보완하는 정부와 대기업의 역활이 있어야 합니다. 대안으로 대기업이 사회적인 공유 측면에서 소상공인전용펀드에 출연하여 시장의 실패를 적극적으로 보완해주는 기능을 수행할 수 있는 방법이라고 생각합니다. 제가 한국벤처투자에 근무하면서 글로벌 마켓을 지향하는 세계적인 기술을 가진 창업초기 중소벤처기업을 투자하여 투자원금 회수와 투자이익을 실현점 등을 감안시 전문가가 철저하게 심사하여 투자할 경우 시장실패보완과 투자수익을 동시에 실현할 수 있다고 확신합니다.

넷째, 글로벌시장 진출 가능성이 있는 소상공인에 대하여 선택과 집중이 필요한 시기입니다. 특히 가능성이 있는 소상공인을 엄선하여 지원에 집중해야 할 시점입니다. 글로벌시장에서 고래가 될 수 있는 소상공인을 선택·발굴하여 집중 지원해야 합니다.

다섯째, 정부는 소상공인 정책을 기획하고 실행하는 관련 부서에 실력 있는 현장전문가를 과감히 영입하고 우대하여야 합니다. 기업과 사회의 변화의 속도에 비하여 느린 소상공인 정책을 기획 실행하는 데는 한계가 있고 많은 시간이 소요됩니다. 21세기는 큰 것이 작은 것을 잡아먹는 시대가 아니고 빠른 것이 느린 것을 잡아먹는 시대입니다.

본인은 기보캐피탈에서 근무시 외화표시 특별시설자금을 소상공인에 대출하였는데 IMF가 발생하여 환율인상으로 인한 기업의 당해 차입금이 두배로 늘어나게 됨으로써 원리금상환압박을 견디지 못하고 대한민국 최고의 기술(의약품연고 포장용기 제조)을 가진 소공인이 가족과 함께 동반 자살을 하게 된 사건을 목격하면서 융자지원담당자로서 소상공인에 대하여 아무런 도움을 줄 수 없는 무기력한 본인의 한계를 뼈저리게 느끼게 되어 계속근무를 고민한 적도 있었습니다. 초등학교시절 아버님이 가족생계를 위하여 생선이 가득한 리어카를 뒤에서 밀면서 마이산(전북 진안)을 둘러싼 동네들을 장사하던 추억과 1979년 전주상고를 졸업하고 서울로 무작정 상경하여 청량리역 맘모스백화점앞에서 액셔서리 노점상을 하면서 대학을 꿈을 실현하였던 아름답고 역동감이 넘치는 삶의 현장이 머리를 스칩니다. 그동안 소상공인과 같이 포럼과 학습을 하면서 소상공인의 문제와 애로를 깊이 있게 체험하고 고민하면서 지금같이 국내의 제로썸 게임의 논리로는 도저히 해결할 수 없다는 생각을 하게 되었고 이제는 소상공인이 점점 작아지는 국내시장을 뛰어넘어 대한민국 국부를 확장하는 리더로서 도약하여 신라 장보고와 고려 개성상인처럼 글로벌에서 춤을 추면서 경제영토를 확장해 가기위하여 경쟁력강화와 새로운 '도약과 꿈'을 실현할 수 있도록 도우미로서 작은 도움을 주고자, 현재 만들어진 소상공인 정책과 주변에서 성공의 방향으로 나갈 수 있는 방법과 국내외 성공 사례들을 모아서 최대한 소상공인들이 바로 활용할 수 있는 방향으로 내용들을 구성하였습니다.

마지막으로 묵묵히 뒷바라지하면서 고요한 호수처럼 든든한 버팀목이 되어 준 영원한 인생동지인 존경하고 사랑하는 아내 골롬바와 어린양 5발(발레리아 발레이오 발레티노 발렌티나 발비나)에게 감사를 드립니다.

또한 이순간에도 이순신장군님의 사즉필생(死卽必生) 정신을 무장하고 도광양회(韜光養悔)처럼 대한민국의 진정한 소상공인의 성공스토리를 엮어가는 경쟁력을 보유한 强상공인과 글로벌시장 진출을 기획하고 실행하는 진정한 애국자인 글로벌 强상공인에게 존경과 감사의 마음으로 이 책을 바칩니다.

○ **공동저자 정우성**

"Every time you state what you want or believe, you're the first to hear it. It's a message to both you and others about what you think is possible. Don't put a ceiling on yourself(당신이 바라거나 믿는 바를 말할 때마다, 그것을 가장 먼저 듣는 사람은 당신입니다. 그것은 당신이 가능하다고 믿는 것에 대해서 당신과 다른 사람 모두를 향한 메시지입니다. 스스로에 한계를 두지 마세요.)"

- Oprah Winfrey(오프라윈프리) -

유소년시절 꿈과 희망도 없었던 시간속에서 운동을 시작하여 운동선수로써 인생을 살아가려고 했었던 과거를 뒤로하고, 이제는 경영전략을 통해서 인생의 새로운 성공을 꿈꾸며, 열정과 도전을 통하여 매 순간 스스로의 한계를 극복하여 살아가고 있습니다. 과거의 한계라고 여겨졌던 모든 것들을 이겨내고, 이제는 제2의 인생을 멋지게 살아갈 수 있도록 기획·실행·평가에서 항상 아낌없는 조언을 해주시고 계시는 박준수 교수님 그리고 본 서적을 위해서 성공사례를 발견하고 글을 작성하는데 보이지 않는 많은 도움과 끊임없는 응원을 해주신 나의 부모님이시자 인생의 가장 소중한 멘토이신 정택구 대표이사님과 김애경 선생님께 진심어린 감사의 말씀 드립니다. 또한 부족한 저의 부분을 보이지 않게 도와주고 격려해준 소중한 YUNXIAOPENG님 에게도 진심어린 감사의 말씀 드립니다. 그 밖에 대한민국 소상공인들과 함께 사회 속에서 한명의 소상공인으로 살아가고 있는 저의 가족과 친족들에게도 다시한번 감사의 말씀 드리며, 지금 이 순간에도 끊임없는 도전으로 새벽까지 자신의 위치에서 일하고 있는 대한민국 600만 소상공인들의 가슴속에서 '희망'과 '도전'이 찬란하게 타오를 수 있도록 본 서적이 작은 등불과 힘이 되시기를 진심으로 기도합니다.

"Self-confidence is the first requisite to great undertakings(자신감은 위대한 과업의 첫째 요건이다)"라는 사무엘존슨의 명언이 있다. 본서는 대한민국의 소상공인들에게 막연하게 느껴졌던 글로벌 진출에 한 발짝 가깝게 다가가게 해주는 내용들을 담고 있다. 특히 국내와 해외의 소상공인에 대한 현재의 상황에 대해서 설명해주고 있고, 특히 현재 소상공인들이 가진 문제점과 여러 가지 애로사항이 무엇이며 정부가 소상공인들에게 제공하고 있는 정책자금의 한계와 대안을 제시해주고 있어서 소상공인들에게 바로 필요한 내용들을 설명해 주고 있다. 또한 소상공인들에게 지금 바로 참여 가능한 정책자금에 대한 부분이외에 소상공인들이 필요로 하는 디자인, 상표, 기타 여러 기술들에 대한 연구개발(R&D)자금에 대한 지원자금 대폭확대, 신규 기술도입을 위한 기술사업화(C&D)지원, 소상공인 전용 투자펀드 조성지원 등을 적극 도입하여 포화상태인 국내시장을 뛰어넘어 글로벌시장에 진출할 수 있도록 전략적인 방법을 제공하고 있어 서적에서 부족한 부분은 직접 관련 기관으로 쉽게 문의할 수 있도록 매뉴얼화 되어 있다. 특히 소상공인에 대한 여러 가지 정보들을 쉽게 볼 수 있도록 정리해서 담고 있는 것은 이 책의 특별한 매력이다. 본 책에서는 그동안의 중소기업 및 각종 부분에서 참여한 경험을 바탕으로 소상공인들에게 글로벌 이라는 새로운 방향성을 제시해 주고 있고 글로벌시장에서 필수적인 부분인 글로벌마케팅에 대한 접근 방법을 제시해 주고 있다. 또한 많은 소상공인들이 글로벌마케팅을 이행하는데 많은 부분에서 활용될 수 있는 기본적인 사업계획서에 대한 작성방법을 이론과 사례를 함께 보여주고 있어서 책 한권으로 생생한 현장 속에서 바로 활용될 수 있도록 만들어졌다. 소상공인들이 국내의 치열한 상황에서 힘들어 하는 것이 아닌 글로벌 세상 속에서 당당한 주역으로 성장고자 하는 작은 거인인 强상공인에게 본서를 감히 추천한다.

2014. 08. 18.

SLA소상공인리더스아카데미 1기 회장

백년화편 회장 이조우

제1장

소상공인 글로벌
히든챔피언 전략

Ⅰ. 소상공인과 글로벌

A. 소상공인에게 FTA(자유무역협정)란?

한-미 FTA, 한-칠레 FTA, 한-EU FTA 등 많은 국가들과 우리는 FTA를 발효하고 있다. 세계적으로 FTA가 빠르게 확산됨에 따라 글로벌 교역에서 FTA 체결국간의 교역이 차지하는 비중도 지속적으로 늘어나고 있다. 2011년 7월1일자의 한-유럽연합(EU) 자유무역협정 (FTA)으로 미국과 칠레 시장을 넘어서 EU(유럽연합)시장까지 FTA를 통해서 우리는 벌써 글로벌 개방시대에 빠르게 진입하고 있다.

그러나 국내 기업들의 수출 준비는 아직 미진한 모습을 보이고 있으며 한국의 수출환경에 구조적인 변화가 올 것임에는 틀림없고, 일부 우리 기업들은 FTA가 체결되면 저절로 관세를 면제받는 다는 잘못된 생각을 가지고 있는 상태이다.

「Free Trade Agreement(자유무역협정)」는 우리나라가 체약 상대국과 관세의 철폐, 세율의 연차적인 인하 등 무역의 자유화를 내역으로 하여 체결한 [1994년도 관세 및 무역에 관한 일반협정] 제 24조에 따른 국제협정과 이에 준하는 관세의 철폐 또는 인하에 관한 조약, 협정을 말하고 있다. 이때 여기에서 "FREE(자유)"의 의미는 완전면제라는 소리가 아니다. FTA는 양자간의 무역협정으로, 무조건적인 관세 철폐나 인하가 아니라 상대국가 원산지 물품에 대하여 관세를 인하하는 것을 의미한다.

FTA 특혜관세를 적용 받기 위해서는 다음과 같은 4대 요건을 충족하여야 한다. 첫 번째는 거래요건으로 양국간의 물품을 수출 혹은 수입하는 것(한국과 EU 27개국간)이다. 두 번째는 운송요건으로 제 3국을 경유하지 않고 양국간에 직접 운송할 것이다. 세 번째는 품목요건으로 특혜관세 대상으로 지정한 품목 (HS CODE)에 해당할 것이다. 네 번째는 원산지요건으로 원산지 규정(일반 기준 및 품목별 기준)을 충족할 것이다.

이러한 글로벌 환경의 시대에서 우리 소상공인들이 글로벌 시장으로 진출하기 위해서는 기본적으로 알고 있어야 하는 부분으로 글로벌마케팅전략이 있는데, 이를 파악하고 있을 중요사항으로 다음의 네 가지가 있다.

1. 공공부문 조달시장에 주목하자

SERI(삼성경제연구원)의 자료에 따르면, EU의 공공 조달 시장의 규모는 총 GDP의 17.2%, 2조 2,000억 달러에 달하고 독일, 영국, 프랑스 3국이 전체 시장의 50%이상을 점유하고 있다고 한다. 유럽이나 미국 등의 경우 항공, 항만 시설이 발달했으며, 낙후된 지역은 새로운 인프라를 구축하고 있다. 교통 인프라와 관련된 제반시설과 용역, 서비스 관련된 업종이라면 이런 공공부문에서 관심을 가져볼 필요가 있겠다.

2. 글로벌 기업과의 협업과 글로벌 아웃소싱에 참여하자

글로벌기업의 공급망사슬(Value Chain)에 들어갈 필요가 있다. 독일의 벤츠나 BMW, 프랑스의 르노와 푸조, 이탈리아의 피아트 등과 같은 자동차 기업들은 한국산 부품에 대한 관심이 높다. 뿐만 아니라 전기, 전자 부품, 풍력발전기, 섬유원단 등 다양한 분야에서 국산 부품 및 원재료에 대한 관심을 보이고 있다. 중국의 저품질 낮은 인지도를 타개하는 방법으로 한국의 우수한 품질과 인지도를 기업들이 필요로 하고 있다. 자동차뿐만 아니라 IT, 섬유, 바이오 및 제약분야 등에서 우수한 기술력을 가진 기업들과 공동 연구개발 및 상품 개발을 통하여 산업과 시장에 진출하고, 우수 글로벌 기업의 공급망에 참여하기 위해서는 사전에 공급하고자 하는 기업에 대한 철저한 사전조사가 반드시 필요할 것이다.

가격, 적시공급능력, 품질안정성 등 글로벌기업이 요하는 요건들에 충족하는 준비를 해야겠다. 앞에서 이미 언급했듯이 한-EU FTA 발효로 원산지인증수출자가 발급한 원산지에 한하여 관세의 면제 혹은 감면 혜택이 주어지게 된다. 따라서 분야별 협정 사항을 잘 살펴보고 글로벌 공급망에 진출하는 전략이 필요하다.

3. 소비자의 소비행태 변화에 주목하자

유럽 소비자들은 환경친화적인 제품에 대한 구매와 공정거래로 생산된 제품에 대한 소비가 증가하고 있다. 이러한 변화에 따라 시장세분화와 차별화가 빠른 속도로 이루어지고 있기 때문에 자사제품에 대한 제품 포지셔닝을 확실히 할 필요가 있다. 만일, 브랜드 인지도가 낮은 기업이라면 PL(Private Label) 제품으로 특정유통업체의 제품으로 공급하는 방식도 고려해 볼 수 있겠다. 이미 유럽의 유통업계에서 는 90년대부터 사용해 오던 방식이다. 지역의 작은 기업들이 PL상표로 유럽시장 진출 교두보 확보 및 유럽 대형유통시장 진출을 위한 수출시장 개척의 기회가 될 것으로 기대된다.

4. 녹색산업 성장의 기회를 모색하자

EU는 2020년까지 전체 에너지 소비 중 신재생에너지의 사용을 20%를 달성하겠다는 목표를 갖고 각 회원국이 목표를 정해놓고 실천해 가는 중이며, 신재생에너지 시장은 2020년까지 1조 달러 규모로 지속 성장할 것으로 전망하고 있다.

정부주도의 정책사업으로 보조금을 지급하는 방식과 의무 할당제(RPS)방식으로 크게 구분할 수 있다. 독일, 스페인, 이태리, 영국 등 유럽 대부분의 국가들이 태양광 발전규모면에서 선두를 달렸으나, 정부 정책의 변경으로 스페인의 경우 2008년 9월 이후 신재생에너지 관련 업체들이 침체 혹은 사라지는 결과를 초래했다. 하지만 스페인은 정부 정책변경인 2008. 09월 이전에 태양광 발전규모에서 1위를 차지했었고, 발전설비 및 밸류체인(Value Chain)상에 있는 기업들은 이미 기술적 측면에서는 노하우과 신기술을 보유하고 있다. 여기서 후발주자인 한국 기업들은 스페인의 태양광, 풍력발전 업체들과의 협업 혹은 M&A를 통하여 기술력을 전수받고 우리 제품을 수출하는 전략을 모색해 볼 필요가 있다. 정부에서 2011년 5월 12일 한－덴마크 녹색동맹을 체결했다. 풍력발전을 포함한 신재생에너지 분야에 대한 국가적인 협약을 덴마크와 체결함으로써 녹색산업의 성장을 적극적으로 추진하고 있다. 이런 흐름을 타서 녹색산업분야 기업들은 유럽 기업들과의 적극적인 성장기회를 추진해 보는 전략이 필요할 것이다.[1]

B. 소상공인 글로벌시장 진출

글로벌시장 진출에서는 많은 부분에서 준비가 필요하다. 그렇기에 소상공인진흥공단에서는 국내 창업시장의 새로운 돌파구 마련을 위해 중국, 베트남, 필리핀, 미얀마 등 해외 소자본 창업과 관련된 해외 창업교육 사업을 추진하고 있다. 해외 창업 희망자를 모집하여 국내교육을 실시한 후 해외교육생을 선정하여 해외교육을 실시하고 현지창업까지 나아가는 본 교육프로그램을 활용한다면 소상공인의 해외 창업으로 새로운 기회를 발견할 수 있을 것으로 생각된다.

---

1) Global Business (2011) FTA 시대에 대비하는 유럽 시장진출 전략 참조

자료: 소상공인진흥공단

[해외 소자본창업 프로그램]

해외소자본창업에 대해서 간단히 세부내용을 알아보면 다음과 같은 모집과 교육내용을 포함해서 진행되고 있는 상태이다. 소상공인들의 해외 창업으로 획득하게 될 많은 가능성을 고려해 본다면 관심을 가져볼 만 할 것이다.

[해외 소자본창업 교육 프로그램]

○ 모집대상: 해외창업에 의지가 있고 현지 창업 후 장기체류
　　　　　　의사가 확실한 자(나이, 학력 불문)

○ 신청기준: 시청자 중 면접을 통해서 교육과정 대상자 최종선발
　　　　　　(언어테스트 50% + 창업의지 50%)

○ 국내교육(120시간): 창업기초 및 현지국가 교육, 성공실패사례교육, 업종별진출전략, 언어, 사업계획서 작성, 현지어 교육(4개국)
　- 교육장소: 서울(우리원 서울전용교육장 또는 타 교육장)
　- 교육기간: 4주(1일 6시간) = 정규과정(3주) + 보충학습(3주)
　- 교육시작인 : 6일 예정

　* 워크숍은 '자기혁신 및 마인드강화'란 주제로
　　혁신사관학교(KPEC)를 통해 숙박교육(1박2일) 형태로 운영

○ 해외교육(50시간): 언어 및 사례교육, 업종별 시장조사,
　　관공서 방문 등 현지 체험교육

　- 교육장소: 국가별 별도 시행
　- 교육기간: 10일 이내
　- 교육시작일: 9월 예정

- 교육형태: 전문기관 위탁교육
  (중국: 중소기업진흥공단 청도중소기업지원센터
  미얀마: 한국생산성본부)
- 교육대상: 국내교육 수료자 중 해외교육 희망자

* 국내교육수료자 중 워크숍,
  평가 등을 거쳐 최종 해외 교육인원 선정

- 교육내용: 현지적응 및 시장조사(업종별 멘토) 및 현지 기업 탐방

○ 정부지원: 국내 외 교육관련 비용지원

○ 국내교육: 5만원 교육생 부담
  (정부지원: 교육장 임차비, 강사비, 교재비 등)

해외교육: 항공료, 숙박비 및 체재비 등 100% 교육생 부담
  (정부지원: 교육장 임차비, 강사비, 가이드비, 통역비 등)

신청방법: 소상공인지원포털 온라인 신청(www.seda.or.kr)

자료: 소상공인진흥공단 (2013년 해외소자본창업 모집공고 기준을 참조)

Ⅱ. 소상공인 자금조달

A. 소공인 R&D 정부지원 확대

많은 소공인들은 자신들의 생존을 도모할 수 있는 부분인 연구개발(R&D) 부족으로 기업의 성장을 도모하지 못하고 있는 것이 대부분의 현실이다. 그러나 더 큰 문제는 대부분의 소상공인들이 기술적 부분에서 부족함을 가진 채로 생계위주의 소자본 창업을 이행하여 6개월에서 1년6개월 이내에 많은 기업들이 폐업하게되는 현상이 지속적으로 나타나고 있다는 점이다. 이러한 소상공인들의

제품의 개선과 개발을 위한 연구개발(R&D)부분에서 어려움을 극복하고 새로운 부가가치를 향상 할 수 있도록 지원하고자 정부는 소공인만의 특화된 R&D 사업이 2014년 처음으로 시작하게 되었다.

국내 '소공인'은 봉제, 수제화, 기계·금속가공 등 노동집약적이고 숙련기술을 기반으로 한 상시근로자 10인 미만 제조업 사업체로 대부분 운영되고 있고, 전국에 약27.7만 개로 소상공인의 9.8%를 차지하고 있으며, 종사자수에서도 85만 명으로 전체 소상공인의 15.4%를 차지하고 있다.

중소기업청은 1997년 중소기업 연구개발(R&D)사업이 처음 시작된 이후로, 소공인만의 특화된 연구개발(R&D)사업을 실시하는 것인데, 2014년 18억원이 투입되어 1개 과제당 4천만원 이내로 총 30개 과제를 선정하여 지원하였다. 또한 분야별로는 제품·공정개선과 브랜드 및 디자인 등이 연구개발(R&D)범위로 포함되어서 소공인 보유기술과 제품 부가가치까지 지원받을 수 있는 길이 생겼으므로 이 사업을 적극 활용한다면 소공인들에게 많은 부분에서 경쟁력 강화에 도움이 될 것으로 생각된다. 특히 향후 소공인의 글로벌 경쟁력 강화를 위하여 정부의 대폭적인 지원액의 확대가 요구된다.

소상공인 자금조달 신청방법

□ 신청자격

○ 주관기관
  - 「소기업 및 소상공인 지원을 위한 특별조치법」규정에
    의한 소상공인 이고, 아래 신청요건을 갖춘 상시근로자수
    10인 미만의 제조업체
  ※ 주관기관 단독과제 및 협력기관과의 공동과제 모두
    신청 가능

[주관기관 신청자격요건]

	요 건	세 부 내 용
1	상시 근로자수	○ 상시근로자 10인 미만의 신청기관
2	업 력	○ 업력이 3년 이상인 신청기관
3	업 종	○ '14년 기준 지정된 8개 소공인특화지원센터 특화지원업종 * 소공인 지원대상 업종 참조
4	민간 부담금	○ 민간부담금 총사업비의 25% 이상 (현물 20% : 현금 5%) * 총사업비(100%) = 정부지원금 75% + 대응출자금 25%
5	정부사업 참여횟수	○ '05년 이후 중소기업청의 기술개발, 디자인·브랜드 개발 관련 사업에 참여 경험이 없는 신청기관 * 기수혜자 및 수행중인 자는 참여 불가 (신청마감일 기준)

○ 협력기관(공동개발기관)
  - 과제구현을 위해 과제개발에 참여하는 중소기업,
    대학 및 연구소
  - 중소기업: 중소기업기본법 제 2조에 따른 중소기업
    ※ 단, 중소기업정책자금, 소상공인 정책자금 지원제외
      업종은 제외
  - 대학: 고등교육법 제2조에 의한 학교, 기능대학법에 의한
    기능대학
  - 연구기관: 국공립연구기관, 정부출연연구기관,
            전문생산기술연구소, 특정 연구기관 등
            비영리 연구개발법인

※ 대기업, 소상공인 협동조합,
　　지자체는 협력기관으로 참여 불가

□ 지원조건:
　- (업　력) 창업 후 3년(36개월)이상의 업체
　- (대응출자) 총사업비의 25%이상 (현물 20% : 현금 5%)

□ 신청과제: 소공인이 제안한 일반(자유 응모형)과제
　- 소공인특화지원센터 관할 집적지구 내 소공인의
　　신청과제 우선 지원

□ 지원분야: ①신기술개발 ②제품·공정개선
　③디자인·브랜드개발

□ 참여방식: 주관기관(소공인) 단독신청 또는 컨소시엄 신청
　- 제조업체, 유통업체, 비영리연구기관(대학, 연구소 등)
　　등과 협력개발 가능

□ 지원규모: 30개 과제 내외(1개 업체당 40백만원 이내)
　- 개발기간, 개발내용 등을 고려하여 40백만원 이내 차등 지원

□ 기술료징수: 면제

□ 사업 추진 안내

ㅇ (1 단계) 과제기획 지원(60개 예비과제 내외, 최대 10회(1개월 이내)

ㅇ (2 단계) 과제개발 및 기획멘토링 지원(30개 예비과제 내외)

□ 주요내용
  ○ 영세성, 고령층, 정부사업 참여 경험 미흡 등
    소공인 특성을 감안, 타 기술개발사업과 차별화된
    맞춤 지원제도를 마련하여 추진
    - 사업계획서(약식), 오프라인 신청·접수,
      사업신청서 작성 지원 등
  ○ 소공인 특성을 감안, 과제기획과 과제개발의 2단계로
    구분 지원
    - (1 단계) 사업계획서 작성, 기술애로 진단 등
      과제기획 지원(60개 예비과제 내외,
      최대 10회 지원)
    - (2 단계) 기술·제품 부가가치화를 위해 필요한
      직접성 경비 지원(30개 지원과제 내외,
      최대 40백만원 한도)
    - (멘토링) 과제를 수행하는 소공인과 기술멘토를
      적절하게 매칭, 사업수행과정상의
      애로 해소에 도움을 주는 1:1멘토링 지원

  ※ 수정사업계획서, 진도보고서, 최종보고서 등 사업 관련 주요보고서 및 연구노트
    작성, 기술보안 등 지원(최대 10회)

  ○ 소공인의 경우, 정부사업 참여 경험이 전무하다는
    점을 감안하여 사업비를 적절하게 사용토록
    전담기관에서 사업비 집행·관리 지원
    - 행정업무 간소화를 통해 과제개발에만 전념할 수 있는
      개발환경 조성 및 별도의 사업비 정산절차 생략으로
      편리성 제고

□ 신청기간 및 신청방법
  ○ 신청기간: 중소기업청(www.smba.go.kr),
  소상공인시장진흥공단(www.semas.or.kr) 문의
  ○ 신청방법: 등기우편 및 방문신청
    (마감일 18:00시 도착분에 한함)
    - 신청기관은 1개의 과제만 신청가능(중복신청 불가)
  ○ 접수처: 소공인 지원대상 업종별 관할 관리기관에 신청·접수
  ※ 지역제한 없이 신청자격 요건을 갖춘 자는
    누구나 신청 및 접수가 가능하나,
    소공인 지원대상 업종별
    해당 관리기관으로 신청·접수
  ○ 신청서류: 사업신청서 1부, 약식 사업계획서 1부,
    USB 또는 CD 1개
  ※사업신청서와 약식 사업계획서를 저장하여 제출

□ 지원제외 사항
  ① 주관기관의 자격 및 공고내용과의 적합성
  ○ 주관기관의 자격 등을 검토하여 해당하지 않는 경우
  ○ 지원목적에 부합하지 않는 경우
  ② 기 개발/기 지원 여부
  ○ 신청과제가 기 개발 또는 기 지원된 경우
  ○ 신청과제가 동일기업의 기 지원된 과제내용과 유사한 경우
  ○ 신청기관이 기 생산·판매중인 제품이거나 동제품의 단순 조립인 경우
  ③ 의무사항 불이행 여부
  ○ 주관기관, 대표자 등이 접수 마감일 현재 기술료
    납부 및 납부계획서 제출, 성과 실적 입력,
    정산금, 환수금 납부 등 의무사항을 불이행한 경우
  * 의무사항 불이행을 서면평가 개시 전까지
    해소한 경우에는 예외
  ④ 참여제한 여부
  ○ 주관기관, 협력기관, 대표자 등이 접수 마감일
    현재 중소기업기술 개발사업 또는
    국가연구개발사업에 참여제한 중인 경우
  ○ 최근 1년 이내에 공정거래위원회로부터
    공정거래법에 따른 인력부당 유인·채용
    불공정행위 위반자로 통보받은 경우
  ⑤ 채무불이행 및 부실위험 여부
  ○ 주관기관, 대표자 등이 접수 마감일 현재
    다음 중 하나에 해당하는 경우
  ㉮ 기업의 부도, 휴·폐업
  ㉯ 국세·지방세 체납 및 금융기관 등의
    채무불이행이 확인된 경우
  * 채무불이행을 서면평가 개시 전까지 해소한
    경우에는 예외로 함

□ 관리기관(소공인특화 지원센터 운영기관 / 2014년 기준)

지역	업종	기 관 명	연 락 처	주 소
서울	신발 제조	서울성동제화협회	02-465-7093	서울시 성동구 아차산로 １０７
	인쇄	서울인쇄정보산업협동조합	02-2277-2922	서울특별시 중구 마른내로140(쌍림동)
	의류 (패션)	한국의류산업협회	02-741-5366	서울 종로구 창신길 28-1, 2층
	기계· 금속·장비	(사)한국소공인진흥협회	02-2634-7727	서울 영등포구 경인로 78길 9
부산	의류 (패션)	(재)부산디자인센터	051-790-1043	부산광역시 해운대구 센텀동로 57 (우동)
경기	식품제조	성남산업진흥재단	031-782-3081	경기 성남시 중원구 사기막골로 124 비즈동 3층(SKⓝ테크노파크)

대구	귀금속 (쥬얼리)	대구광역시중구 도심재생문화재단	053-661-2361	대구광역시 중구 경상감영길 176 (동문동38-6)
인천	기계· 금속·장비	소상공인시장진흥공단 (인천지역본부)	032-588-2302	인천광역시 동구 방축로 37번길 30 인천산업유통단지 편익상가 A동 B25호

□ 전담기관(소상공인시장진흥공단 / 2014년 기준)

부서명	전 화	문의사항
협업지원실 (소공인팀)	042-363-7714	신청·접수 및 향후일정 등

B. 소상공인 기술사업화 확산

2014년 기준으로 취약계층 고용과 사회서비스 제공 중심에서 노동시장의 통합 서비스 제공, 사회문제 해결, 국제공헌, 여타 사회적 기업 지원 등으로 영역 확대가 점차 이루어져서 과거대비 많은 부

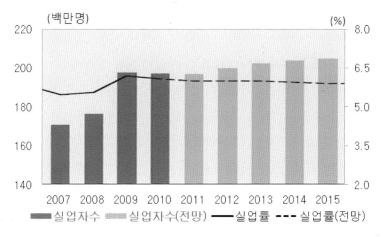

- 출처 : ILO('11.9월)

|전세계 실업률 추이 및 전망|

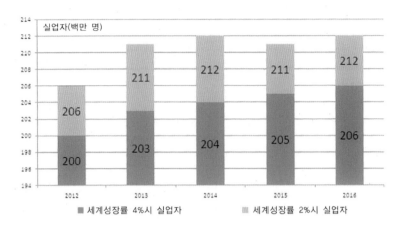

- 출처 : ILO ('12.3월)

[성장률에 따른 실업자 규모 추산]

분에서 개선이 되었다. 특히 고부가가치서비스, 범죄예방, 지역재
생, 전통문화 보존 분야 등에서 융·복합을 통한 창조적 일자리 모
델 발굴의 중요성이 높아지고 있는 상태이다.

　그러나 국내에서는 일자리 창출에 있어서 민간기업과의 협력에
대해서 강화할 필요가 나타나고 있는 상태이다. 선진국가인 영국의
경우 공공부문과 민간기업들이 연계하여 일자리 창출을 유도하고,
실업자들의 조기취업과 교육훈련 제공 등을 위해 공동으로 노력하
는 모습을 보이고 있다. 세계적으로 연간 일자리 창출 능력이 위기
이전에 비해 약 2천만개 감소한 데 따른 것으로, 세계 실업자수가
상당기간 증가세를 통해 약2억명을 상회할 것으로 전망하는 부분
이외에 실업률이 6% 대의 높은 수준을 지속할 것으로 예상한 국제
노동 기구(International Labour Organization, ILO)의견들은 전세계

적으로 실업율이 얼마나 심각한 것인지를 나타내고 있는 부분이다. 특히 청년 및 저숙련 노동자 등 고용취약 계층의 피해가 더 큰 것으로 보여 지고 있다. 경제협력개발기구(Organization for Economic Co-operation and Development)는 2007∼2010년 동안에 청년과 저숙련 노동자의 고용이 각각 10%, 9% 가량 감소된 것으로 평가하였으며, 스페인(약 50.5%)을 비롯한 일부 국가들의 높은 청년 실업률은 경제의 생산성·역동성을 제약할 뿐 아니라 범죄·폭력 등 사회불안 요인으로 작용할 수 있음을 경고했었다.

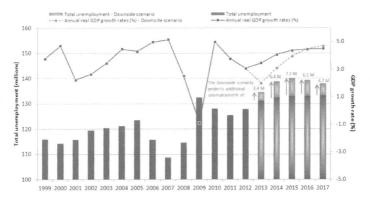

Source: ILO - *Trends Econometric Models*, October 2012 and ILO calculations based on the International Monetary Fund, World Economic Outlook Database, October 2012 for GDP growth rates (baseline) and EIU Country Data GDP forecasts (downside scenario).

[G20 국가의 더블 딥(double dip) 고용 위기]

이는 고용이 전 세계적으로 이슈이면서 한국을 포함한 G20이 함께 고려해야 할 핵심 사항이면서, 고용 없는 성장의 지속에 따른 고용부분에서 일자리 창출이 가장 큰 해결 부분임을 보여주는 것이다.

실질적인 국내 산업전반에서 질적 성장을 도모하기 위해서는 기본적으로 산업 내 고용 촉진을 통하여 임금과 가계소득의 전반적인 증가를 가져오게 하고, 소비부분의 증대를 이루어내어 총수요증가를 끌어올려 산업 내 평균적인 생산증가를 불러일으키는 질적 성장으로 나아가야 할 것이다.

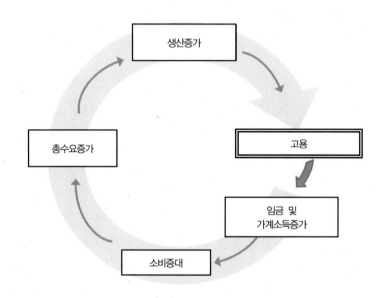

산업의 질적 성장을 도모하기 위해서는 실질적인 산업자체의 크기를 키우는 노력이 필요하다. 이러한 산업자체의 크기를 키울 수 있는 방법으로는 창업 활성화 기반 조성을 통해 질적 성장을 이끌어내는 방법이 있다.

첫 번째로 창업활성화를 위해서는 원활한 창업여건이 조성되어야 할 것이다. 이는 창업 붐 조성하고 국민의 생활 속 아이디어가 R&D, 특허, 사업화까지 연계되는 '무한상상 창업 프로젝트' 추진을 통해서 시행 할 수 있다. 또한 1인 창조기업을 통한 창업 촉진하여, 1인 창조기업에 대한 사무 공간, 마케팅 및 R&D 등 경영지원에 대한 부분과 1인 창조기업 범위에 신규 업종을 추가하고, 1인 창조기업 특성을 반영하여 벤처기업 확인 평가제도 개편하는 방안을 함께 시행하는 방안이 있다.

두 번째로, 창조 아이디어의 기술 사업화 촉진이 이루어져야 한다. 대학·연구소 등을 창업 기지화로 삼아 과기특성화 대학, 청년창업사관학교 및 창업선도대학 등을 통해 청년창업가를 양성해내고, 대학 내 창업지원 전담조직 설치 및 창업 동아리 지원 확대, 교수·연구원의 휴·겸직 허용 확대로 창업친화적 환경을 조성하여야 할 것이다.

세 번째로, 소상공인들의 기술사업화를 통해서 '코넥스(Korea New Exchange)'시장에 진입시키도록 하기 위해서는 '기술창업 인큐베이팅 지원'이 있어야 한다. 창의적 기술·신사업 아이템을 보유한 예비창업자가 기술창업으로 이어지도록 연구개발서비스기업 육성 및 지원 확대하기 위해서는 연구개발서비스 수요자와 공급자의 원활한 매칭 및 컨설팅, 정보제공 지원을 위한 중개센터(온-오프라인) 구축을 통해서 실현시켜야 한다. 또한 소상공인의 기술사업화를 위해서는 신직업, 신산업 발굴 육성이 함께 이루어져야 할 것이다.

1. 소상공인 기술사업화 전략

소상공인 창업에서 생계형 창업이 대부분인 것은 어제 오늘 얘기가 아니다. 생계형 창업에서 시작되는 가장 큰 문제는 장기적인 안목으로 사업을 바라보기보다 지금 바로 앞에 있는 생활을 극복하고자 하는 생각으로 사업을 이행하는 것이 대부분이다. 이러한 인식의 부재를 통해서 국내에 많은 소상공인들이 지금도 생겨나고 있지만 지속적인 성장을 도모하고 있는 것이 아닌 6개월에서 2년 이내에 대다수의 기업이 폐업되는 악순환이 지속적으로 발생하고 있다. 따라서 소상공인들이 가진 소중한 기술들을 보다 사업화시키고 장기적 안목을 바탕으로 전략적인 실행을 도모하여 우량기업으로 성장하는데 기여하고자 '소상공인 기술사업화 전략'방안을 제시하고자 한다. 기술사업화 전략수립에 대한 내용은 아래의 부분을 통해서 볼 수 있다.

2. 소상공인 신규 아이템 발굴·제품 차별화 전략 수립

기술의 씨앗이 심어져 성장한 후 열매를 맺기까지의 과정 속에서 만나게 될 많은 장애요인을 효과적이면서, 효율적으로 해결하기 위한 전략을 마련해야 한다. 그러기에 기술사업화의 발굴, 진단·교정, 프로젝트 기획, 착수계약, 문제해결 등 5단계의 프로세스가 원만하게 진행될 수 있도록 하기 위해 시장기반 연계개발 컨설팅 프로그램을 비롯해 기술 융·복합, 산-산 연계 프로그램 등 5개 프로그램을 운영해야 한다.

첫 번째는, '시장기반 연계개발 컨설팅 프로그램(Market-based

C&D Consulting Program)'이다. 이는 신사업 및 신규아이템 발굴 또는 제품 차별화 전략수립을 희망하는 기업에 대해 시장-산업-기술에 이르는 복합컨설팅을 수행하여 잠재된 기술수요를 표면화시키고, 도출된 수요기술을 바탕으로 기술이전을 추진하여 기업의 문제를 해결 및 신성장동력원 확보와 시장에서의 경쟁우위로 기업의 지속성장 및 성장 극대화를 실현하는 것을 주요 목적으로 한다.

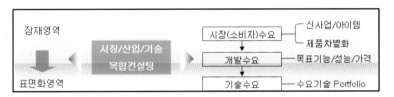

[Market-based C&D Consulting Program 개요도]

'Market-based C&D Consulting Program 신사업/아이템 발굴전략 관련 내용은 다음과 같다.

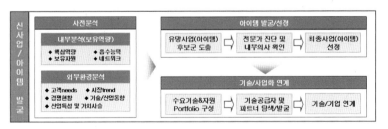

[Market-based C&D Consulting Program 신사업/아이템 발굴전략]

시장 및 산업전문가, 기술전문가, 경영전문가, 기술거래사 등으로 구성된 전문가그룹에 의해 기업보유역량(핵심역량, 흡수능력,

보유자원, 네트워크 등) 및 외부환경(고객수요, 시장동향, 경쟁현황, 기술과 산업동향, 산업특성 및 가치사슬 등)의 사전분석을 수행하도록 해야 한다. 이후에 사전분석의 결과로 도출된 유망사업(아이템) 후보군에 대해서 전문가그룹과 해당기업의 경영진이 협의하여 최종사업(아이템)을 선정하여, 목표사업(아이템)에 대한 수요기술 및 자원 포트폴리오를 구성하고, 기술공급자와 협력가능한 파트너를 발굴하도록 해야한다. 또한 연구자－기업, 기업－기업 등의 매칭과 공동연구개발, 사업협력, 기술이전, M&A, 합작법인 설립 등 포괄적인 연계 추진하여, 자체 기술거래사와 외부전문가를 활용하여 협상, 계약 등 연계과정에서 필요한 항목을 지원하게 하면 실현가능해 진다.

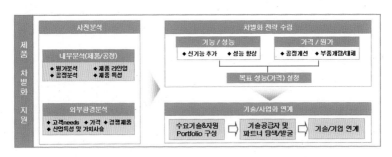

[Market-based C&D Consulting Program 제품차별화 지원전략]

특히 위의 표를 보면 알 수 있듯이, 시장 및 산업전문가, 기술전문가, 경영전문가, 기술거래사 등으로 구성된 전문가그룹에 의해 제품과 원가분석(원가 및 공정분석, 제품라인업, 제품특성 등) 및 외부환경(고객수요, 가격, 경쟁제품, 산업특성 및 가치사슬 등)의 사전분석을 수행하도록 한다. 이후 사전분석의 결과에 의거 제품의 기능 및 성능 측면과 가격 및 원가 측면에서의 차별화 전략을 수립 하며, 이에 따른 제품의 목표 성능 및 가격을 설정하고, 목표달성을 위한 수요기술 및 자원에 대한 포트폴리오를 구성하고 기술공급자 와 협력 가능한 사업파트너를 발굴한다. 또한 연구자-기업, 기업- 기업 등의 매칭과 공동연구개발, 사업협력, 기술이전, M&A, 합작 법인 설립 등 포괄적인 연계 추진하고, 자체 기술거래사와 외부전 문가를 활용하여 협상, 계약 등 연계과정에서 필요한 항목을 지원 하게 하면 실현 가능해 진다.

'Market-based C&D Consulting Program'을 통해서 소상공인에 대 한 기대부분은 다음과 같이 볼 수 있다. 우선 시장-산업-기술 복 합 컨설팅에 의한 기술수요기업 발굴하게 되고, 대상기업 컨설팅에 의한 수익금과 공급기술 연계로 기술이전성사가 가능화 된다. 또한 이전기술의 적용 신제품 생산에 의한 기술사업화를 이루게 될 수 있다. 특히 잠재된 기술수요의 표면화로 거래시장 활성화와 수혜기 업의 신성장동력원 및 경쟁우위 확보 그리고 이를 통한 성장 극대 화가 눈에 띌 것이다.

두 번째는, '기술 융·복합, 산-산 연계 프로그램(Technology Convergence & Co-Biz Program)'이다.

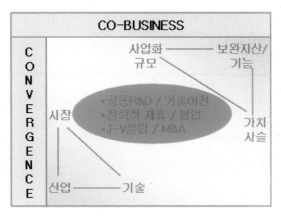

[Technology Convergence & Co-Biz Program]

본 프로그램을 통해서는 신 부가가치 창출을 위한 기술과 제품의 복합과 사업화추진체계 강화를 위한 연계를 지원 할 수 있고, 지역 별 전략산업을 중심으로 공통분야와 융·복합분야로 분류하여 수행하되, 타 지역 컨소시엄과 연계하여 성과 극대화·자체 전담인력 및 다양한 분야의 외부전문가를 활용하여 정보, 아이디어, 기획, 타당성 검토 등 기술 및 사업화 연계에 필요한 항목을 지원하게 된다.

[Technology Convergence & Co-Biz Program 프로세스]

이는 지역별 전략산업에 의거하여 연계(융·복합 또는 사업협력) 가능한 기술 및 산업분야를 중심으로 기술 및 기업을 중점 발굴하는 것으로 발굴기업에 대한 현장진단을 통해 보유기술 및 자원을 분석하고 지원대상의 협력수요 등 연계목적을 심층적으로 검토하여 제품기획, 마케팅, 시장 및 산업, 기술 등 다양한 분야의 전문가를 활용한 FGD(Focus Group Discussion) 등의 토론을 통해 개별기술의 연계분야와 가능성, 보완 및 문제점, 등을 검토 및 분석하고 비즈니스모델을 도출해내는 것이다. 이와 함께 전문가 진단결과에 의거하여 개별기술에 대한 다양한 연계항목을 도출하며 신청기술과 기업 간의 내적연계, 신청기술 및 기업과 외부기술 및 기업 간의 외적연계로 구분해서 외적연계에 대한 기술과 기업을 발굴하고 기업 간 연계의사를 타진하여 최종성사 시키고, 내적연계는 도출된 정보를 바탕으로 추진하게 된다.

'기술 융‧복합, 산－산 연계 프로그램(Technology Convergence & Co-Biz Program)'을 통한 기대성과는 여러 가지가 나타나게 되는데, 특히 융‧복합 제품기획 컨설팅을 통한 이전 및 도입희망기술을 발굴 할 수 있고, 대상기업 컨설팅에 의한 수익금 발생과 기술 간 연계에 의한 기술이전성사가 가능해 진다. 그리고 기술 및 사업화 연계에 의한 기술사업화 및 M&A가 나타나게 되고 기술과 제품 간 융‧복합에 의한 기업의 신부가가치 창출 및 사업화 연계 활성화에 의한 기업협력 및 M&A 활성화된다.

세 번째는, '기술 배양 및 자금 연계 프로그램(Technology Incubation & Financing Program)'이다.

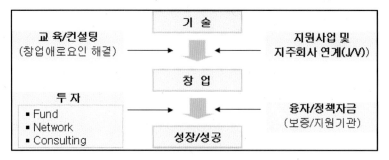

[Technology Incubation & Financing Program 개요도]

본 프로그램은 우수기술을 보유한 예비창업자 및 신사업 희망기업을 발굴하여 사업기획 및 창업애로요인 등에 대한 지원을 통해 기술창업 촉진 기업의 성장단계별 맞춤형 컨설팅 지원을 통해 성장 및 사업화에 요구되는 자금을 적기에 확보하도록 한다.

본 프로그램에서는 몇 가지의 특징적인 부분을 자기고 있는데 크게 네 가지 부분에서 볼 수 있다. 네 가지에 대한 부분을 알아보면 다음과 같다.

첫 번째로 기술사업화 컨설팅부분에서는 사업공고 및 외부 네트워크를 통해 지원대상을 발굴하고 기술성, 사업성 평가를 통하여 컨설팅 유형 구분(창업자 및 창업희망기업의 의견 반영/결정)하여, 각 유형별 연계사업을 활용하여 신규창업, 신사업진출 등의 컨설팅 수행한다. 두 번째로 기술투자 컨설팅부분에서는 IR자료, 사업계획서 작성 컨설팅 10개사들은 전문가 멘토링을 통해 예비창업, 초기기업에게 비즈니스 전략 및 사업계획 수립, IR자료 작성 등 종합적인 비즈니스 플랜 수립 지원과 전문가 집단과의 네트워킹 기회 제공하게 된다. 또한 투자유치 컨설팅에서는 투자 대상 기업을 발굴·검토하여 1차적으로 TP가 출자한 투자 조합으로 부터의 투자유치를 지원하고 투자마트·프리보드·기술보증 등을 연계하여 자금 지원하게 된다. 세 번째로 Pre-IPO/M&A컨설팅 부분에서는 지역별 선도기업을 타켓으로 M&A 또는 IPO(3년이내)를 위한 전략수립과 자본·지분구조 정비 및 내부통제시스템 구축을 위한 컨설팅 수행하게 된다. 특히 선도(우량)기업의 기업자료 수집 및 사업현황 분석하고, 선도기업의 Domain별 프로젝트팀을 구성하고, M&A 및 Pre-IPO 전략과 Road-map 수립하게 되어, 전략 Road-map에 따른 기업의 재무, 내부통제시스템 정비 및 구축을 하게 된다. 마지막으로 지역별 기술사업화 펀드 조성 부분에서는 대기업과 지자체 등이 공동으로 자금을 출자하고 한국모태펀드 3차 신청을 통해서 조성하게 되어 지역별 소상공인에 투자하게 된다. Technology Incubation & Financing Program 기대성과는 여러 가지가 나타나게 되는데 기술창업에 의한 기술사업화 및 대상기업 컨설팅에 의한 수익금이 발생하게 되고, 투자유치 등 컨설팅 및 지원을 통한 자금연계와 창업 애로요인 해결을 통한 기술창업 촉진이 보다 활성화 되게 된다. 특히 기업 성장단계별 적시 자금연계를 통한 사업화 촉진 및 기업성장 극대화가 가능해 진다.

네 번째는, '지식재산 컨설팅 및 기술마케팅 프로그램(IP Consulting & Marketing Program)'이다.

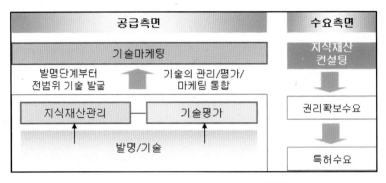

[IP Consulting & Marketing Program 개요도]

본 프로그램은 대학, 연구소 등 기술공급기관의 기술을 발명단계부터 발굴하여 우수기술을 조기에 확보하며, 최적의 지식재산확보 전략을 수립하여 기술의 가치향상을 나타내게 한다. 특히 특허등급 평가, 기술의 사업성 평가를 통한 특허유지 및 출원여부에 대한 컨설팅 수행으로 지식재산 관리 효율성을 제고하고, 국내외 공백 및 핵심특허를 발굴하여 지식재산 권리이전 수요를 창출함과 동시에 특허분석에 의한 기술개발동향을 파악하여 기업의 연구개발 방향 설정 및 지식재산확보 경쟁력 강화에 기여한다는 특징이 있다.

| 국내 및 해외 경쟁사 분석 | ⇨ | 요소기술 Portfolio | ⇨ | 경쟁사 및 자사 보유특허 Mapping | ⇨ | 공백 / 핵심 특허 추출 | ⇨ | 공급기술 발굴 및 특허 매입 |

[IP Consulting & Marketing Program 수요발굴 프로세스]

'IP Consulting & Marketing Program 수요발굴 프로세스'는 국내 및 해외 경쟁사 지식재산 현황을 분석하여, 시스템 및 제품을 이루는 요소기술 포트폴리오를 구성하고 특허 Mapping을 수행하게 한다. 또한 지식재산 분석을 통해 추출된 공백 및 핵심특허를 추출하여 방어 및 기술통제력 강화를 목적으로 한 매입대상 특허를 선정하고 특허검색 및 기술DB를 활용하여 매입대상 특허 발굴, 협상 진행, 권리보유자와의 의견 조율 후 거래성사와 특허분석 시 권리 이전 측면과 함께 기술개발동향을 파악하여 기업의 연구개발방향을 설정하고 연구개발수요를 바탕으로 관련 대학 및 연구소를 연계하여 공동연구개발 성과를 도출하게 한다.

[IP Consulting & Marketing Program 공급관리 프로세스]

'IP Consulting & Marketing Program 공급관리 프로세스'를 통해서는 대학, 연구소 등 기술공급기관을 중심으로 출원전(중) 또는 등록된 특허를 통합 발굴하여 우수기술을 조기에 확보 할 수 있고, 출원 전 또는 출원중인 특허에 대한 기술성 및 사업성을 평가하여 권리확보 범위 진단, 출원유형, 해외출원 여부 및 지역 결정 등 출원전략을 수립하게 된다. 또한 등록된 특허에 대하여 특허등급평가(AGE, RPA, BCG)와 기술성 및 사업성을 평가하며, 등록유지여부의 판단을 통해 권리유지, 권리매각, 소멸 등으로 분류하여 관리하게 된다.

[IP Consulting & Marketing Program 기술마케팅 프로세스]

'IP Consulting & Marketing Program 기술마케팅 프로세스'를 통해서는 기술보유기관의 마케팅 담당자 또는 기술 발명자와의 심층면담을 수행하여 기술의 적용분야, 수요정보를 입수하고, 기술이 적용될 수 있는 산업 및 아이템을 탐색하여 적용분야를 선정하며, 전문가와 발명자 간의 Feed-back을 통해 기술의 범용성을 판단하여 최종 기술적용분야를 도출하게 된다. 특히 기업DB, 네트워크를 활용하여 적용분야에 속하는 수요자를 발굴하며, 기술의 적용가능성과 기업의 흡수능력을 고려하여 잠정 수요자와 타겟 수요자로 분류하면서 기술마케팅 자료(Technology Catalogue, Sales Materials Kits, Consumer Report 등)를 통해 기술정보를 사업정보로 전환하며, 관련 자료를 기술수요자에게 배포하게 된다. 또한 기술수요자 응답, 문의사항 등에 대한 2차 기술마케팅 자료를 작성하여 기술에 대한 관심도가 높은 기업을 우선대상으로 배포함으로써 최종 기술이전을 희망하는 기업과 기술보유기관 간 거래금액, 거래유형 등 계약조건에 대한 협상을 지원하여 거래를 성사하게 된다.

IP Consulting & Marketing Program 기대성과는 여러 가지가 나타나게 되는데, 기술공급기관의 발명 및 기술 통합관리로 이전희망 기술 발굴이 가능해지고, 대상기업 컨설팅에 의한 수익금 창출과 발굴기술의 기술마케팅 및 거래성사를 통한 기술이전이 나타날 수 있게 된다. 특히 이전기술 적용 제품생산을 통한 기술사업화와 우수기술 조기 확보 및 국내 기술공급기관과 기업의 지식재산 경쟁력 강화가 나타나게 되어 기술공급자와 수요자 간 간극해소에 의해서 기술거래 활성화를 도모할 수 있게 된다.

다섯 번째는, '해외기술이전 촉진 프로그램 (Global Technology Transfer Promotion Program)'이다.

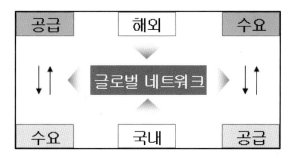

[Global Technology Transfer Promotion Program 개요도]

본 프로그램은 해외 기술이전 네트워크를 활용하여, 중부권 내 유망기술의 수출과 해외 선진기술의 도입 기회를 제공하고, 지역 소상공인의 수출 유망기술을 선정하여 해외기술마케팅 및 홍보자료를 작성하고 해외 기술거래망을 통해 홍보 및 알선하게 된다. 이후 전략산업 중심의 수요기술에 대해 해외 유망기술에 대한 기술마케팅 및 홍보자료를 작성한 후, 도입희망기업에 제공하여 해외기술을 알선하게 된다.

| 수출대상 기술 발굴 | ⇨ | 기술카탈로그 제작 | ⇨ | 해외 기술거래 유관 웹사이트 등재 | ⇨ | 기술 관심도 파악 및 상담/협상 |

[Global Technology Transfer Promotion Program 기술수출마케팅 프로세스]

'Global Technology Transfer Promotion Program 기술수출마케팅 프로세스'는 IP 컨설팅을 통해 발굴된 중부권의 해외출원 우수기술 정보가 담긴 카탈로그를 해외 기술거래 파트너들에게 온라인 네트워크를 통해 홍보함으로써, 해외 소재 수요기업에게 기술이전과 협력을 유도하게 된다. 또한 해외 기술거래 파트너 및 수요기업들에게 중부권의 유망기술을 홍보하기 위하여, 기술 개요, 기술 특징, 장점, 효과, 기술 응용제품, 기술거래 조건 등이 포함된 영문 기술카탈로그 작성하고, 이를 해외 기술거래 유관 웹사이트에 영문 기술카탈로그를 등재함으로써, 해외 수요기업에게 중부권 유망기술 전파하게 된다. 특히 해외 기술거래 파트너 간 커뮤니케이션 TOOL을 활용하여, 해외 수요기업으로부터 국내 지역별 유망기술에 대한 관심도(EOI; Expression of Interesting) 파악 및 상담과 협상 알선을 할 수 있게 된다.

| 해외 유망기술 발굴 | ⇨ | 기술카탈로그 제작 | ⇨ | 중부권 기업 대상 기술 마케팅 |

[Global Technology Transfer Promotion Program 해외기술도입알선 프로세스]

'Global Technology Transfer Promotion Program 해외기술도입알선 프로세스'를 통해서는 국내 지역별 주력 기술 분야 관련 해외 유망기술을 발굴하고, 이를 지역 내 기업들에게 소개함으로써, 해외의 신기술을 도입하여 기업의 IP 경쟁력을 제고할 수 있는 기회 제공한다. 특히 해외 기술거래 유관 웹사이트에 등재되어 있는 기술 가운데 중부권 지역의 전략사업 분야인 바이오, 의료기기, 디스플레이 관련 유망기술을 대상으로 국내 시장 수요 판단에 따른 이전 유망기술 선정하게 되고 선정된 해외 유망기술 공급자와의 인터뷰 및 추가 자료 획득을 통하여 해당 기술의 국내 도입 가능성 및 국내시장 적합도를 분석하고, 기술 수요자 관점의 기술카탈로그 제작하게 된다. 국내 지역별 기업을 대상으로 해외 유망기술의 마케팅 진행된다.

Global Technology Transfer Promotion Program 기대성과에는 여러 가지가 나타날 수 있는데, 특히 기술이전과 도입희망 기술정보에 대한 국내외 교류를 통해서 해외기술이전 성사가 이루어 질 수 있게 된다. 또한 해외기술이전 컨설팅에 의한 수익이 발생하게 될 것이며, 기술수출에 의한 로열티 획득과 선진 유망기술 도입에 의한 국내기업의 경쟁력 확보가 용이해질 수 있게 될 것이다.

3. 사업추진전략

위의 '소상공인 신규 아이템 발굴·제품 차별화 전략 수립'부분에서의 내용을 실질적으로 사업화가지 위한 전략방안을 간단히 소개하고자 한다. 사업추진관련 전략 부분의 내용은 다음과 같이 볼 수 있다.

a) 핵심프로그램 중심의 사업추진

사업목표 달성을 위한 세부사업을 5대 핵심프로그램으로 통합하여 추진하고, 핵심프로그램을 통해 국내·외 기술이전 및 사업화 시장에서의 전 범위 과제 해결을 실행한다. 또한 프로젝트 수행에 의한 고객만족, 프로그램 실행에 의한 사업목표 달성을 일치시킨다.

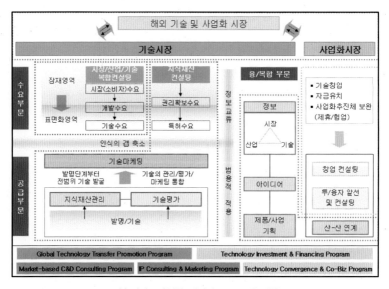

|기술이전·사업화 시장과 프로그램 매칭|

b) 정보 및 네트워크의 통합 운용

각 기관이 보유한 기술과 기업 정보, 그리고 네트워크를 통합 및 연계와 함께, 정보 및 네트워크 통합으로 지역별, 기능별, 분야별 상호 협력/보완 체계 확립한다. 또한 정보활용 중심의 공유시스템 구축과 양적, 질적 보완 동시 구현을 가능하게 한다.

c) 기관 간 뚜렷한 역할분담

기관 간 경험, 노하우, 인력 등의 역량을 중심으로 뚜렷한 역할 분담을 수행하고 보유역량에 의거하여 핵심프로그램의 주요 추진 기관을 선정한다. 또한 핵심프로그램의 하위 실행프로젝트 상에서의 참여기관 간 세부 사업추진 역할배분을 이행한다.

소상공인 신규 아이템 발굴·제품 차별화 전략 수립을 시행하기 위해서는 여러 가지 시스템들을 실제로 현장에서 실행하기 위한 특별한 움직임이 함께 뒤따라야 한다. 지역 소상공인 중심의 지역 기술거래시스템 구축과 기술거래시장을 정기적으로 개최하고, 순기술 이전 및 상용화지원 사업을 통해 도내 기술이전을 통한 사업화의 활성화를 도모할 수 있는 순거래 및 기술사업화를 위한 플랫폼 구축이 이루어져야 할 것이며, 또한 기술거래의 활성화를 위해서 대학과 기업, 연구소 등 R&D수행기관 및 혁신기관의 우수기술 사업설명회를 정기적으로 개최하고 기술마케팅 자료를 작성 배포하는 등 기술마케팅을 활성화 하는 노력도 필요할 것이다. 특히 성공적인 기술사업화를 위해 사후 추적관리를 통해서 시간 현장 맞춤형 One-Stop 기술사업화 시스템을 구축과 기술(거래)금융과 투·융자 및 기타 정책자금 연계 활성화를 추진하는 것은 국내 소상공인들의 기술사업화 생태계를 형성하는데 긍정적인 영향을 미칠 것이다.

C. 소상공인 펀드조성

2013년 고용노동부는 사회적기업의 자생력 제고를 위한 투자펀드의 지속적인 확대를 위해서 모태펀드에 25억원을 출자하여 사회적기업 투자펀드를 조성하였다. 이는 사회적기업의 자생력 확보를 도모하고 민간자본시장을 통해서 투자를 받을 수 있게 하는 펀드인 사회적기업 투자조합이 사회적가치와 성장가능성은 높지만 자본조달이 어려운 사회적 기업들에게 자금 공급이외에 투자받은 이후에도 지속적인 컨설팅 등을 통해, 내실 있게 성장할 수 있도록 지원하는 디딤돌이 되게하는 것을 주요 목적 중 하나로 생각하고 있다. 2011년부터 매년 25억원을 모태펀드에 출자한 고용부와 함께 민간 출자참여에 힘입어 2011년 42억원, '12년 40억원의 펀드를 조성하여 2013년 까지 27억원을 투자하였다.

또한 2011년에는 현대차그룹(5억원), SK행복나눔재단(5억원), 미래에셋증권(5억원), 미래에셋벤처투자(2억원)등이 참여하였으며, 2012년에는 삼성화재해상보험(5억원), SK행복나래(5억원), 포스코에서 설립한 자회사형 표준사업장 포스위드(2억원), 사회적기업 포스플레이트(1억원), 미래에셋벤처투자(2억원)등 유명 기업들이 사회적 생태계 조성할 필요에 공감하며 참여하는 모습을 보였다.

최근 많은 기업들이 사회적 책임에 관심을 갖고 성공하는 사례들을 생성해 내는 것처럼, 소상공인 지원부분에서도 소상공인 투자펀드 조성을 통해 많은 민간 출자자들의 참여를 이끌 수 있는 방안이 마련되어 많은 소상공인 성공사례가 나타나야 할 것이다.
소상공인 자생력확보에 중요한 요소인 소상공인 투자는 아직 초기 단계라 활성화가 필요한 상황이며, 향후 투자 공급과 수요 모두 계속 증대될 것으로 예상된다. 따라서, 대기업, 중견기업, 금융기관, 재단 등 다양한 주체들이 소상공인 생태계 구축에 참여할 수 있는 장을 지속적으로 마련해 나가야 할 것이다.

특히 국내소상공인 대부분이 생계형창업을 시도하고 있고 우리사회에 필요한 사회서비스를 생산하는 많은 이들이 취약계층 일자리 창출과 경제적 활동을 도모하기 위해서 움직이고 있는 만큼 소상공인 스스로의 자생력을 높일 수 있는 기반인 펀드 조성을 확대하고, 투자 이외에도 대부, 신용보증 등 다양한 금융지원과 공공구매 활성화 및 판로지원 정책도 중점적으로 추진함으로써, 우리사회의 따뜻한 성장을 가능하게 하는 소상공인 생태계를 구축해 나가야 할 것이다.

a) 소상공인투자조합(제언)

소상공인 생태계 구축에서 중요한 부분 중 하나는 투자펀드 조성 부분일 것이다. 그렇기에 우선적으로 필요한 부분은 투자조합의 설립이 되어 기본적인 생태계조성을 위한 밑바탕을 준비하고 성장 기반을 다져야 한다. 소상공인투자조합(가칭)은 정부가 초기 투자금을 우선 모태펀트 출자를 하고, 기업 재단 등 민간이 출자자로 참여하여 소상공인(영리법인에 한정)에 투자를 하기 위해 조성한 펀드이다. 이러한 소상공인투자조합(가칭)의 조성이 필요한 것은 소상공인들이 민간자본시장의 투자를 통해 R&D, 시설비 등 자금을 조달받을 수 있는 기반 마련하기 위함이다. 이는 성장가능성이 높고 사회적 목적 등 정책적 필요성은 있으나, 자금조달이 어려운 소상공인에 대한 투자의 활성화와, 투자운용사를 통해서 지원의 효율성과 투명성을 높여 사회적기업의 경영능력 향상하게 하기 위함이다.

과거 사회적기업에 대한 '사회적기업투자조합'의 경우 2011년 42억원, 2012년 40억원('11년, '12년 고용부 25억원 출자 포함), 2013년 50억원 이상 결성 목표로 하여 고용부 25억원 모태펀드 출자 포함을 계획하였는데 소상공인투자조합을 통해서도 위와 비슷한 출자 규모를 만들면 될 것이다.

또한 소상공인에 대한 투자부분에서 70%이상은 수익성이 좋고 글로벌 경쟁력 있는 소상공인에 투자한다. (주로 주식회사 형태)

---

① 고용부 소상공인 인증
② 광역자치단체장, 중앙부처의 장이 지정하는 예비 소상공인
③ 소상공인 육성사업 지원 대상 중 창업하여
　투자금 회수 전까지 소상공인 인정이 예상되는 기업
④ 투자대상선정위원회가 인정한 사회적 목적을 우선적으로
　추구하는 기업

그리고 나머지 30%는 중견기업이 가능한 스타 강상공인에 투자한다.

소상공인투자조합(제언)에 대한 추진절차는 다음과 같다.

---

① 일반회계 출자(고용부→모태펀드) → ②투자운용사 모집·선정(한국벤처투자(주)) → ③출자자 모집(투자운용사) → ④소상공인투자조합(자펀드) 결성 →⑤투자 및 회수(투자운용사)

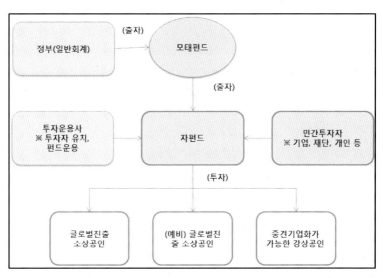

[소상공인투자조합(제언)에 대한 추진절차]

D. 소상공인 엔젤 투자유치 활성화

　창업초기에 많은 기업들이 위기가 오게 되는데 그 중 하나가 자금부족 부분이다. 자금은 기업을 사람의 신체로 비유했을 때 생명을 유지시켜주는 혈관으로 볼 수 있다. 이는 항상 혈관을 통해서 깨끗한 혈류가 끊임없이 발생해야 하듯이 기업 또한 자금이 기업의 내·외부 측면에서 안정적으로 끊임없이 순환해야 한다. 그런데 만약에 신체에서 혈류가 갑자기 멈추거나 막히게 되면 어떻게 되는가? 만약 아무런 조치를 취하지 않게 되면 결국 사망에 이르게 될 것이다. 기업도 이와 마찬가지로 볼 수 있다. 창업초기에 기업이 순조롭게 운영되던 중 기술 및 시장개발과 매출실현의 격차가 발생하게 되는 시점이 나타나게 된다. 이는 기업의 환경적 요인과 내부의 역량, CEO의 리더쉽 등 많은 부분에서 영향을 받아 발생차이가 나타날 수 있지만 대부분 창업 후 3개월에서 1년 6개월 사이에 자금이 부족해지는 상황이 발생하게 된다. 이를 경영학에서는 '죽음의 계곡(Death valley)'이라고 말하는데 창업초기에 자본추가로 인해서 자본이 고갈되는 시점인 '죽음의 계곡(Death valley)'을 벗어나게 되면 기언은 성장을 하게 되어 매출이 본격적으로 발생하게 된다. 그러나 이 '죽음의 계곡(Death valley)'을 벗어나지 못하면 기업은 폐업의 길로 접어들게 된다. 그렇기 때문에 기업아 '죽음의 계곡(Death valley)'에 도달하게 되면 기업은 성장을 위한 방안을 찾아야 하며, 이때 기업에게 생명수로 작용될 수 있는 것이 '엔젤캐피탈(Angel capital)'이다.

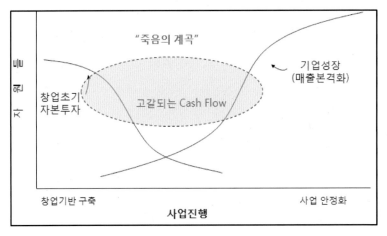

[죽음의 계곡(Death valley)]

엔젤캐피탈은 벤처캐피탈과는 전혀 다른 부분이다. 그러나 대부분의 경영자들은 엔젤캐피탈과 벤처캐피탈이 서로 비슷한 부분으로 생각하고 있다. '엔젤'과 '벤처'은 용어 그대로에서부터 차이가 보이듯이 이 둘의 관계는 본질적으로 많은 부분에서 차이가 난다. 첫 번째로 투자단계부분에서 엔젤캐피탈의 경우는 창업이나 기업의 초기를 선호하지만, 벤처캐피탈의 경우는 기업 확장이나 기업의 성장주기(Company life Cycle) 중 도약기에서의 성장단계 기업들을 선호한다. 두 번째로 투자동기부분에서 엔젤캐피탈의 경우는 평소 친분이 있거나 인연이 있는 사람들을 중심으로 고수익을 추구하고 투자하게 되는데, 벤처캐피탈의 경우는 고수익성을 보장하되 이에 따르는 위험을 회피하고자 하는 부분을 함께 추구하면서 투자하게 된다. 세 번째로 투자재원 부분에서는 엔젤캐피탈의 경우 개인재산 위주의 투자재원을 주로 이용하는 한편, 벤처캐피탈 부분에서는 투자조합과 회사계정을 주요 투자재원으로 활용하고 있다. 네 번째로 지원내용에서 보면 엔젤캐피탈의 경우 조기자금 지원과 전문지식을 주로 지원하게 되는데, 벤처캐피탈의 경우 다양한 자금지원 및 성장지원을 위한 경영컨설팅 등을 함께 지원하고 있어 많은 차이를 보여주고 있다. 다섯 번째로 자격요건부분에서는 엔젤캐피탈의 경우 전문엔젤투자자 등록제를 시행하여 일정 자격 요건을 두고 있는 반면에 벤처캐피탈의 경우 자본금 및 전문인력 등 일정한 인가 자격조건을 두고 있다. 여섯 번째로 기대수익부분에서 엔젤캐피탈의 경우에는 매우 높은 위험대비 높은 고수익을 기대하는 반면에 벤처캐피탈 부분에서는 상대적으로 낮은 고위험 대비 높은 고수익을 기대하고 있는 차이점을 가지고 있다.

구 분	엔 젤	벤처캐피탈
투자단계	창업 또는 초기단계	확장 또는 도약기의 성장단계기업 선호
투자동기	친분, 인연, 고수익추구	고수익성 & 위험회피
투자재원	개인 재산	투자조합과 회사계정
지원내용	초기자금지원, 전문지식	다양한 자금지원, 성장지원을 위한 경영컨설팅등
자격요건	전문 엔젤투자자 등록제 시행	일정한 인가 자격 조건 있음 (자본금, 전문인력)
기대수익	매우 높은 High Risk / High Return	상대적으로 낮은 High Risk / High Return

엔젤투자(Angel Investment)는 개인들이 돈을 모아 창업하는 벤처기업에 필요한 자금을 대고 주식으로 그 대가를 받는 투자형태를 말하는데, 투자한 기업이 성공적으로 성장하여 기업가치가 올라가면 수십배 이상의 이득을 얻을 수 있는 반면 실패할 경우에는 투자액의 대부분이 손실로 확정되게 된다. 기업을 창업하는 사람들 입장에서는 천사 같은 투자라고 해서 붙여진 이름인데, 이렇게 투자하는 사람을 엔젤 투자자라고 한다.

엔젤투자는 대부분의 사람들이 많은 부분에서 어려움이 있을 것으로 생각되고 용어와 개념차체가 쉽게 공감하지 못하는 영역으로 생각하고 있다. 그러나 앞에서 설명했듯이 소상공인 및 일반기업들도 '죽음의 계곡(Death valley)'에 한번씩은 들어가게 되고 이를 극복해야 하는 책임과 위험을 가지고 있으며, 소상공인의 주변에서도 '죽음의 계곡(Death valley)'에서 지속적인 성장을 볼 수 있는 소상공인과 기업들이 있다. 이제는 소상공인들도 이들을 발굴하여 고수익을 낼 수 있는 한 부분이 엔젤투자(Angel Investment)이다. 소상공인들이 엔젤투자에 대해서 전문적인 내용으로 엔젤투자에 대해서 접근이 어려웠을 것이다, 따라서 엔젤투자를 도메인(Domain)과 접근법으로 나누어 보다 쉽게 이해해 보고, 소상공인들이 실제로 엔젤투자를 시행할 수 있도록 필수적인 관련 내용들을 알려주고자 한다.

1. 엔젤투자(Angel Investment)의 Domain ① 역할

엔젤투자에서 역할부분은 중요한 부분이다. 기업이 자금을 조달할 경우에 기업의 성장주기(Company life Cycle)중 기업의 성장단계를 지나감에 따라서 단계별로 자금조달 성격이 달라지게 된다. 흔히 엔젤투자의 경우는 기업가치(Enterprise-Value)와 기업공개(IPO-Initial Public Offering)를 주요 척도로 많이 활용 하고 있다. 이때 엔젤투자자의 경우 개인소유의 영역을 선호하는 반면에 벤처캐피탈의 영역에서는 개인소유 영역과 일반적인 영역을 모두 선호하는 성향을 가지고 있다. 그 밖에 사무투자펀트(PEF-Private Equity Fund)나 기업구조조정전문회사(CRC-Corporate Restructuring Company)의 경우는 일반적인 영역에서의 투자를 선호하는 차이점을 가지고 있다.

또한 투자 부분에서 엔젤투자자는 Speed Money(Start-Up)를 공급하는 기능을 주로 수행하는 반면에 벤처케피탈의 경우 Middle Stage를 선호하고 있어 투자부문에서 역할 부분이 많이 다르다는 것을 알 수 있다.

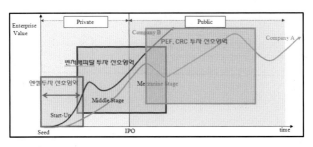

[엔젤, 벤처캐피탈, PEF, CRC 선호영역]

2. 엔젤투자(Angel Investment)의 Domain ② 위험도

앞에서 본 것처럼 엔젤투자는 고수익에 대한 매력도 있지만 상대
적으로 다소 높은 위험성이 있다는 부분은 배제할 수 없다. 그러나
엔젤투자는 가족과 친구가 감내할 수 있을 만한 정도의 높은 투자위
험을 안고 있다는 내재적 특성을 가지고 있다. 따라서 기업의 성장단
계 중 에서 창업하여 초기에 양산에 진입하거나 또는 '죽음의 계곡
(Death valley)'의 중간지점 내지는 '손익분기점(break-even point)'에 도
달하지 못한 상태인 기업을 투자대상으로 선정하여 다루어야 한다.

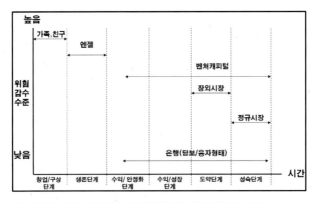

출처: 엔젤의 유형과 엔젤자금 유치 벤처기업의 성향 분석(Kisdi, 2000)

3. 엔젤투자(Angel Investment)의 Domain ③ 정책과 법규

엔젤투자는 매칭펀드 기준과 엔젤투자 영역을 함께 고려해야 하는 부분이다. 이는 정부연계부분이 주요 핵심으로 작용하게 되는 것을 의미하며 따라서 정부의 정책과 법규에 대해서 인식하고 있어야 하며, 특히 엔젤투자대상에 대한 기업조건과 창업조기기업, 창업제외 업종에 대해서 알고 있어야 한다. 이는 "엔젤투자자들이 투자대상으로 삼아애하는 기업이 어떤 생태인가?"를 파악할 수 있게 해주는 중요한 요인으로 작용되기 때문이다.

O 엔젤투자대상 기업요건
- 창업지원법 상 창업제외업종이외 업종을 영위하는 예비창업자나 창업초기기업으로서 기업가치(투자후 가치)가 50억원 이하 일 것.

O 창업초기기업
- 회사설립 3년 이내의 중소기업 또는 창업지원법상 창업자로서 직전년도 매출액 10억원 이하면서 연구개발비가 매출액의 5% 이상인 중소기업,

단) 직전년도 매출액 5억원 미만인 경우 연구개발비가
    2,500만원 이상인 중소기업

O 창업제외업종
- 숙박 및 음식점업, 금융 및 보험업, 부동산업, 무도장운영업, 골프장 및 스키장운영업, 기타 갬블링(도박) 및 배팅업,
기타 개인서비스업(산업용세탁업은 제외), 그밖에 제조업이 아닌 업종으로써 지식경제부령으로 정하는 업종

---

4. 엔젤투자(Angel Investment)의 Domain ④ 투자 현황

한국의 벤처케피탈리스트(V/C-venture capitalist) 시장의 현황을 보면 연간 600~700개 기업들이 투자를 받고 있으며, 2011년 기준 기업공개(IPO-Initial Public Offering) 성공기업이 60개로 약10%의 성공률을 보여주고 있다. 엔젤 투자 시장도 현재 벤처기업 2만개 중 투자대상 1만개 정도의 움직임을 보여주고 있고, 평균 기업공개 (IPO-Initial Public Offering) 60개를 전제로 하고 있다. 특히 투자가치가 50억원 이상하는 것은 초기 투자 성공확률로 비추어 볼 때 무리가 있으며, 대략 10억~20억 이내로 기업가치를 평가하는 것이 정상적이다.

5. 엔젤투자(Angel Investment)의 Domain ⑤ 투자 조건

a) 투자수단

일부 전환사채(CB-Convertible Bond)와 보통주로 투자하는 사람들이다. 이는 시장과 파트너의 관계로 상당한 위험을 초기부터 감수하는 것이다. 만약 실패 또는 문제발생시 회수 불능이 올 수 있다.

b) 투자조건

기업차기가 50억원 미만이거나, 투자 규모가 5억원 미만일 때, 또는 지분규모 10% 내외에서가 적절한 투자 조건이다. 이때 엔젤이 지분율을 40% 이상으로 높게 갖는 방법이나 높은 지분의 의미와 문제점이 무엇인지를 고려해보면 좋다.

c) 회수수단

엔젤투자자의 회수수단은 기업공개(IPO-Initial Public Offering), 인수합병(M&A), 구주매각(V/C 투자 유치시), Buyback으로 이루어진다. 이때 회수수단에서 기업공개(IPO-Initial Public Offering)의 경우에는 너무나도 오랜시간이 소요되고 자기주도가 안되는 점이 있고, 인수합병(M&A)에서는 상당한 시간이 소요되고 지분에 따라 역할 가능하지만 대부분은 자기주가 안된다. 또한 구주매각의 경우 양도소득세 때문에 매우 어렵기 때문에 벤처케피탈리스트(V/C-venture capitalist)들은 이러한 회수수단은 꺼려하고, Buyback의 경우는 은행예금 수준이기에 무난한 방법으로 사용된다.

6. 엔젤투자(Angel Investment)의 Domain ⑥ 투자 현실

엔젤투자자란 소규모로 적은 지분을 가지고 보통주라는 위험한 수단의 초기투자를, 긴 기간 동안에 투자해야 하는 투자자이며, 회수 시 자기의 주도능력이 매우 낮으며, 회수수단 또한 제한적인 투자자이다. 따라서 벤처케피탈리스트(venture capitalist)들은 투자 후 관리능력도 있고 회수통제능력이 우수하다.

그러므로 기업가치를 높게 주거나, 많은 지분을 갖는 것은 검증되지 않은 창업초기기업의 투자대상 속성상 매우 무모한 일이므로 주의해야 할 것이다.

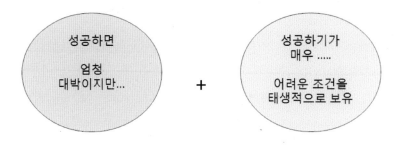

7. 엔젤투자의 가치평가(Valuation)의 실체

엔젤투자의 투자대상 평가와 가치평가(Valuation)부분은 이성적 분석보다는 감성적 통찰력을 필요로 한다. 이는 정량적 가치평가(Valuation)를 위한 수치와 데이터는 근거가 약하고 지나친 가정 기반이며 특히 엔젤투자자와 창업자간의 너무 큰 시각차를 반영하고 있기 때문이다. 오히려 사업계획서와 이력서에서 제시한 수치와 데이터를 설명하고, 주장하는 창업팀과 사장간의 수치와 데이터를 넘어 역량과 신뢰성을 파악하는 것이 더 중요한다. 그러나 창업초기 기업에서 보유한 기술기반의 사업성 평가는 매우 중요하며, 이에 대한 기술을 이해하는 것 또한 중요한 부분이다.

E. 소상공인 코넥스시장 진입 정책적지원

많은 사람들은 코스닥과 코스피를 많이 들어보았을 것이다. 코스닥은 1996년 첨단 기술주 중심인 미국의 나스닥(NASDAQ) 시장을 본떠 만든 대한민국의 주식시장으로 유가증권시장과는 별개의 시장으로 유명하며, 코스피는 국내 종합주가지수이면서 유가증권시장본부(증권거래소)에 상장된 종목들의 주식 가격을 종합적으로 표시한 수치로 매우 유명하다. 그러나 국내에는 대다수의 기업들은 이러한 코스닥과 코스피에 올라와있지 않은 기업들이 대부분이며 이 속에는 소상공인들 또한 포함되어 있다.

2013년 07월 01일 한국에는 특별한 주식시장이 개장하였다. 바로 중소.벤처기업들을 위한 '코넥스(Korea New Exchange)'이다. 코넥스(Korea New Exchange)는 창업 초기의 중소, 벤처기업들이 자본시장을 통해 필요한 자금을 원활하게 조달할 수 있도록 개설된 중소기업 전용 주식시장으로 코스닥(KOSDAQ)에 비해 진입 문턱과 공시부담을 크게 낮춘 시장이다. 중소기업이 코넥스 시장 상장 후 공신력과 성장성을 확보해 코스닥(KOSDAQ)시장으로 이전 상장하는 것을 목표로 하고 있는데, 2013년 기준으로 700~1,000개 기업을 코넥스에 상장하는 것으로 목표로 하고 있다. 코넥스는 자기자본 5억원이거나 매출 10억원 또는 순이익 3억원 이상이면 설립이 가능하다. 최소 가기자본 부분도 재무요건 항목으로 포함하고 있기에 상대적으로 코스닥보다 상장이 우월하다. 이는 소상공인들도 자신의 기업을 코넥스를 통해서 코스닥으로 나아갈 수 있는 다리로 활용할 수 있을 것이다. 지속적인 성장이 기회로 코넥스를 활용하여 세계속의 기업을 만들어 내길 바란다. 이를 위하여 정부에서는 성공한 소상공인들이 진입할 수 있는 제도의 도입과 전향적인 지원이 반드시 필요하다.

|제3시장 코넥스 설립 요건|

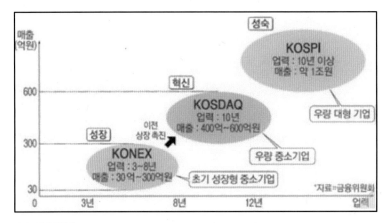

자료: 금융위원회

|각 시장별 특징 및 진입요건|

F. 자동신용보증 제도 도입

담보력이 미약한 소상공인은 경영상어려움인 자금을 조달할 경우 대출금융기관과 신용보증재단을 방문하여 복잡한 서류를 양 기관에 제출하여야 하는 바, 속도가 생명인 소상공인의 애로사항인양 기관의 서로 다른 신청서류작성의 복잡성과 대출지연으로 인한 경영상 어려움을 최소화하기 위하여 대출금융기관과 신용보증재단과 협약을 하고 이를 통하여 대출금융기관이 신용보증재단에 기금을 출연하고 기금의 보증배수에 해당하는 금액을 자동으로 보증과 동시에 대출하는 원스톱서비스를 하는 자동신용보증제도의 도입을 과감히 도입하여야 한다.

소상공인을 위한 자동신용보증제도 도입되면 담보력이 미약한 소상공인의 금융기관 차입 시 대출금융기관과 보증기관(신용보증재단 등)의 두 기관을 상대하는 어려움을 없애기 위하여 일정한 한도범위 내에서 대출금융기관에 자금을 신청하면 대출금융기관과 신용보증기관의 협약에 의하여 자동으로 보증되어 대출시간의 단축과 대출 및 보증기관의 단일화로 소상공인의 애로사항을 해결되는데 이것이 바로 정부가 집중하고 있는 규제개혁의 모범적인 사례가 될 것이다.

G. 소상공인시장진흥공단의 직접대출

소상공인시장진흥공단 출범에 따라 소상공인에 대하여 소상공인시장진흥공단이 소상공인을 위한 직접대출제도를 시급히 도입하여 적기에 소상공인의 유동성을 해결하여 흑자도산을 방지하고 창업에서 스타기업창출까지 소상공인성장 전주기적인 유동성을 적시에 공급해야 한다.

H. 소상공인 재기 창업프로젝트 가동

급격한 외부의 급격한 충격(연쇄부도, 경제위기 등) 에 의하여 소상공인이 도산되었을 경우 소상공인이 재기할 수 있는 칠전팔기재기프로젝트(가칭)를 가동하여 다시 일어설 수 있는 재기의 제도도입 실행을 적극 검토해야 한다.

실행방안으로서 정상적으로 실패한 소상공인을 사업계획서를 신청 받아 재기프로젝트 예산(년간 1,000억 추정)하여 1개 객관적인 공개경쟁 심사를 통하여 1개 프로젝트 당 50백만원이상의 프로젝트를 2,000개를 지원하여 소상공인의 잃어버린 꿈을 되살리면서, 실패의 고귀한 경험과 노하우를 바탕으로 실패자에 대한 무관심과 냉대 등을 벗어나 떳떳하고 자랑스러운 소상공인으로서 국가경제에 좋은 역할을 담당할 것이다.

I. 소상공인의 대학 및 연구소와 산학연 협력강화

현 정부는 대학 및 연구소 평가에 산학연협력 성과를 중요한 평가요소로 정하고 산학연협력을 통하여 기업의 경쟁력을 강화를 통한 국가 경쟁력강화를 추진하고 있다. 이에 따라 소상공인의 비즈니스모델과 기술개발, 기술이전사업화, 사업과 기술의 융합 등에 대하여 대학 및 연구소가 적극 참여하여 글로벌시장에 진출가능성이 있는 소상공인을 적극 지원해야 한다. 이를 위하여 정부는 대기업 및 중소벤처기업에 집중되어 있는 산학연공동프로젝트(R&D, C&D, 현장실습, 기술지도, 경영지도 등)에 소상공인을 포함하여 지원하여야 정부의 정책인 성장사다리(소상공인－중소기업－중견기업－글로벌히든챔피언) 정책이 계속성을 이어가면서 실질적으로 성공할 수 있다.

J. 소상공인의 공동물류 지원

2012년 기준 전국의 공동물류센터(중소유통물류센터)는 모두 26개이며, 이 중 1만2825개 점포가 회원으로 가입되어 있었다. 많은 거래가 발생될 것으로 생각되었지만, 1회 이상 이용한 점포는 전체의 약70%인 8,927개 이고, 나머지 30%인 3,896개는 아예 거래도 실시하지 않은 상태를 보였다.[2] 이러한 운영에서 발생되고 있는 문제에 대한 해결책은 무엇일까?

도·소매 상권의 소상공인을 대상으로 공동물류센터를 지원하게 되면 대량구매를 통한 규모의 경제 실현이 가능해지고 나아가 유통과 물류비용의 감소 등으로 수익성 재고와 경쟁력 강화가 나타날 수 있다. 그러나 소상공인은 말 그대로 조직·규모화 되지 않은 개별 사업자를 의미하기 때문에 이들이 상권별·지역별로 조직화 체계가 구축되지 않으면 공동물류센터 지원 사업의 실효성이 발생되기 어렵다. 그렇기에 우선적으로 소상공인의 조직화 체계를 기본으로 공동구매와 대량구매를 실현하고, 이후에 수·발주 시스템을 구축해야 유통과 물류비용에서 절감을 기대 할 수 있다. 그리고 이러한 체계 마련을 통해서 소상공인의 글로벌진출을 위한 경쟁력 강화를 도모 할 수 있고, 글로벌 히든챔피언들의 탄생도 기대해 볼 수 있다. 만약에 조직화되지 않은 상태에서 공동물류센터를 시행하게 되면 이용률 저하, 가동률 하락 등으로 국가 정책사업의 비효율성을 초래할 수 있다.

---

2) 참고: 내일신문(2013): http://m.naeil.com/m_news_view.php?id_art=68179

2013년부터 소상공인시장진흥공단에서는 과거 하드웨어 측면인 공동물류센터(중소유통물류센터)의 운영을 향상하고자 소프트웨어 측면인 '공동물류센터(중소유통물류센터) 통합정보시스템' 구축을 보급하고 있다. 국비 및 지방비의 지원으로 건립되어 현재 운영 중인 공동물류센터(중소유통물류센터)와 운영예정인 단체에 지원하고 있다. 새롭게 도입된 지원책을 통해서 공동물류센터(중소유통물류센터) 운영 향상과 소상공인의 경쟁력 강화를 이끌어 내기를 기대해 본다.

Ⅲ 글로벌마케팅

A. 글로벌마케팅

경제의 시작은 거래에서 발생한다. 내가 만든 물건을 다른 사람에게 팔아 수익을 올리고 그 돈으로 내게 필요한 물건을 사는 것이 거래다. 물론 경우에 따라서는 화폐의 개입 없이 물건과 물건을 직접 교환할 수 도 있다. 전세계의 시장이 통합되면서 교환의 범위가 한 국가를 넘어 전세계로 확대되면서 교환의 범위도 특정 국가를 벗어나게 된다.

이런 상황에서 해외시장 조사를 통하여 수출입 아이템을 발굴하고 구입하거나 팔 의사가 있는 거래 상대방을 찾아내어 계약을 체결하고 대금을 주고받게 되는 것을 글로벌 마케팅이라고 한다.

글로벌 마케팅은 다음과 같은 네 가지 특징을 갖고 있다. 첫 번째는 거래대상이 상품만으로 한정되지 않는다. 기존에 무역하면 우리가 손으로 만질 수 있는 상품만으로 한정되었다. 그러나 이제는 기술, 의료관광, 게임, 특허, 소프트웨어 등 무형상품도 글로벌 마케팅의 대상이 되고 있다. 부가가치와 일자리 창출면에서 서비스무역이 더 큰 효과를 발휘하는 것으로 알려져 있다.

두 번째는 문화와 법체계가 다른 국가 간 거래를 전제로 한다. 이국 간 거래로 인해 장기간 운송이 필수적이며 문화적 차이로 분쟁가능성이 높다. 수출대금 미회수에 대한 위험도 높은 편이다. 따라서 항상 분쟁을 예방하기 위해 전문적인 지식을 쌓아야 하며 거래의 안전도를 높이기 위해 리스크 관리에도 적극 나서야 한다.

세 번째는 대부분 유상거래로 무상거래를 제외한다. 물건의 판매를 통해 이익을 창출하는 거래를 말하며 단순히 일방적으로 원조하거나 기부에 가깝게 아주 저렴하게 공급하는 것은 글로벌 마케팅 상의 거래의 범주에 포함되지 않는다.

네 번째는 유상거래인 관계로 환율을 중요하게 고려해야 하며 환리스크 관리에도 매진해야 한다. 외국 통화를 이용하기 때문에 환율의 변동으로 거래 당사자의 손익이 당초 예상과 달리 크게 출렁이게 된다.

따라서 글로벌마케팅의 여러 특징들을 정리해보면 다음과 같은 글로벌마케팅의 개념을 도출해 낼 수 있다.

○ 협의의 개념 : 해외시장 조사, 바이어 발굴, 신용조사, 계약체결

○ 광의의 개념 : 앞의 개념 외에 대금결제,
   클레임 등 국제분쟁 해결,
   선적 및 보험관리, 애프터서비스 등

○ 결론적으로 글로벌 마케팅은 학문적인 정의는 협의에 가깝지만 무역현장에서는
   광의로 이해하는 것이 필요하며 물건을 단순히 파는 것에 그치지 않고 거래 상
   대방의 마음을 사는 것이라는 포괄적인 개념으로 이해하는 것이 필요하다.

더불어 글로벌마케팅의 근본적인 필요 이외에도, 글로벌 마케팅과 한국무역은 뗄 수 없는 끈으로 연결된 분야이다. 한국의 경제성장은 무역이 있었기 때문에 가능했다. 1964년에 수출 1억 달러에 불과했으나 2011년에 5천억 달러를 돌파하여 세계 7위를 기록(무역규모 세계 9위) 하였다. 또한 대외무역의존도(수출+수입/국내 총생산)가 80%를 넘을 정도로 무역이 전체 경제성장을 선도하였다. 특히 2006년 기준 한국의 수출액은 아프리카 52개국 모두의 수출액을 초과할 정도로 늘어나면서 한국은 최고의 무역업자들이 경쟁하는 프리미어 리그가 되었다.

한국
3,255억 달러

아프리카
(52개국)
2,958억 달러

중남미
3,506억 달러

자료 : 한국무역협회

B. 글로벌마케팅이 소상공인에게 필요한 이유

글로벌마케팅은 소상공인들에게 너무나도 먼 거리와 같은 이야기일 수 있다. 그러나 다음과 같은 이유들을 보면서 소상공인들에게 글로벌마케팅이 얼마나 중요한 부분인지를 알 수 있을 것이다. 글로벌마케팅이 소상공인에게 필요한 이유는 다음과 같이 볼 수 있다. 첫 번째로, 생계형 자영업자가 대부분인 소상공인의 가장 큰 어려움은 판매(판로)부분이다. 실제로 소상공인의 37%가 영업활동의 애로사항으로 판매(판로)확보의 어려움 호소하고 있으며, 그 밖에 상품 및 고객관리(27.6%), 자금(21%), 임대료 부담(18.4%)에 대한 부분에서 어려움을 겪고 있다.[3] 두 번째로, 정부의 소상공인 지원은 주로 경영컨설팅이며 마케팅 지원은 미비한 상태이다. 최근에 골목슈퍼현대화(나들가게) 사업을 통해 3,000개 영세 슈퍼에 상권분석, 간판, 상품진열 등 경영컨설팅을 제공하였다. 경영개선 차원에서 마케팅을 지원하나 주로 교육 위주의 단발성 프로그램으로 이행되고 있다. 한 예로 '1인기업 및 소상공인의 인터넷 마케팅, 홍보 전략 프로그램은 2일 12시간 교육이 전부인 것을 보면 소상공인에게 마케팅의 중요성은 더욱 커질 것이다. 세 번째로, 소상공인의 49.8%가 50대 이상이며, 20대는 1.8%에 불과하여 IT를 활용한 현대적인 광고수단의 활용에서 많은 어려움을 겪고 있다. 이에 따라 소상공인의 80% 이상은 전단지와 판촉물 등 전통적인 광고수단에 주로 의존하는 모습을 보이고 있는 상태이다.[4]

---

3) 중소기업청(2010), 「2010년전국소상공인실태조사」.
4) 뉴스홍보닷컴 조사결과(2009)

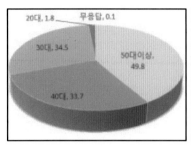 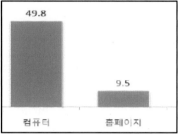

자료: (좌,우) 중소기업청(2010),「전국 소상공인 실태조사」

|소상공인 연령비중| |정보화기기 활용경험|

이러한 내수시장에 집중한 비즈니스와 전통적인 광고수단 만을 통한 마케팅은 소상공인에게 많은 한계성과 어려움을 야기하게 하는 원인이 된다. 특히 내수시장을 지향하는 마케팅의 접근은 국내에서 경쟁과열을 불러일으키며, 대기업의 소상공인 시장 영역까지 진입하고 있는 상황에서 생존은 더욱 어려워짐을 촉진하는 방향으로 전개될 것이다.

		(단위 %)
[14 전망]	악화 (51.2)	작년 동일 (39.3) · 호전(9.5)
[매출액]	감소(59.0)	작년 동일(33.0) · 증가(8.0)
[경상이익]	감소(64.5)	작년 동일(29.6) · 증가(5.9)
[자금사정]	악화(54.5)	작년 동일(40.4) · 호전(5.1)
[종사자규모]	감소(29.0)	작년 동일(67.2) · 증가(3.8)

자료: 중소기업중앙회

|2014 소상공인 경기전망 조사|

실제로 2014년 초에 중소기업중앙회가 2013년 11일부터 27일까지 전국 소상공인 800명을 대상으로 '새해 소상공인 경기전망조사'를 실시한 결과, 응답자의 51.2%가 올해에도 어려움이 지속될 것이라고 답한 것으로 나타났다. 특히 사업축소나 업종전환·사업철수 등을 고려하고 있는 소상공인이 13.3%을 기록하였는데, 이는 사업확장(4.0%)보다 높게 조사된 결과였다. 특히 숙박 및 음식업에서 사업축소와 업종전환 등을 고려하고 있다는 응답이 높게 나타나 어려움의 호전보다 지속되는 어려움의 모습을 그대로 드러낸 것이다.

이렇듯이 "각 국내 기관의 경기회복 기대에도 불구하고, 소상공인의 대다수는 여전히 경기가 어려운 것으로 전망하고 있다"며 "경제 양극화 해소와 내수활성화 등을 통해 서민경제 활력이 회복되기 위해서는 소상공인들의 글로벌시장으로의 진출에 더욱 박차를 가해야 할 것이다. 이러한 글로벌시장으로의 소상공인 진출과 변화들을 도모하기 위해서 정부는 소상공인을 글로벌시장으로 진입시키기 위한 첫 발걸음을 2013년 8월에 시작했다. 이는 정부가 국내 소상공인 제품의 고급브랜드화를 적극 추진한다는 것을 의미하는 것이다.

이는 "이탈리아 장인이 한땀 한땀 손수 바느질해서 딴 트레이닝복"을 자랑했던 한 인기드라마에서의 주인공 대사처럼, 한국 장인이 만든 제품도 국내는 물론 해외시장에서도 통할 수 있는 브랜드로 육성하겠다는 것을 의미하는 것이다. 중소기업청 관계자는 "수제화·수제의류·금속제품 등 국내 소공인들의 제품을 브랜드화를 이행하는 전략에 중점을 두고 고심 중"이라며 "1~2개 정도만 성공 사례가 나와도 상당한 파급효과를 볼 것으로 기대한다"고 밝히면서 '메이드 인 코리아' 제품에 대한 세계적인 신뢰도와 인지도는 빠르게 높아지는 데 반해 국내 장인의 이름을 걸고 만들어진 브랜드는 거의 없어 이를 개선해 보겠다는 구상을 하게 되었다고 과거 설명했었다.

실제로 중소기업청 관계자는 "소공인 특화지원센터는 아직 체계가 덜 갖춰져 있지만 운영에 박차를 가할 것"이라며 "해외 우수 사례 현장도 견학해 소공인들 스스로 깨닫고 브랜드화의 중요성을 인식하도록 할 것"이라고 설명하였고, 또한 브랜드에 대한 소공인들의 전반적인 준비가 아직은 떨어지는 만큼 이들의 인식개선에 우선순위를 두고 신중하게 사업을 진행할 뜻을 내비쳤다. 덧붙여 "국내 소공인들은 대부분 하청업무에 익숙한 데다 연구·개발(R&D) 경험도 없어 지원 대상을 찾기가 쉽지 않다"면서 "자기 브랜드에 대한 소공인들의 관심이 많아져야 높아진 국가브랜드에 걸맞게 장인 브랜드들이 많이 나올 수 있다"고 함께 설명했다. 이렇듯이 정부 차원에서도 소상공인의 글로벌시장의 진출에 대한 중요성을 볼 수 있을 것이다. 그리고 이러한 상황에서 글로벌마케팅에 대한 중요성은 앞으로도 계속 높아질 것이다.

그렇다면 한국의 소상공인들이 글로벌 마케팅을 이행하기 위한 방안에는 어떠한 것들이 있을까?

C. 글로벌마케팅 실행 ①
- 소셜커머스 마케팅을 활용하는 방안

소셜커머스는 인지도가 낮아 판매에 어려움을 가지고 있는 소상공인들에게 효과적인 광고기획을 제공할 것으로 보여진다. 소셜커머스는 신속하게 상품정보를 콘텐츠화해서 상산하고, SNS를 통해서 실시간으로 확산시키는 것이 가능하기 때문에 글로벌시장에서도 광고효과가 높다.

2014년 2월 중국인터넷네트워크정보센터(CNNIC)가 집계한 통계에 따르면 지난해 연말 중국 모바일 인터넷 사용자는 5억명을 돌파해 전체 인터넷 이용자의 80%를 차지하는 기록을 세웠다. 대한민국의 인구가 약 5000만명인 것을 감안해봤을 때 10배를 상회하는 수치로, 국내 인터넷 시장과는 규모면에서 큰 대조를 보이고 있다. 특히 3G에 이어 4G 이동통신인 LTE-TDD가 상용화되고, 최근 스마트폰과 태블릿PC 등 모바일 기기가 빠르게 보급되면서 무선 인터넷의 성장세는 더욱 가파르게 치솟고 있다. 특히 광활한 지역적 특성상, 유선 인터넷보다 접근성이 좋은 모바일 인터넷에 사람들이 몰리고 있는 실정이다. 전문가들은 중국의 4G망 구축이 본격화되고, 보급형 스마트폰의 보급이 확산되면서 모바일 분야의 성장세는 앞으로 계속될 것으로 보고 있다.[5]

---

5) http://www.dt.co.kr/contents.html?article_no=20140325020010631795001

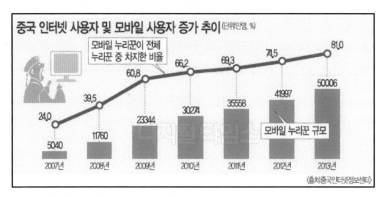

출처: 중국인터넷정보센처

　이렇듯이 해외에서의 소셜커머스 시장은 매우 높게 증가하고 있어, 소상공인에게 매우 훌륭한 글로벌마케팅 채널이 될 수 있을 것이다. 특히 소상공인은 소셜커머스를 통해서 낮은 비용으로 효과적인 상품홍보가 가능하다는 장점을 가질 수 있는데, SNS광고는 타미디어 대비 광고노출 횟수가 높고 광고단가가 낮아서 사업 자금이 부족한 소상공인이 저렴한 비용으로 활용이 가능하다는 장점이 있다.

　또한 소셜커머스는 수익이 실현된 후 광고비용이 지출되므로 리스트 부담이 낮은 것이 큰 장점이다. 이는 전통적인 광고수단인 전단지와 판촉물은 상품판매에 실현여부와 관계없이 지출되는 매물비용이며, 광고효과에 대한 만족도는 8%로 낮은 수준이다.[6]

---

6) 뉴스홍보닷첨 조사결과 (2009)

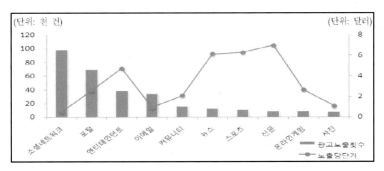

자료: 신영증권 리서치센터 자료를 재인용

|미국 미디어별 광고규모 및 단가(2010. 04)

또한 소셜커머스는 별도의 홈페이지 구축 없이 웹 홍보가 가능하기 때문에 정보화 수준이 낮은 소상공인 활용에 유리한 부분도 있다. 국내 소상공인은 대부분 연령대가 높고 정보화수준이 상대적으로 낮다. 이에 따라서 인터넷 활용은 저조한 편이다. 현재 소셜커머스는 웹페이지 제공과 상품등록, 나아가 결제 등 상품판매에 따른 제반 사항을 소셜커머스 업체가 담당하기 때문에 소상공인의 활용은 다른 광고대비 수월 하다.

특히 소비자가 지인에게 상품에 대한 정보를 알리는 소셜커머스의 '입소문 마케팅'은 신뢰성의 제고와 충성고객의 확보에 유리하며, 이는 소비자가 상품구매 시 신문이나 텔레비전 광고보다 지인의 추천을 더욱 신뢰하고 단발적인 상품판매에 그치는 것이 아니라, 소비자와의 상호소통을 바탕으로 단골고객 확보다 가능하다는 이점이 있다. 따라서 소셜커머스를 활용한 글로벌마케팅 방안을 모색해야 할 것이다.

C. 글로벌마케팅 실행 ②
– 정부지원 활용('중소기업청 해외마케팅 지원사업')

중소기업청에서 지원하는 해외마케팅 사업은 중소 제조업체의 해외시장 진출을 지원하기 위한 것으로써, 해외시장조사, 전자무역마케팅, 해외바이어 신용조사 등 해외마케팅 서비스 관련 비용을 지원하는 정책이다. 이러한 지원을 소상공인들도 활용한다면 보다 수월하게 해외 마케팅을 실시할 수 있을 것이다. 해외마케팅지원사업에서는 다음과 같은 여러 부분을 지원해주고 있다.

[해외마케팅지원사업 주요 내용]

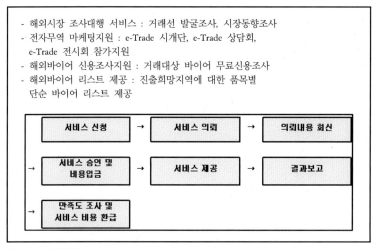

- 해외시장 조사대행 서비스 : 거래선 발굴조사, 시장동향조사
- 전자무역 마케팅지원 : e-Trade 시개단, e-Trade 상담회,
  e-Trade 전시회 참가지원
- 해외바이어 신용조사지원 : 거래대상 바이어 무료신용조사
- 해외바이어 리스트 제공 : 진출희망지역에 대한 품목별
  단순 바이어 리스트 제공

서비스 신청 → 서비스 의뢰 → 의뢰내용 회신
→ 서비스 승인 및 비용입금 → 서비스 제공 → 결과보고
→ 만족도 조사 및 서비스 비용 환급

자료: 중소기업청 참조

위의 내용을 보면 알 수 있듯이 정부지원을 통해서는 다양한 해외마케팅의 필요한 지원들을 받을 수 있도록 마련해 놓고 있다. 따라서 이러한 정부 지원을 활용하여 소상공인 개개인의 업종에 맞

는 방안과 글로벌마케팅전략을 시행한다면 많은 부분에서 보다 쉽게 해외마케팅의 활용과 효과를 경험할 수 있을 것이다.

D. 글로벌시장 진출을 위한 전략사업계획 수립

대부분의 소상공인들은 실제 창업을 이행하거나 기업을 운영하면서 관리와 판매를 중요하게 생각하고 있지만, 경영에서 가장 중요한 부분은 사업계획서 작성 부분이다. 자신의 첫 인상을 외모와 성품으로 보여주고, 비즈니스를 하는 사람들은 명함을 통해서 자신을 타인에게 보여주게 된다. 그리고 신규 사업을 타인에게 보여주는 첫 번째는 바로 사업계획서이다. 그렇기에 사업계획서의 중요성은 아무리 강조해도 지나치지 않는다.

앞에서 설명했듯이 사업계획서(Business Plan)란 새로운 프로젝트나 계획하는 사업과 관련하여 투자, 개발, 생산, 판매, 자금조달 등과 관련된 추진계획 들을 요약 정리한 보고서이다. 회사의 목표가 무엇인지 설명하고 어떻게 이 목표를 달성할지를 설명하는 보고서이면서 회사의 사업방향 및 수행능력 등을 이해관계자에게 객관적으로 제시하고 투자자에게 이를 설득시키는 매우 중요한 자료로 활용된다. 따라서 소상공인의 지속적인 기업성장에는 사업계획서의 작성방법은 매우 중요한 부분이라는 것을 알 수 있다.

대부분의 소상공인들은 사업계획서 작성에 대해서 많은 부분 모르고 있거나, 기본적인 작성방법에 대해서도 많은 어려움을 가지고 있다. 필자 또한 처음에는 많은 부분에서 사업계획서에 대한 올바른 작성법과 접근에서 많은 어려움을 가지고 있었고 이러한 부분에서 해결책을 찾고자 노력하였다.

사업계획서를 처음 접할 때 중요한 부분은 사업계획서를 작성하는 목적이 무엇인지를 작성자 스스로 충분히 고려하고 있어야 한다는 점이다. 이러한 사업계획서 작성 고려에 대한 부분은 작성자들 스스로 해야 하는 부분이지만 특별히 고려해야할 부분들이 몇 가지 있다. 그러므로 사업계획서에서 특별히 고려해야할 작성목적을 설명하면 다음과 같다.

첫 번째, 사업의 성공가능성을 높여준다
    - 체계적인 준비, 사업타당성 분석을 통해 사업의
      성공가능성을 높여준다

두 번째, 계획적인 사업추진을 가능하게 한다
    - 사업수행을 사전에 연습하여 시행착오를 예방하고
      실패할 확률을 감소 시킨다

세 번째, 이해관계자에 대한 설득자료와 사업추진을 위한 소개자료
    - 이해관계자(지원기관, 금융기관, 투자자 등)을 위한
      설득자료로서, 사업자에 대한 신뢰도를 증진시켜
      자금조달이나 각종 지원을 받는데 활용
    - 기업간 사업제휴, 납품계약 체결 등에 회사를
      소개하는 자료로 활용

네 번째, 사업의 실패를 최소화하고 목표달성을 위한
      중요한 도구로 활용한다

그렇다면 "충분한 고려 이후에 사업계획서는 자유롭게 작성하는 것인가?" 라는 질문을 한번쯤은 할 수 있을 것이다. 그러나 이에 대

한 답변은 그렇지 않다는 것을 알아야 한다.

대부분 사업계획서의 양식은 공식적으로 정해져 있지는 않지만, 사업계획서 내에서 기본적으로 반영되어 있어야 하는 부분들이 있으며 이 부분을 충실하게 기입하고 난 이후에 추가적인 부분은 부분에서 자유롭게 작성이 가능하다. 또한 훌륭한 사업계획서에서 빠지지 말아야 할 원칙이 있는데 이는 크게 여덟 가지로 정리해 볼 수 있다.

---

① 사업계획서는 그 자체로 생명력이 있어야 한다
　　보는 사람이 흥미가 있고 점점 발전해 나간다는 생각을 갖게 한다.

② 이해하기 쉽게 작성한다
　　해당 분야의 전문가가 아니라도 이해할 수 있게 작성한다.

③ 실현가능성 있게 작성한다
　　지나치게 보수적인 전망, 과도하게 낙관적인 전망 모두 지양한다.

④ 핵심 내용을 강조한다
　　전략 상품을 중심으로 3가지 제품 이내에서 핵심적으로 제품을 설명한다.

⑤ 일관성을 유지한다
　　제목위치, 글자체, 표현방식, 색갈, 편집방식, 숫자, 화폐단위 등의 일관성

⑥ 구체적으로 작성한다
　　Ex) 초고속 열차개발 (x) → 시속 530km이상의 초고속 열차개발 (O)

⑦ 전문성을 부각시킨다
　　연구개발, 기술, 제품의 장점을 부각한다.

⑧ 창업자의 비전을 보여준다
　　기업의 미래 목표, 성장가능성을 제시한다.

---

1. 사업계획서 작성 중 간과되는 부분

구분	내용
시장분석	시장의 존재와 판매가능성을 부각해야 한다.
마케팅 전략	좋은 기술로 만든 좋은 제품이 시장에서 팔리지 않는 경우는 얼마든지 있다.
재무자료의 계량화	재무계획은 사업계획서가 비즈니스 측면에서 실현가능한지 평가하는 부분이다. 특히 재무관련 자료는 창업투자회사 등 투자자의 투자판단에 주요자료가 된다.

사업계획서 초기 작성 중에 많은 부분에서 미숙한 모습을 스스로 인지하게 될 것이다. 이는 사업계획서 작성이 그만큼 많은 부분에서 포괄적으로 사고하도록 하고, 하나의 사업계획서의 작성에서 자신의 비즈니스에 대한 전반적인 시나리오(scenario)를 구체화 및 체계화되게 이끌어주기 때문이다.

많은 사람들은 사업계획서작성에서 간과하는 부분들이 있다. 이것은 항상 필수적으로 기제되는 부분이면서도 또한 많은 사람들이 쉽게 지나갈 수 있는 부분들이다. 그러나 사업계획서 간과되는 이 부분은 가장 중요한 부분이기도 하기에 위의 표를 통해서 간단하게 정리해서 보도록 하겠다.

2. 사업계획서 작성 중 주의해야 할 표현

① "우리회사 제품은 경쟁제품이 없다"는 말
- 시장조사가 덜 되었다는 뜻.
  닌텐도 vs 나이키, 한의사 VS 정관장

② "우리회사가 유일한 생산업체다" 라는 말
- 생산업체가 없다면 시장이 적거나 시장이
  존재하지 않는다는 뜻

③ 경쟁사 제품에 대한 지나친 비판
- 경쟁자에 대한 안정적인 분석이 좋음

④ "기술이 좋아 제품화하기만 하면 팔립니다" 라는 말
- 기술개발 단계부터 판매개념이 아니라
  마케팅 개념이 필요함

사업계획서 작성 중 스스로 주의해야할 부분이 있다. 앞에서 설명했듯이 사업계획서는 회사의 목표가 무엇이고 어떻게 목표를 달성할지를 설명하는 보고서이면서 회사의 사업방향 및 수행능력 등을 이해관계자에게 객관적으로 제시하고 투자자에게 이를 설득시키는 매우 중요한 자료로 활용되고 있다. 그렇기에 작성되는 문장 하나하나가 매우 중요한 부분인 것이다. 이러한 사업계획서 작성시 사용되는 문장 내에서 주의해야 할 표현들이 있는데 이 부분에 대해서 위의 표를 참조하면 좋을 것으로 생각된다.

3. 사업계획서 작성 지침

① 이용자 과점에서 핵심위주로 간단명료하게 작성함
② 기업의 발전단계 별 차이를 감안하여 정리함 : 창업초기, 성장기
③ 회사의 주력제품, 핵심역량, 시장에 대한 자체 분석을 포함
④ 경영진의 역량을 강조함
⑤ 매출추정에 대한 논리적인 근거를 밝힘
⑥ 모호하거나 근거가 희박한 정보를 기술하지 않음
⑦ 판매전략을 구체적으로 기술함 : 판매전략, 유통, 광고방법 등
⑧ 경쟁우위 및 위험요소를 분석함 : 경쟁자와 수요자의 분석을 한다
⑨ 사업계획서 작성에 경영진이 반드시 참여함
⑩ 투자유치용 사업계획서의 경우 투자자자의 투자회수 방안을 제시함
⑪ 왜 우리회사에 투자해야 하는지를 설명함

"사업계획서 목차는 어떻게 구성되고. 어떤 세부 항목들이 있을까?" 많은 소상공인들이 궁금해 할 것이다. 혹시 소상공인들중에 사업계획서를 보았던 경험이 있었다면, 어떠한 내용들로 사업계획서가 전개되었는지 한번쯤은 가늠해 본 경험이 있을 것이다. 그렇지만 단지 사업계획서를 보는 것으로 이해되는 것과 다르게 혼자 사업아이템을 주제로 사업계획서를 작성하려고 시도해 본다면 많은 부분에서 어려움이 발생하게 되고, 작성을 했더라도 작성을 잘 되었는지 혹은 아닌지 의문이 생기는 경험을 해보았을 것이다. 따라서 사업계획서를 작성하는 사람과 이를 검토하게 되는 사람의 입장에서 발생되는 시각의 차이를 조금이라도 해결해주고자 사업계획서에서 기본적인 지침이 될 수 있는 내용을 위의 표를 통해서 제시하였다.

4. 사업계획서 구성 항목

사업계획서의 전반적인 구성 항목들은 다음과 같이 정리해 볼 수 있다. 각 구성 항목들에서 배제되는 부분이 없도록 체크하는 표로도 활용하면 좋을 것으로 생각되니 많은 부분에서 활용되기를 바란다.

5. 사업계획서 세부항목

사업계획서에서 기본적으로 항상 기입되고 있는 항목들이다. 각각의 세부적 항목들이 어떤 부분에서 기입되는지를 확실히 알아두자.

구분	작성항목	
1. 회사개요	① 회사개요, ③ 회사 Mission, Vision, ⑤ 자본금 및 주주현황, ⑦ 거래선 현황	② 회사연혁 ④ 회사조직 ⑥ 재무현황
2. 사업개요	① 사업개요 ③ 사업내용, 사업영역 ⑤ 사업방향 ⑦ 핵심역량 ⑨ 사업목표	② 사업목적 ④ 사업배경 ⑥ 사업성공요인 ⑧ 사업전략

3. 제품 및 기술현황	① 제품개요, ③ 제품특징, ⑤ 제품기술	② 제품구성 ④ 제품효과
4. 시장환경	① 시장현황 ③ 시장전망 ⑤ 경쟁현황	②시장규모 ④시장점유율
5. 개발계획	① 개발현황 ③ 개발인력 ⑤ 개발일정	② 개발방향 ④ 개발비용
6. 투자계획	① 사업장계획 ③ 설비계획	② 시설공사계획
7. 마케팅계획	①마케팅방향 ③제품계획 ⑤유통계획	② 4P mix 전략 ④ 가격계획 ⑥ 촉진계획
8. 생산계획	① 생산공정도 ③ 생산계획 ⑤ 외주계획	② 설비레이아웃 ④ 구매/자재계획 ⑥ 품질계획
9. 조직 및 인원계획	① 조직계획	② 인원 및 인건비계획
10. 이익 및 재무계획	① 매출계획, ③ 손익계산서, ⑤ 현금흐름표,	② 비용계획 ④ 대차대조표 ⑥ 기타사항
11. 투자제안	① 투자포인트 ③ 투자제안	② 기업가치산출

6. 용도별 사업계획서

사업계획서에 기재되어야 되는 필수적인 항목들은 있지만, 작성한 사업계획서를 읽게 되는 검토자가 바라보는 사업계획서 내에서의 항목별 중요도는 각기 다르다. 따라서 산업용도나 검토자의 상황과 위치를 고려하여 사업계획서 내 기제 되는 항목들에서 중요도에 따른 내용을 차등을 두어 작성하면 훨씬 좋은 사업계획서를 작성할 수 있을 것이다. 아래의 표는 용도별 사업계획서를 항목별로 환경에 맞추어 중요도를 표시한 것이다. 아래의 표를 활용한다면 용도에 맞춘 훌륭한 사업계획서를 작성할 수 있다.

	내부용	자금 신청용	투자 유치용	사업 제휴용	IR용	입찰 제안용
1. 회사개요	O	O	O	O	O	O
2. 사업개요	O	△	O	O	O	
3. 제품 및 기술현황	O	O	O	O	O	O
4. 시장환경	O	△	O		O	
5. 개발계획	O	O	O		△	O
6. 투자계획	O	O	O		O	
7. 마케팅계획	O	O	O	O	O	△
8. 생산계획	O	△	O		△	
9. 조직 및 인원계획	O	△	O	△	O	
10. 이익 및 재무계획	O	O	O	O	O	O
11.투자제안	O		O		O	

7. 사업계획서 내용의 검토

사업계획서 초기에 내용에 대한 검토도 중요하지만 사업계획서를 만든 후 검토할 사항은 무엇인지를 파악하고 이를 꼼꼼히 검토하는 것 또한 훌륭한 사업계획서를 작성하는데 필수적으로 이행되어야 할 부분이다. 아래의 표는 사업계획서 작성 후 검토할 사항들에 대해서 필수적인 부분을 나타낸 것이다.

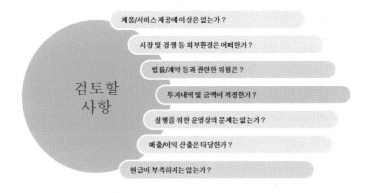

검토할
사항

제품/서비스제공에 이상은 없는가 ?

시장 및 경쟁 등 외부환경은 어떠한가 ?

법률/계약 등과 관련한 위험은 ?

투자내역 및 금액이 적정한가 ?

실행을 위한 운영상의 문제는 없는가 ?

매출/이익 산출은 타당한가 ?

현금이 부족하지는 않는가 ?

8. 경영전략

사업계획서에서 중요하게 차지하는 비중은 전략부분이다. 경영전략은 초경쟁 시대에서 기업의 생존을 위한 필수적인 부분이자 지속적인 경쟁우위를 위해서 매우 중요한 자리로 잡아가고 있다. 그렇다면 이러한 상황에서 경영진에게 필요한 자질은 무엇일까? 그것은 바로 경영전략에 대한 전략적 사고일 것이다.

(단위: %)

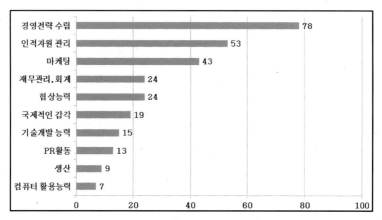

자료: 1,500명 대상으로 한 설문조사, 콜럼비아대학교, 1989

경영전략은 기업의 외부환경과 내부환경에 대한 종합적인 이해를 기반으로 현재 기업이 어떠한 환경에 처해있는지를 파악하고 기업의 외부환경에서는 기업의 핵심 성공요소(KSF-Key Success Factor)를 도출해내고, 기업의 내부역량에서는 핵심역량(core competence)이 무엇인지를 파악하는 것을 통해, 강점(strength), 약점(weakness), 기회(opportunity), 위협(threat) 요인을 규정하고 이를 토대로 경영전략을 수립하게 된다.

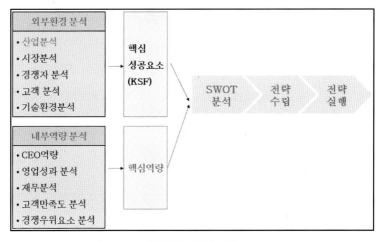

|경영전략 수립의 과정|

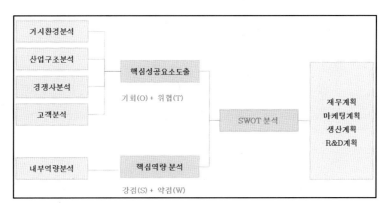

|경영전략 수립의 과정|

9. 외부환경

사업계획서에서 외부환경 분석은 일반적인 환경차원에서 미래에

대한 초점을 제공하고, 산업환경 차원에서 산업 내 기업의 수익성
에 영향을 미치는 요서에 초점을 맞추도록 도와준다. 또한 경쟁자
환경 차원에서는 경쟁자의 전략과 반응 그리고 목표 등에 초점을
두게 하여 포괄적으로 사업하고자 하는 부분에서의 외부적 환경의
흐름을 볼 수 있게 도와준다. 외부환경 분석에서 많이 사용하는 모
델은 하버드대학 마이클포터 교수의 5-Forces Model로써 산업구조
분석방법을 많이 사용하고 있다. 이에 대한 내용은 아래의 5-Forces
Model을 보면 자세히 알 수 있다.

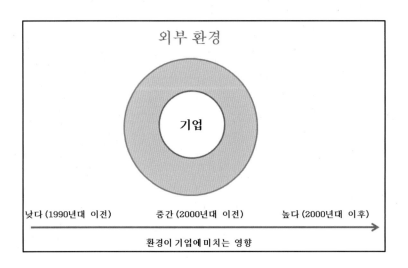

[외부환경 분석의 내용]

① 거시환경분석	② 산업분석
③ 시장분석	④ 경쟁자 분석
⑤ 고객분석	⑥ 기술환경 분석

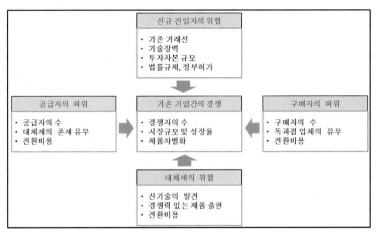

|마이클포터의 5Forces Model|

10. 시장분석

시장분석에서 작성자가 중요하게 생각해야 할 부분은 크게 다음과 같이 네 가지로 볼 수 있다. 첫 번째로, 시장분석은 사업계획서 작성에서 매우 중요한 부분이다. 이는 사업계획서의 다른 부분들은 시장분석의 내용에 크게 의존하기 때문이다.

두 번째로, 시장규모와 성장성을 제시한다. 이는 성공가능성을 평가하기 위해 우선 시장규모를 알아야 하고, 표적시장을 선정해야 한다. 또한 계획하고 있는 제품이 시장에서 성공잠재력이 있는지, 경쟁상대는 누구인지, 확실한 근거를 가지고 객관적인 data를 제시한다.

세 번째로, 시장규모는 신뢰할 수 있는 자료를 참고한다. 시장규모 및 산업현황 자료는 ①관련 협회자료, ②경제연구소(예: SERI),

③Google 등 포털사이트, ④관련 업종 잡지/신문, ⑤금융감독원 전자공시시스템(dart)의 사업보고서 ⑥국회도서관 등에서 조사해야 한다.

네 번째로, 시장규모는 근거를 가지고 작성한다. 이는 시장규모는 입증 가능하고 객관적인 data에 근거해야 하고, 여러가지 다양한 자료원(인터뷰, 통계, 전문가 의견 등)에 대한 근거가 있어야 시장분석에 타당성이 발휘되기 때문이다.

11. 경쟁자분석

경쟁자 분석에 대해서 중요한 부분은 크게 2가지로 볼 수 있는데 이는 다음과 같다. 첫 번째로, 경쟁사 분석은 경쟁에서 이기기 위해 꼭 필요한 일이다. 이는 경쟁자 분석이 안되어 있으면 사업계획을 제대로 세우지 않은 것으로 간주하기 때문이다. 두 번째로, 창업자(또는 경영자)는 당사와 경쟁회사를 핵심 고객가치, 목표고객, 매출액, 가격, 원가, 유통채널 측면에서 비교해야 한다. 이는 경쟁사의 강점과 약점을 분석하여 비교하고, 경쟁우위 요소를 어떻게 유지할 것인가를 고려해야 한다. 또한 시장에서 경쟁자와의 포지셔닝(positioning)을 고려해야 한다.

성공요소	상세 내역	중요도
기술 개발 전략의 수립	고객 니즈, 기술개발 동향 등을 파악하여 미래 기술개발 방향을 정하고 선제적으로 시장에 대응할 수 있는 전략 수립 및 실행	1
고객지향적 마케팅 필요	고객인 중소기업의 다양한 니즈를 만족시킬 수 있는 고객지향적 마케팅이 필요	2
연구개발 자금 조달	창업 초기 R&D 활동을 위한 자금조달이 필요	3

|작성 사례|

12. 내부역량 분석

기업의 경영자원은 크게 유형자원, 무형자원, 인적자원으로 볼 수 있다. 유형자원의 경우에는 흔히 대차대조표에서 나타나는 공장,기계,건물 등의 물적자산과 금융자산등을 말하고 있다. 무형자원의 경우에는 기업이 소유하고 있는 기술, 특허권, 브랜드, 이미지 등의 눈에 보이지 않는 자원을 말하고 있다. 또한 인적자원의 경우에는 기업자원 중 가장 중요한 자원이며 기업의 경쟁우위를 나타내는 가장 중요한 자원으로 보고 있다.

이러한 기업의 경영자원을 포함하고 있는 내부역량을 분석해야 하는 가장 큰 이유는 현재 기업이 처해있는 상황에서 지속적인 경쟁우위의 원천이라고 할 수 있는 핵심역량(Core Competencies)을 발견하고 이를 통해서 기업 전략도출의 출발점과 함께 지속적 경쟁우위(Sustainable competitive advantage)를 실현하기 위해서 이다. 그렇기에 내부역량 분석은 기업의 분석에서 매우 중요한 부분이다.

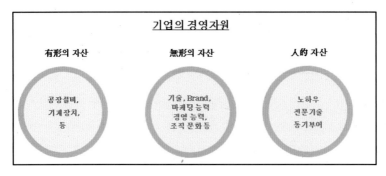

|기업의 경영자원 분류|

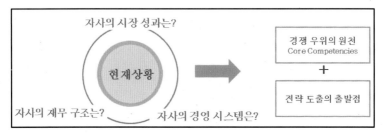

|지속적 경쟁우위(Sustainable competitive advantage) 실현|

13. 핵심역량 분석

핵심역량(Core Competencies)이론은 Hamel 와 Prahalad 교수가 1995년에 제시한 이론이다. 핵심역량이라는 것은 경쟁기업에 비하여 그 기업이 더 잘할 수 있는 상대적인 경쟁능력을 말한다. 그렇기에 기업의 여러 가지 경영자원 중 경쟁기업에 비하여 훨씬 우월한 능력, 즉 경쟁우위를 가져다주는 기업의 능력을 의미하는 것으로 핵심역량은 핵심경쟁력과 같은 맥락을 보이고 있다.

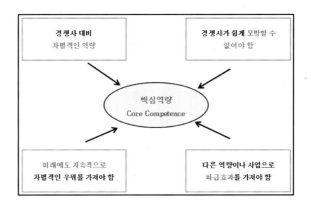

핵심역량은 차별적인 역량이면서 경쟁사자 모방할 수 없는 특징을 가지고 있고, 미래에도 지속적인 차별적 우위를 가져올 수 있으며 다른 역량이나 사업으로 파격효과를 가져와야 하는 부분이 있다. 그렇기에 기업의 핵심역량(Core Competencies)은 다른 기업들과 차별화되는 가치(Value)를 자기고 있어야하며, 다른 기업이 가지고 있지 않는 특별한 희소성(Rare)를 가지고 있어야 함과 동시에 다른 기업이나 조직이 가질 수 있는 모방가능성(Imitable)이 없어야하는 특징을 가지고 있다.

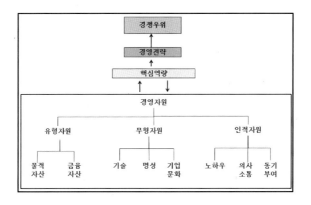

[사례- 핵심역량 분석 / 기능별 핵심역량 사례]

□ Cannon 핵심역량 사례

생산년도	제품	핵심역량	핵심역량 습득경로
1933	현미경	정밀광학기술	자체R&D
1935	카메라	정밀기계기술	자체R&D
1962	복사기	정밀기계기술	미국제톡스의 특허를 회피하면서, 미국RCA와 호주기업으로부터 기술이전
1975	레이저프린터	정밀기계기술	복사기기술응용
1980	잉크젯프린터	첨단전자기술	복사기기술응용
1990	실리콘웨이퍼가공장비	첨단전자기술	

□ 기능별 핵심역량사례

기능별 분야	핵심역량	대표적 기업
경영관리	효과적인 제무관리 시스템	엑슨
	강력한 리더쉽	월마트
	각 사업부 단위의 경영조정 및 동기부여	Shell
연구개발	혁신적인 신제품을 개발할수 있는 기초연구능력	3M
	신제품 개발속도	삼성전자
생산	생산효율성	도요다
제품디자인	디자인 능력	애플
판매와 유통	효율적인 물류	Federa express
	서비스품질	싱가폴항공

부문	핵심 역량
기술	무기 영양분 추출 및 유기화 기술 천연 광물의 나노화 기술 슬러지 재활용 기술
경험	곤충 자원분야 경영진의 다양한 사업 분야에서의 축적된 노하우 생산설비 설계 및 공정 효율화부분에서 오랜 경험
설비	각종 실험을 위한 자체 동물(가금류/한우)실험연구소 구축

[사례- 핵심역량의 평가]

핵심역량의 종류	전략적 중요도	(주)가나다핵심역량	주요사유
연구개발	7		
제품개발	9		
구매	7		
생산	8		
재무	6		
마케팅,판매	9		
대정부 교섭능력	4		

14. 포지셔닝 분석

포지션(position)이란 제품이 소비자들에 의해 지각되고 있는 모습을 말하며, 포지셔닝이란 소비자들의 마음속에 자사제품의 바람직한 위치를 형성하기 위하여 제품효익을 개발하고 커뮤니케이션하는 활동을 말한다. 사업계획서에서는 지금 시작하려는 해당 사업이 주요 소비자들의 마음속에 어떠한 위치에 자리를 잡고 커뮤니케이션할지를 볼 수 있도록 도움을 제공하게 된다.

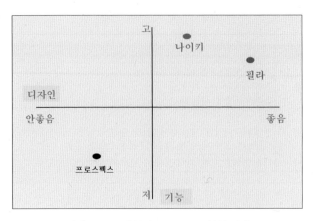

|사례 - 스포츠용품의 Positioning 분석 사례|

15. SWOT 분석

SWOT분석은 사업계획서 내의 해당 사업에 대해서 내부 환경과 외부 환경을 분석하고 이를 통해서 강점(strength), 약점(weakness), 기회(opportunity), 위협(threat) 요인을 규정하여 경영 전략을 수립하는데 기반이 되도록 하는 기법이다. SWOT 분석의 가장 큰 장점은 사업계획서 내에서 시작하려는 사업에 대한 내·외부 환경 변화를 동시에 파악하면서, 사업의 내부 환경을 분석을 통해 강점과 약점을 찾고, 외부 환경 분석을 통해 기회와 위협을 찾아낼 수 있다는 것이다. 이는 사업을 시행하는데 선택과 집중을 통해 지속적 경쟁우위 (Sustainable competitive advantage)를 실현할 수 있도록 도와준다.

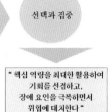

Strength	Weakness
내부역량에서 분석한 핵심역량(강점)	내부역량에서 분석한 장애요인(약점)
Opportunity	**Threats**
외부환경에서 분석한 기회요인	외부환경에서 분석한 위협요인

선택과 집중

" 핵심 역량을 최대한 활용하여
기회를 선점하고,
장애 요인을 극복하면서
위협에 대처한다 "

E. 글로벌 강상공인이 되기 위한 전략사업계획 실무

1. 사업계획서

사업계획서를 잘 만들고 외부 투자자를 설득하여 자금을 유치하려고 애쓰는 전체의 과정에서, 가장 흔하게 잃게 되는 기회들 중 하나가 판매에만 치중하는 근시안에서 초래된다. 판매 능력은 성공한 기업의 공통점 중 하나이긴 하지만 그러한 차원을 넘어서 회사의 컨셉, 사업줄거리, 전략을 이해했는지, 취약점은 어떤 것인지, 성공가능성을 높이려면 무엇을 해야 한다고 믿고 있는지에 대해 주의 깊게 고민하여야 한다. 그러므로 실제로 소상공인들이 사업계획서를 작성할 수 있는 역량을 도모하고자 사업계획서 작성관련 여러 사례와 도구(Tool)를 제공하고자 한다.

2. 사업계획서 주요 내용 작성 사례

사업계획서 목차는 특별히 정해져 있는 양식은 없다. 그러나 좋은 사업계획서가 필수적으로 포함하고 있어야 할 부분은 존재하며, 이를 충족하게 되면 상대방에게 높은 신뢰 및 높은 투자 기회를 확

보할 수 있다. 따라서 기본적으로 충족해야 될 부분을 포함한 사업
계획서 목차를 보여주면 다음과 같다.

[사업계획서 사례-목차]

Ⅰ. 회사현황	Ⅲ. 사업전략
1. 회사개요	1. 기본 사업전략
2. 회사연혁	2. 연구개발계획
3. 미션, 비전	3. 생산계획
4. 회사조직도	4. 투자계획
5. 경영진 및 주주현황	5. 인력계획
6. 제품개발현황	6. 지금조달계획
7. 핵심역량	7. 마케팅계획
8. 지적재산권	8. 매출계획
9. 경영실적	9. 추정재무제표
Ⅱ. 산업분석	Ⅳ. 첨부자료(Appendix)
1. 시장개요	
2. 경쟁사 분석	
3. SWOT 분석	

[사업계획서 사례-기업 소개]

미션,비전			
회사명			
대표이사		설립일	
자본금		직원수	
본사			
공장/기업부설연구소			
연락처	(사무실)　　　　(팩스)　　　　(Mobile)		
웹사이트			
사업분야			
주요제품			
지적재산권	특허등록4건,특허출원5건,상표등록3건		
인증	ISO9001,SQ,이노비즈		
주주구성			
관계회사			

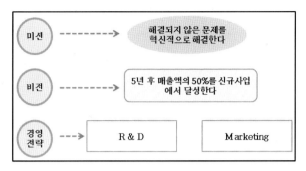

[사업계획서 사례 - 기업 미션, 비전, 경영전략]

[사업계획서 사례 - 회사 연혁]

2010	2월 회사설립 10월 벤처기업확인(기술보증기금) 12월 기업부설연구소 인정(한국산업기술진흥협회)
2011	2월 산학연협력 기술개발과제 선정(중소기업청) 4월 삼성전자 협력업체 등록 6월 수출 시작(IBM 캐나다 현지법인)
2012	2월 제품,공정개선 기술개발 과제 선정(중소기업청) 3월 특허등록 11월 자가 공장 신축
2013	

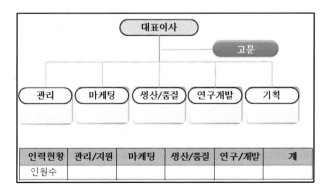

[사업계획서 사례 - 조직도 및 인원 현황]

[사업계획서 사례 – 경영진현황 사례]

성명	직위 및 담당업부	학력 및 경력	학력 및 경력
	대표이사	업무전반	
	이사	연구개발	
	부장	마케팅 담당	

자료: 금융감독원 전자공시스템에 보고되는 사업보고서 양식을 참조

[사업계획서 사례 – 주주현황 사례]

성명	관계	주식의종류	주식수	지분율	비고
	본인	보통주	5,868,000	51.00%	
	특수관계자			9.00%	
	타인			%	
계				100.00%	

자료: 금융감독원 전자공시스템에 보고되는 사업보고서 양식을 참조

[사업계획서 연습 – 제품개발 현황]

제품명	브랜드명	특징
소화촉진제	- 메가 플러스 - 메가 덕플러스 - 돈킹	차별적 우위를 기술한다

[사업계획서 사례 – 지적재산권]

	지적재산권	등록(출원)번호	등록(출원)년도	비고
특허	패널가공용 폴리에틸렌 보호시트 및 제조방법	10-2012-0000000	2012	등록
			2012	출원 중
			2012	출원 중
			2013	출원 중
			2013	출원 중
상표			2013	등 록

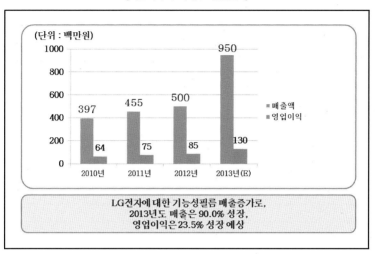

3. 산업분석 작성 사례

[산업분석 작성 사례 - 시장의 정의]

- 축산용 소화촉진제 (생리활성제) 시장
- 축산용 영양제 (철분, 구리, 칼슘, 바나듐제) 시장
- 반려동물용 영양제 시장

[산업분석 작성 사례 - 시장의 특성]

- 항생제 사용 제재와 수의자 처방제 실시, 유기 축산 관심
- 증대 등 최근 제도적, 법적, 사회문화적 환경 변화
- 고객 충성도가 높은 보수적 수요자
- 축산업의 경기 동향 (사료값 등)및 그 환경 변화와 밀접한 관계
- 특히 사료와 나머지 축산용 제품들과는 trade-off 관계
- 인적 네트워크가 마케팅에 중요한 요소

[산업분석 작성 사례 – 시장현황 분석]

사업분야	기회	위협
A 진단시약	유전자분석관련분야 시장의 확대	대기업의 시장지배력이 강함
B 기능성필름	국내전자업체의 수요가 증가추세	3M등 다국적기업의 가격경쟁력이 강함
C 부품산업	한미FTA로 미국시장 진출 확대기회	특허권분쟁 가능성

[산업분석 작성 사례 – 시장규모 사례]

(단위:백만원)

구분	2011년	2012년	성장율
태양광LED조명등	25,000	32,750	31.0%
LED 가로등	34,500	43,125	25.0%
LED 보안등	16,800	19,800	17.9%

[산업분석 작성 사례 – 경쟁사 분석]

구분	자사 수준	경쟁사 수준	우위 여부
제품/품질 경쟁력			
가격경쟁력			
마케팅역량			

[산업분석 작성 사례 – SWOT분석]

강점(S)	약점(W)
❖ 친환경 천연 원료 제품 생산 ❖ 천연소재 제품화의 원천기술 보유 ❖ 현행 영업 및 마케팅 전략 제휴	❖ 창업자금부족 ❖ 브랜드인지도 취약 ❖ 소재(농산물)의 수급,가공생산이 어려움
기회(O)	위협(T)
❖ 농공상 지원사업 연계 ❖ 기존 동물약품 업계 및 판매망 확보 ❖ 자연소재 동물약품 시장전망이 양호함	❖ 전문의약품 인허가절차 복잡 ❖ 해외 시장 개척 비용부족 ❖ 국산(친환경)유기농 농가부족

SWOT전략 1) 강점을 보유한 주체간의 협력과 네트워크 활용
2) 천연소재 화장품,소독제의 장점을 강조하는 마케팅 전개
3) SNS 활용 마케팅
4) 국가 정책 및 연구개발 사업과 병행,창업지원 사업 활용

4. 사업전략 작성 사례

[사업전략 작성 사례 – 초기]

R&D	
생산	
Marketing	
자금조달	

[사업전략 작성 사례 – 중장기]

R&D	
생산	
Marketing	
자금조달	

[사업전략 작성 연습 – 개발현황]

개발형태	제휴기관	개발내용	2013년	2014년	2015년
중소기업청과제	순천향대학교	수요연료전지를 적용한 이동형 에너지 저장장치 개발		⟶	
지역연계 사업	공주대학교	전기자동차용 알루미늄 케이블 개발			⟶
자체개발					

[사업전략 작성 연습 – 생산계획]

(단위: 백만원)

구분	분류	제품	생산계획				
			2013	2014	2015	2016	2017
제품분야	전자부품						
	자동차부품						
계							
총계							

[사업전략 작성 연습 – 투자계획]

(단위: 백만원)

구 분	내 용	금 액	산출내역 및 특기사항
시설자금	토지/건물	1,000	대지6,300㎡, 건물3,750㎡
	기계장치	1,530	A제품 생산설비
	비품	70	업무용/사무용 비품 일체
	차량운반구	100	화물용차량 및 지게차
	기타시설	100	공장 보수비용
운전자금	원재료	500	초기 원부재료
	인건비	250	인건비
합계		3,500	

(단위:명)

구분	직종	2013	2014	2015	2016	2017
임원	-					
관리부문	재무,회계,구매					
영업부문	영업,A/S					
개발부문	연구개발					
생산부문	생산,품질					
총인원	-					

[사업전략 작성 연습 - 자금조달]

구분	자금의 종류	2013	2014	2015	2016	2017
내부유보금	-					
차입	정책자금					
	기술보증기금					
	금융기관					
투자유치	-					
합계	-					

[사업전략 작성 사례 - STP 전략과 연습]

Segmentation	Targeting	Positioning
시장세분화	표적시장선정	포지셔닝
시장을 일정한 기준에 의해 나눈다 Ex) 성별, 연령별, 소득, 사회적계층, 라이프스타일	세분화된 시장 중에서 기업이 진출할 시장을 선택한다	▪ 맥도날드 : 저가 ▪ 현대자동차 : 경제성 ▪ 일본자동차 : 내구성 ▪ VOLVO : 안정성 ▪ 소비자들이 추구하는 편익 : 후라보노 ▪ 급한 상황 : 후시딘

STP	세부내용	사업전략
시장세분화		
표적시장선정		
포지셔닝		

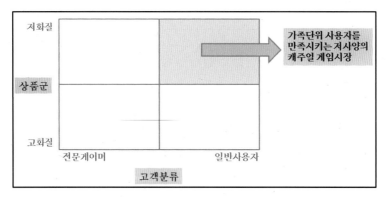

[사업전략 작성 사례- 타깃시장의 정의 / 사례: 닌텐도 위 게임]

[사업전략 작성 사례-매출계획 작성]

(단위:백만원)

구분	제품	매출액		2013년 매출액 산출근거
		2012년	2013년(E)	
전자부품	고압변성기			시험생산완료후 4일부터 본격생산시작
	전원공급장치			LG전자에 월 15억 납품시작
자동차부품	점화플러그			A사에 월 20억 납품
	이그니션코일			판매단가0.6% 인상
합계				

[사업전략 작성 사례-추정재무제표 작성]

(단위:백만원)

	2012	2013(E)	2014(E)	2015(E)	2016(E)
매출액	100.00%				
매출원가	81.94%				
매출총이익	18.06%				
판매관리비	13.12%				
영업이익	4.94%				
영업외수익	5.13%				
법인세차감전이익	5.17%				
법인세	0.61%				
당기순이익	4.56%				

2012년 수치는 '반도체 및 전자부품'의 매출액 대비 비율임(한국은행 기업경영분석 2011년)

[사업전략 작성 사례－추정재무제표 작성]

(단위:백만원)

		2012	2013(E)
상품력,제조력	매출액	100.00%	
	매출 원가	81.94%	
	매출 총이익	18.06%	
영업력,관리력	판매관리비	13.12%	
	영업이익	4.94%	
사업력	영업외수익	5.13%	
	법인세차감전이익	5.17%	
	법인계	0.61%	
	당기순이익	4.56%	

F. 글로벌 마케팅 사례

1. 순천향대학교 상하이 수출 박람회

글로벌세계경제 및 아시아권 경제의 발전으로 인하여 세계의 경제구도가 변화됨에 따라 이에 대한 적극적 시장개척이 필요하게 되고 있다. 최근 중국 및 대만을 중심으로 한류 열풍으로 한국의 주요제품에 대한 관심이 고조됨에 따라, 중국시장 진출 및 교두보 확보의 기회로 삼고, 중국의 한류열풍으로 인한 한국의 소비재(화장품, 의류, 식음료 등)의 수요가 급증하고 있다. 상하이 수출 박람회는 2012년 10월 28일 부터 2012년 10월 31일까지 3박4일 일정으로 중국 상해에서 개최 되었다. 박람회의 주요 제품들은 화장품, 미용기기 등의 소비재로 구성되었다.

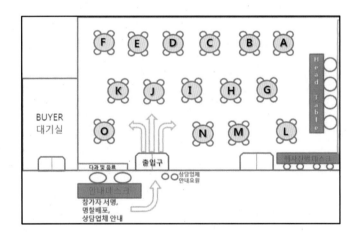

주요 내용은 다음과 같이 크게 4가지 부분으로 볼 수 있다.

① 수출상담회
   - 현지 주요 유통업자(구매담당자)와의
     수출상담회(평균 1:4~5상담 구조)
   - 한국 내 해외진출(PROCOTRA Networks-중국미용협회)
     지원업체의 사전 상담을 통한 사업성 분석 등
   - 수출상담회는 호텔 상담회장에서 개최

② 중국 주요 유통매장 방문 시장조사
   - 수출상담회 바이어 매장 및 회사, 중국 내 주요 유통업체 방문

③ 중국 상설 생활용품 및 BEAUTY SHOP 시장조사
   - 상설 생활용품 및 미용용품 전시 판매장 행사 참관하고,
     이를 통한 중국의 화장품, 미용용품 등에 대한 판매현황
     및 소비자 밀착 조사를 통한 시장 조사 등 실시

④ 중국 미용협회 및 한려궁 방문 상담
   - 중국미용협회 방문
   - 한려궁 방문(미용학원/미용샵/미용 아티스트)상담

2. 순천향대학교 태국 수출 박람회

글로벌세계경제 및 아시아권 경제의 발전으로 인하여 세계의 경제 구도가 변화됨에 따라 이에 대한 적극적 시장개척이 필요하게 되었다. 최근 중국 및 대만을 중심으로 한류 열풍이 동남아시아의 태국까지 미치면서 한국의 주요제품에 대한 관심이 고조됨에 따라, 태국시장 진출 및 교두보 확보의 기회가 발생했다, 또한 태국의 한류열풍으로 인한 한국의 소비재(화장품 및 식품 등)의 수요가 급증하는 부분 또한 중요한 기회 부분이었다. 태국 수출박람회는 2012년 11월 26일부터 2012년 11월 30일까지 3박5일 과정으로 대국 방콕에서 실시되었다. 박람회를 통한 주요 제품은 화장품 및 식품으로 주로 소비재

부분이었다.

주요 내용은 다음과 같이 크게 5가지 부분으로 볼 수 있다.

① 수출상담회 부분이다.
  - 장소 : SHANGRI-LA
  - 주소: 89 Soi Wat Suan Plu, New Road, Bangrak,
          Bangkok, 10500, Thailand
  - 현지 주요 유통업자(구매담당자)와의
    수출상담회(평균 1:5상담 구조)
  - 한국 내 해외진출
    (한태교류센터 Networks-태국의 유통업체)
    지원업체의 사전 상담을 통한 사업성 분석 등

② 상품전시회
  - 장소 : SHANGRI-LA
  - 주소: 89 Soi Wat Suan Plu, New Road, Bangrak,
          Bangkok, 10500, Thailand
  - 참가기업(10개) 제품의 전시: 세계사이언스파크협회
    아시아연차총회 부쓰

③ 태국사이언스파크 방문
  - 사이언스파크 4대국가연구기관 TOUR 및 PILOT 생산시설 TOUR
  - 의약 식품 바이오 관련 R&D연구 시설 및 연구인력 방문 및 상
    담
  - 한국관(Garden of Innovation) 방문하여 화장품 및 식품 제조
    SCH패밀리기업 한국관 입주 타당성 및 가능성 검토

④ 태국 주요 유통매장 방문 시장조사
  - 수출상담회 바이어 매장 및 회사, 태국 내 주요 유통업체 방문

⑤ 태국 상설 BEAUTY SHOP 시장조사
  - 상설 화장품 및 식품 전시 판매장 행사 참관을 통한 태국의 화
    장품 및 식품 등에 대한 판매현황 및 소비자 밀착 조사를 통한
    시장 조사 등

제2장

소상공인 성공
및 실패사례

    국내 소상공인들 중에서 해외에서의 마케팅과 비즈니스를 통해서 성공한 사례는 매우 적다. 과거 대부분의 정책이 중소기업위주에서의 해외마케팅 및 경영지원을 이행하였기 때문에 대부분의 소상공인들은 정부의 정책지원 없이 독자적으로 이행하였고 이에 대한 많은 부담과 위험들을 경험하였다. 그러나 최근 소상공인에 대한 정책적인 지원과 해외마케팅 및 경영지원이 점차 확대됨에 따

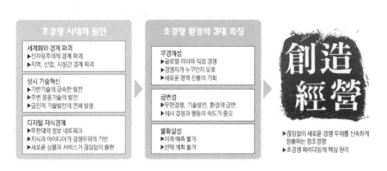

자료: 동아비즈니스리뷰 (DBR)

|초경쟁 시대의 원인 및 환경의 3대 특징|

라 그 기회 또한 과거대비 많은 부분에서 향상 되었다.

그렇기에 세계적인 추세 속에서 글로벌마케팅과 비즈니스를 시행해야 하는 시대가 다가오고 있는 세계화와 경계의 파괴, 상시기술의 혁신과 디지털 지식경계의 원인들로 나타나는 무경계성, 급변성, 불확실성의 증가에 따른 초경쟁시대(Hyper-competition)에 모든 국가와 기업들이 돌입하면서 끊임없이 새로운 경쟁우위를 신속하게 창출하는 창조경영의 시대가 되었다. 그리고 이러한 환경에서 국내의 소상공인들 또한 새로운 변화에 맞는 새로운 시각과 도전을 시행해야 할 것이다. 이러한 급변하게 변화하고 예측이 불가능한 현실에서 우리 소상공인들은 어떻게 생존하고 경쟁에서 지속적인 경쟁우위를 통해 승리할 수 있을까? 다음과 같은 국내.외 성공 사례들을 통해서 초경쟁시대(Hyper-competition)에서 소상공인의 해외마케팅과 비즈니스에 대한 성공 가능성을 찾아보고자 한다.

I. 실패 사례

1. 소상공인이 당면하는 공동적 위험

[소상공인이 당면하는 공통적 위험]

위험종류	의 미	사 례
고객위험	고객은 소기업의 이윤의 원천이기도 하나 점점 증가하는 기업위험.	악성부채, 제조물책임 점포에서의 고객부상
인력위험	신체적으로 아프거나 상해를 입은 종업원 또는 종업원의 스파이 역할 등에서 야기	전 종업원과의 경쟁 핵심인력의 사망 종업원의 부정직

재산위험	하루 밤새 건물을 망치는 화재와 같은 재산상의 상실등	화재, 자연재해 사는체하고 훔치기
시장위험	가장 흔한 기업위험으로 목표시장과 마케팅 노력에서 나타나는 부정적인 변화로 야기되며 그 특성상 완전히 파멸될 때까지 매일 서서히 진행	납품업자의 장해 경제여건의 악화 상품수요의 감퇴 상품 믹스의 태만

첫 번째, 인력확보의 문제이다, 소상공인 및 중소기업은 고용환경의 불리함으로 인해 만성적인 작업환경의 불량, 퇴직금 제도를 비롯한 복지후생의 미흡, 낮은 임금수준, 종업원들의 이직 등으로 인력난은 가중되게 된다.

두 번째, 기술수준의 낙후 문제이다. 기술 역시 일부 소상공인 및 중소기업은 전 근대적 전습기능으로 충당하고, 대기업 이전 또는 신기술의 개발지원과 이의 소화흡수가 너무 부족하다. 또한 생산기술직 사원의 이직률이 높아 결과적으로 기술축적이 저해되고, 새로운 연구와 개발은 생각도 못하는 기업이 대부분으로 기술수준이 대기업에 비해 훨씬 낮은 상태가 된다.

세 번째, 자금부족의 문제이다. 소상공인 및 중소기업은 간접금융 의존이 또한 용이하지 아니한데, 이는 금융기관의 영리 및 안전위주의 대출관행과 소상공인 및 중소기업의 공신력 부족 때문이다.

네 번째, 제품판매의 부진이다. 소상공인 및 중소기업이 직면하고 있는 큰 애로사항 중의 하나가 판매난 제품판매가 부진하게 되면 생산에 필요한 막대한 시설투자, 획득하기 어려운 원자재의 조달,

높은 임금, 제세공과 등의 생산비를 들여 애써 생산한 제품이 재고 상태로 남게 되어, 중소기업의 자금상 어려움이 더욱 가중되기 때문이다.

2. 국내 실패사례

a) 실패 사례

__콘텐츠 유통사업을 하던 A사__

A사는 전국의 PC방을 네트워크화하여, PC방에서 필요로 하는 물품 및 컨텐츠 유통사업을 진행 하였다. 아울러 A사는 서울, 경인지역 가맹점 3,000여개 확보하고, 지방 PC방 네트워크(5,000여개)를 보유한 X사와 합병을 하였다. 또한 총 45억원에 달하는 자금을 조달하였었다. 그러나 현재는 추가자금조달에 실패하고, 수익창출 매출의 부재로 Cash flow 문제에 직면한 후, 구조조정 중에 처해 있다.

주요 실패 요인은 다음과 같다. 첫 번째는 Cost Control 실패 때문이다. 이벤트 비용, 가맹점가입유치경쟁으로 인한 과다한 비용의 지출과 회계관리가 미숙하였었다. 두 번째는 재무구조 부실 때문이다. 과다한 차입금과 회사의 실정에 맞지 않는 건물 구입으로 인하여 재무구조가 건실하지 못해졌었다. 세 번째는 합병 후 경영진간의 불화 및 경영능력 부족 때문이다. 초기 사업모델의 전략적 수정Timing을 놓치고, 빈 컵 안의 개구리모양의 구조조정으로 기업의 체질변경은 역부족 이였다.

b) 실패 사례

슈퍼마켓의 전자상거래를 실현한 B사

전국의 슈퍼마켓을 가맹점화하여 주문-구매-배달서비스의 온-오프라인을 통합하는 전자상거래를 실현한 B사는 총회원수가 60,000명 이상에 달하였으며, 1회 이상 주문 회원수는 9,000명 이상이었고, 가맹점 또한 250개에 달하였다. 그런B사는 추가자금조달에 실패하고 ,역마진 매출로 인해 Cash flow 문제에 직면하였다. 현재는 구조조정계획이 일부 주주의 반대로 무산되고, 휴면법인으로 존재하고 있는 상태이다.

주요 실패 요인은 다음과 같다.
첫 번째는 수익성을 무시한 Cost Control 실패 때문이다. 급격한 서비스지역 확장으로 과다한 물류비용이 주요 원인이다. 두 번째는 초기 회원유치 및 판매물량 확보를 위한 역마진 위주의 상품구성 때문이다. B2R에서 경쟁우위 확보를 위한 관리비용 증가 및 수익성 하락이 나타나는 것이 주요 원인이다. 세 번째는 조직적 경영능력의 부재 때문이다. 이는 가맹점에 관한 체계적인 육성과 지원, 사후관리 미비가 주요 원인이었다.

c) 실패 사례

구체적 보상체계를 마련하지 못한 M씨

국내대학에서수학을 전공하고 해외에서 컴퓨터공학으로 석사학위를 취득한 M씨는 귀국 후 전공분야를 살려 국내 굴지의 전자회사에서 일하게 되었다. M씨는 직장생활을 통해 통신소프트웨어 기술에 대한 사업 아이디어를 착안, 근무하던 대기업을 그만두고 98년에 자본금 5천만원을 가지고 창업하게 되었다.

대부분의 벤처기업과 마찬가지로 M씨 역시 주변 직장동료들과 함께 창업을 하게 되었다. M씨를 비롯한 창업 멤버들은 초기 희생을 감수하고 어느 정도 회사가 성장을 이루게 되면 스톡옵션 등의 방법으로 희생의 대가가 보상될 것으로 암묵적 결의를 맺었다. M씨는 계약서를 통한 삭막한 관계 유지보다는 서로간에 믿음을 통해서 관계를 유지하는 것이 여러 면에서 바람직하다고 생각하였다.

그러던 중 기술개발을 담당하고 있던 일부 직원들이 다른 직장으로 옮기려는 사태가 발생하게 되었다. 벤처기업의 경우 연구개발 인력이 사업성패의 핵심이라고 여기고 있던 M씨로서는 상당한 충격을 받게 되었고, 그 동안 돈으로 따질 수 없는 두터운 신뢰를 형성하고 있다고 믿고 있던 자신을 되돌아보게 되었다. 이런 사태의 발생을 미연에 예상하지 못했던 M씨로서는 속수무책으로 당할 수밖에 없었다.

벤처기업의 운영에 있어서 인력은 가장 중요한 자원이므로 제도적인 인력 유지책이 필수로 필요하다.

3. 해외 실패사례

a) 해외 실패 사례 - 원가계산 등 준비되지 않은 회계 제도

일본 다이니찌 사업

벤처기업의 스타로서 입을 모아 칭찬을 받던 다이니찌 사업은 급성장을 해서 공개유망기업으로 생각되었다. 사업내용은 일본국내에서 방해가 되고 있는 간벌림을 유효하게 이용해서 합판을 만들고 DIY용으로 판매해간다는 것이었기 때문에 몇 군데 지방자치단체의 후원도 얻고 있었다.

그러나, 회사가 거액의 투자를 받을 수 있는 기회가 주어졌을 때 회사는 합판생산시의 원가가 얼마인지 파악이 불가능했을 뿐만 아니라, 당월까지의 월차결산도 이루어지지 않고 있었다. 이는 회사의 관리체제가 정리되어 있지 않았음을 보여주는 것이며, 결국 도산하고 말았다.

재고 수준이 크게 변한 K 사

오까야마에 있는 K사는 원예용 농기구를 수출하고 있기 때문에 출하 시즌인가 아닌가에 따라 재고 수준은 크게 변한다. 게다가 기계설비를 도입했기 때문에 감가상각액은 크게 증가했다. 그런데 작성되어진 재무제표 등은 그러한 것을 고려하지 않았기 때문에 판매액은 그렇다 하더라도 이익이 믿을 수 없는 숫자가 나타났다. 사장은 벤처캐피탈 등의 수정요구에도 불구하고 수정하지 않아, 기중에 이익이 있더라도 기말의 수정에 의하면 일거에 적자결산이 되어 버리는 것을 반복했기 때문에 나중에는 외부지원조차 소극적이 되는 결과를 낳았다.

b) 해외 실패 사례 - 매정한 대기업과 금융기관

일본 단파크 자원개발

후쿠오카에는 단파크 자원개발이라고 하는 독특한 벤처기업이 있었다. 양계장과 어장에서 발생하는 폐기물을 처리하고 사료와 건강식품을 추출하는 플랜트로 나까죠노사장도 일시적으로는 통산성 관할의 클린재팬 센터로부터 재활용 자원화 공헌기업의 표창을 받기도 했다.

그러나 엔고에 의해 사료와 식품의 가치가 하락하자 자원 재활용이라고 해도 비용 면에서의 경쟁력이 급속하게 약화되어 플랜트를 도입하는 경우가 적어지게 되었다. 동사는 자금조달에 여유가 없어지게 되어 분식결산 등으로 외면을 꾸며대었지만 홋카이도 진출을 기회로 벤처캐피탈과 주거래 금융기관으로부터 자금도입을 도모하고자 했다. 주거래 금융기관은 지원을 약속했지만 인재를 파견해 기업의 실태를 면밀히 조사해 갔고 그 결과 은밀하게 담보 물건의 보전에만 주력하는 것을 발견하고 지원을 단절하기로 결정하였다.

c) 해외 실패 사례 - 안이한 판매예측

과대설비투자와 과대 시장예측한 일본 '시로모 청과식품'

오오사카부 고기시에서 새로운 공장을 건설하고 있었던 시로모청과
식품은 일년 후인 89년 5월에 도산했다. 업무용 야채 자르는 칼의 전
자동화공장은 슈퍼마켓을 중심으로 일반 가정용 분야에도 공급을 추
진하면 시장 확대와 함께 급성장을 이룰 수 있다고 예상하여 매스컴
에도 크게 화제로 제공되기도 했다. 그러나 동사는 과대설비투자를
단행하였고 이는 시장예측의 과대 기대로 인한 것이며 결국 도산하
고 말았다

d) 해외 실패 사례 - 안이한 판매예측

머지않아 식의 판매예측 일본 '앤드하드'

다점포 전개에 의해 매상규모를 확대하고 매상규모의 확대에 의해 구
매비용을 낮추고, 판매관리비가 매상액에 대응하는 비율로 낮추어서
이익을 올린다고 하는 것은 체인점을 경영할 때의 기본이다. 그러나
사업계획이 머지않아 3년간 100개 점포라든가 매년 100개 점포라든가
하는 개점계획으로 흐르고, 거기에 맞는 인원모집, 자금조달로 초점이
맞혀지게 되면, 곧 어느 샌가 점포개설 그 자체가 목표가 되어버리고
점포자체의 채산성에 대해서는 관심을 두지 않게 되어 버린다.

82년경에 컴퓨터가게를 타 회사보다 앞서서 전개해 급속한 성장을
이루었던 일본소프트 앤드 하드는 주요지점에 거점을 두고 그 점포
하에 3개씩 새로운 점포를 전개해 나가는 방식으로 2~3년 후에는
간토우일원, 장래에는 전국에 자사의 컴퓨터가게를 출점하는 계획이
었다. 그러나 컴퓨터의 염가판매가 일반화되면서 점포의 채산성이
급속하게 악화되었고, 계속되는 점포전개로 결국 자금융통이 막혀
도산하고 말았다.

e) 해외 실패 사례 - 경쟁회사의 진입

<u>언제나 거대한 경쟁사가 나타날 수 있음을 간과한 일본 'N슈퍼'</u>

지방의 슈퍼나 전문점 가운데에는 그 지역에 경쟁상대가 없어서 높은 수익을 올리고 있는 점포가 꽤 많다. 그러나 그것으로 안주하고자 생각한다면 그렇게는 쉽게 되지 않는다. 그 가운데 경쟁상대가 나타나 소비자에게 보다 선호되는 상품, 서비스, 가격을 제공해서 고객을 빼앗으려 하기 때문이다. 토오쿄오에 있는 N슈퍼는 안정된 업적을 배경으로 주식공개를 모색하고 있었다. 그런데 대기업슈퍼가 들어서면서 매상은 큰 폭으로 떨어지고 생존을 건 경쟁을 하게 되었다.

e) 해외 실패 사례 - 타이밍을 놓친 설비투자

<u>불합리한 컴퓨터화 일본 '이마기이래'</u>

건설기계 리스 렌탈회사 이마기이래는 주식공개를 목표로 89년부터 준비를 시작했다. 다음해에는 영업수입 86억엔, 경상이익 3.3억엔, 91년에는 영업수입 100억엔, 경상이익 4.2억엔에 이르렀다. 그러나 93년 6월 회사는 도산하고 말았다.

실패의 원인은 다름이 아니라 컴퓨터 관리시스템의 도입에 있었다. 대기업이 되는 것을 상정하여 엄격한 보안시스템을 갖춘 컴퓨터를 도입하기 위해 직접 개발비로 3.5억엔, 운연을 위한 SE를 포함하여 6명의 인원 증가, 하드 리스 지불요금 연간 4천만엔, 그 밖에 지점에서의 컴퓨터 취급인력 증원 채용으로 인한 인건비 증가가 5,000만엔이었다.즉 벤처기업은 개개의 사정에 맞는 컴퓨터화를 하지 않는다면 합리화가 불합리화가 되는 결과를 낳게 된다.

f) 해외 실패 사례 - 경영자의 작은 성공과 큰 허세

호화스런 사장실 - 제멋대로의 창업사장 이미지 '후니산업'

토오쿄 교외에서 전자 라이터를 제조 판매하고 있던 월드카세이나 가나가와현 아야세시에서 프린터 배선판을 생산하고 있었던 후니산업, 히가시 오오사카시에서 정밀용접기계를 제조해 오고 있었던 프라즈마 월드는 87년 연달아 도산하였다. 이들 기업의 도산에는 여러 가지 요인이 있었으나, 기업규모가 작은 반면, 호화스런 사장실을 갖고 있는 공통점을 가지고 있었다. 호화스런 사장실은 방문자들에게 제멋대로 일을 하고 있는 창업사장을 연상시킬 수 있다.

---

g) 해외 실패 사례 - 경영자의 작은 성공과 큰 허세

회사의 2인자 급여의 12배를 받은 '아이린 하야시 사장'

아이지현 오까사끼시에서 건강식품 메카로 발족하여 일시적으로 성공했던 아이린이 86년 9월에 도산했다. 83년 3월에는 판매액이 23억엔, 경상이익 1.2억엔 이었음에도 불구하고 부도어음과 건강센터 등 부업에의 투자로 인해 자금조달이 막힌 것이다.
그때의 회사 내에는 불만이 항상 발생해 있었는데, 그 이유는 다름이 아니라 하야시 사장의 연봉이5,000만엔인데 비하여 2인자의 연봉은 600만엔으로 사장의 연봉이 2인자의 연봉의 12배를 받는 비합리적인 급여체계였다.

---

h) 해외 실패 사례 - 경영자 취미생활에 공금의 사용

레코드음반을 낸 후꾸부 사장

90년에 도산했던 신쥬꾸의 컴퓨터 프레젠스는 3차원화상의 리얼타임 처리의 커스텀 칩 개발에 성공하여, 대기업상사나 벤처캐피탈로부터 자금제공을 받았다. 그때는 사업전개 시점이었고, 아직 기술개발도 진행 중인 상황이었다.

그런데 후꾸부사장은 자신의 꿈이던 레코드 음반을 내고 발표회까지 호텔에서 열었다. 이를 본 벤처캐피탈과 대기업상사는 회사에 대한 신뢰감을 잃게 되었고 회사는 더 이상 자금을 조달한 방안이 없었다.

---

i) 해외 실패 사례 - 경영자 취미생활에 공금의 사용

실크로드의 꿈을 꾼 '하나꼬 메디컬 히루마씨 사장'

하나꼬 메디컬은 일회용 주사기와 인공혈관 등 의료기기로 성장해온 벤처기업이었다. 이 회사의 사장은 히후마씨로 학창시절부터 실크로드를 동경해 왔다. 그러던 중 벤처캐피탈로부터 자금제공을 받게 되었고, 히루마씨는 중국의 당시 사정에 대한 상세한 조사도 없이 중국 공장진출을 진행하였다. 사전의 상세한 조사가 없는 투자 및 사업 진행이 그러하듯 중국 공장 진출 사업은 실패하였고, 그후 사장이 교체된 후 사업이 정상화 되었다.

---

j) 해외 실패 사례 - 의리 및 인정에 의한 거래

화근이 된 전직 상사 - 일본 S사

무라와시에 있는 S사의 기쥬스야사장은 좋은 제품을 개발해 왔고, 판매는 오랫동안 알아 왔던 전직 상사를 통해서 행했다. 또한 개발비용의 일부를 전직 상사에게 차입하였다. 그런데, 제품의 도매가는 최종소비가의 반에 불구했으며, 차입시 이자율 또한 은행 이자율보다 높았다. 거기에다 단순히 주문생산방식을 취하고 있어서 계획적인 생산을 할 수가 없었다. 이러한 상황은 투자를 하려던 벤처캐피탈의 발목을 잡게 되었고, 결국 회사는 더 이상 성장하지 못하였다.

---

k) 해외 실패 사례 - 의리 및 인정에 의한 거래

검토하지 않은 아는 사람과의 거래 - 일본 호구부 통신공업

후꾸시마시에 있는 호구부 통신공업도 85년에는 도산 직전에 헤맸었다. 그 이유는 다름이 아니라 아는 사람에게 명확한 계약서 등을 받지 않은 채 납품을 하였기 때문이다.

회사는 아는 사람으로부터 회사의 판매액의 2개월분에 달하는 미국 수출 주문을 받고 미국에 납품하였다. 그러나 수출처는 반품을 요구하였고, 반품과 관련된 손실을 아는 사람은 전혀 보상해 주지 않았다. 이로 인해 회사는 막대한 손실을 보고 자금의 압박을 받고 도산 위기에 처했던 것이다.

Ⅱ. 해외 성공사례

A. 독일 국가 소상공인 성공사례

1. 독일 성공사례 - 독일 쾰른 한국 음식점 '불고기하우스'

자료: Lokalzeit aus Köln

a) 독일에 한국 전통의 음식 문화를 선보이다

독일 쾰른 지역에는 특별한 식당이 하나 있다. 바로 한식당 '불고기하우스'라는 곳이다. 대부분의 유럽에 위치한 한식당은 한국의 한식당과는 많은 차이를 보이면서 서비스 또한 다소 부족하게 운영되는 것이 대부분 이지만 이곳 '불고기하우스'는 유럽 한식당 치고는 상당히 우수하고 운영되고 있다. 가량 대부분의 유럽의 한식당들은 유럽인들의 한식에 대한 거부감을 해소하고자 메뉴의 개량을 실시하거나 한국의 다소 강한 향식료를 제외한 음식들을 선보이게 된다. 그러나 '불고기하우스'는 다른 한식당과 차별화된 완전 전통 한국식을 지향하고 운영되고 있다. 매장 내 작은 소품과 가구 나아가 한국에서 직접 공수해 온 고기굽는 시설까지 모든 부분을 한국에서 직접 공수해 왔다. 이 매장의 가격은 2012년 기준 1인당 약 20유로(약 3만원)로 부담없는 가격에 코스로 한식을 제공하고 있다.

b) 합리적인 가격과 특별한 음식 스타일

20유로라는 가격은 한국에서 다소 비싼 가격대 이지만, 독일 쾰른 현지에서는 매우 싼 가격대라는 점을 감안한다면 가격에서도 매우 만족적인 메뉴 가격대를 보여주고 있다. 일례로 쾰른 지역의 일식당에서 철판요리 코스 시키면, 초밥, 회, 철판요리 등 나오고 80유로(약 12만원)의 가격을 형성하고 있기 때문이다. 한식 코스 구성을 보면 처음에 한국식 만두를 제공하고 한국식으로 고기를 부위별 또는 종류별로 맛볼 수 있게 된다. 잡채, 김밥, 기타 샐러드 등은 매장 내 비치된 뷔페식 코너에서 셀프로 먹을 수 있게 준비되어있다.

‘불고기 하우스’의 제품 및 가격은 한국에서 어느 정도 요식업에서의 경험이 있다면 쉽게 운영할 수 있는 수준으로 운영되고 있다. 만두의 경우를 보면 한국에서는 쉽게 먹을 수 있는 만두를 제공하지만, 독일 현지에서는 처음 접하는 음식으로 인식하고, 잡채의 경우도 독일인들에게 식감에서 처음 경험하는 것으로 매우 신기하게 대하고 있다. 다소 글로벌적으로 나아가는 있는 김치 또한 독일인에게는 레어 아이템으로 큰 위치를 차지할 만큼 하나의 메뉴로 접근되어 지고 있다.

‘불고기하루스’에서는 고기와 함께 먹을 수 있는 주류로 한국 제조사의 맥주(예: 카스, 하이트 등)를 제공하고 있으며, 후식으로는 한국에서 쉽게 먹을 수 있는 서민적인 아이스크림을 제공하고 있는데 이 또한 매우 반응이 좋게 나타나고 있다.

2. 독일 성공사례 – 뮌헨 펜션 마루안

자료: 마루안(www.pensionmaruan.com)

a) 특별한 고객 포지셔닝

독일 뮌헨에 위치한 이 민박집은 한국인들이 많이 이용하는 곳 중 하나이다. 그리고 민박집의 경우 대체적으로 낮은 가격과 함께 서비스 및 객실의 품질 또한 다소 낮은 모습을 가지고 있어, 편안함 보다는 저렴한 가격을 먼저 고려하여 선택하게 된다. 마루안의 경우는 조금 다르다. 합리적인 가격과 호텔 수준의 깨끗한 객실은 한국인과 현지인들에게도 많은 인기를 가지고 있다.

창업자가 한국에서 살 당시 한옥에서 생활하던 추억을 떠올리며 모든 만남의 시작으로 느낀 한옥의 '마루'와 그 '안쪽'이라는 의미를 덧붙인 '마루안'의 이름처럼 독일의 가정 분위기를 제공하겠다는 창업자의 마음이 건물 곳곳에서 볼 수 있다.

b) 온라인 홈페이지 차별화

특히 마루안의 차별화된 부분은 온라인 커뮤니티 부분이다. 한국어와 일본어를 제공하는 마루안 홈페이지는 객실의 전경 및 주요 메뉴, 주변의 교통시설, 날씨, 관광지, 기타예약 등을 제공하고 있어 높은 접근성을 확보하였다. 특히 SNS를 통해서 보다 친숙하게 고객과 의사소통 하는 점은 다른 민박집과는 차별화 된 부분으로 볼 수 있다.

3. 독일 성공사례 – 한인 헤어숍 '깜장머리'

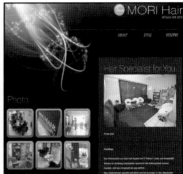

자료: 깜장머리(www.morihair.eu)

a) 한국 헤어스타일을 통한 세계화

프랑크푸르트 근교 에쉬본에 위치한 깜장머리는 한국인 디자이너와 독일 현지인 디자이너로 구성된 인력을 바탕으로 독일 근교의 한인과 현지인들에게 한국 헤어스타일을 선보이고 있다. 2006년 처음 개업한 이래로 지속적인 성장을 통해 Frankfurt am main에 2호점을 오픈하였다. 한국인 원장과 디자이너를 중심으로 한국 메이크업, 헤어 등을 선보이고 있으며, 매장 밖에서도 한국인이 운영하고 있음을 볼 수 있는 인테리어와 매장 내 서비스들은 현지인들에게 독특한 헤어숍으로 인식을 만들게 하고 있다.

b) 온라인 커뮤니케이션 활용

깜장머리의 차별점은 인터넷 홈페이지를 통한 가격공개 및 사전예약 서비스다. 고객들에게 최고의 서비스를 제공하기 위해서 지속적인 한국인들의 인턴들을 대거 채용하고, 홈페이지를 통해서 지속적인 매장에 대한 정보를 제공함으로써 매장 근교외 타 지역에서도 방문을 시도하고 있다. 이러한 온라인 커뮤니케이션의 활동은 매출에도 큰 부분 효과를 내고 있다.

B. 스위스 국가 소상공인 성공사례

1. 스위스 성공사례-제네바 한국 음식점 '가야'

자료: 가야 관련 자료 참조

a) 한국적인 이미지 강조한 인테리어

1996년 제네바에서 <이조>라는 이름으로 문을 열었다가 2006년 지금의 위치로 이전하면서 <가야>로 이름을 바꿨다. 이 한식당의 경우 '재뉴한인 음식협업회'에서도 소개될 만큼 스위스에서 성공한 창업 모델이다.

<가야>를 처음 오픈할 당시 오너 셰프가 직접 나서서 식당의 인테리어 디자인과 식기, 가구, 음식 종류에 이르기까지 한국적인

요소를 통일감 있게 구성하기 위해 5개 월에 걸쳐 콘셉트를 기획했다. 커다란 통유리로 된 창문은 한국의 전통적인 창호살 문양으로 은은한 채광을 살렸으며, 벽에는 전통 민화를 걸어 한국적인 이미지를 강조했다. 현지인의 편의를 위해 등받이를 설치하고 입식으로 구조를 변경한 툇마루가 인상적이다.

b) 한국산 양념으로 만들어 낸 전통의 맛

<가야>는 전통적인 한식 조리법을 고수한다. 음식의 맛을 좌우하는 된장과 고추장, 고춧가루 등 모든 양념은 한국에서 직접 공수해 오는데, 된장은 전통 방식으로 담가 발효시킨 된장만을 고집한다. 때문에 이곳의 된장국이나 된장찌개는 한국에서도 흔히 맛볼 수 없는 옛 맛을 자랑한다. 구이 요리도 상당한 수준인데, 뼈째 들여온 소고기를 셰프가 직접 다듬어 내놓기 때문에 신선하고 다양한 부위를 맛볼 수 있다. 디저트로 내놓는 달콤한 팥빙수도 별미다. 특히 한식의 고급화를 이끌어 냈다는 점에서 스위스 내 많은 한식당에 모티브가 되고 있다.

2. 독일 성공사례-취리히 YUMI HANA(유미하나) 한국음식점&식품점

자료: 유미하나(www.yumihana-zuerich.ch)

a) 취리히 중심가에 위치한 캐주얼 식당

스위스 취리히 중심가인 Bahnhofstrasse 인근에 위치한 YUMI HANA
(유미하나)는 한국식품과 Take Away를 겸한 공간을 가지고 있다.
1998년부터 식료품 전문점으로 노하우를 쌓아온 <유미하나>로써
어머니와 아들이 2대째 운영하고 있으며 취리히 최고 중심가라는
입지적 우월성으로 한국인보다는 현 지인들에게 인기를 끌고 있다.
입구에 들어서면 기다란 바 너머의 오픈 키친에서는 음식 준비가
한 창이고, 안쪽에는 한국 식품이 진열되어 있다. 오픈 키친에서 판
매하는 테이크어웨이 한식은 15유로 정도면 누구나 배불리 먹을
수 있는 합리적 가격에 구성되어 있다.

b) 저렴하고 합리적인 테이크어웨이 메뉴 14가지

<유미하나>에서 선보이는 메뉴는 조리법이 간단하고 상대적으로 가격이 저렴하지만, 식재료 전문점 을 운영하는 만큼 최상의 식재료를 이용한다. 스위스산 소고기와 각종 채소에 한국산 고춧가루와 고추기름을 넣어 얼큰하게 끓여낸 육개장은 이곳의 대표 메뉴다. 돼지고기에 다양한 채소를 넣고 매콤하게 볶아낸 돼지목살불고기 역시 현지인들이 즐겨 찾는 메뉴. 이외에도 김치찌개, 비빔밥 등테 Take Away가 가능한 14가지 메뉴가 정갈하게 준비되어 있다.

C. 기타 해외 여러 국가에서 성공한 소상공인 사례

1. 기타 해외에서 성공한 사례 – 아프리카 세네갈, '셰 모나미' 문구점

세계여행 자유화가 시작되던 1989년. 30대 한 꿈의 청년가는 그동안 품었던 꿈을 실현하기 위해 장도에 올랐다. 그리고 그가 선택한 나라는 미국도, 유럽도 아닌 아프리카 세네갈 이였다. 똑똑하고 잘난 사람들이 많고 바쁘고 팍팍한 일상이 기다리고 있을 것 같은 선진국보다는 정반대의 모습을 가진 아프리카가 왜 그에겐 훨씬 매력

자료: 세네갈 문구점 '세모나미" CEO 장둔 (이츠대전 참조)

적으로 다가왔을까? 현재 그는 비행기로 17시간 이상 타야 도착할
수 있는 아프리카 세네갈에서 문구점을 운영하고 있다. 그의 이름
은 대전사람 장둔 씨(55)이다.

a) 처음의 실패 그리고 재기의 기회

장둔 씨(55)는 처음에 직물중심의 무역업을 했었다. 세네갈 공용
어인 프랑스어는 전혀 할 줄 모르고, 값싼 중국제품들은 밀려오고,
물건 값은 수금이 안되는 등 많은 문제들이 항상 나타났었다. 결국
장씨는 2년만에 돈을 모두 잃은 빈털터리가 됐다. 한국으로 돌아갈
차비도 없어 고국으로 돌아오지도 못할 지경에 이른 그에게 "어려
울 때 연락하라"던 한 친구가 떠올랐다고 한다. 3일 후 친구의 도
움으로 그의 통장에 4,000만원이라는 돈이 들어오게 되었다.

b) 한국 문구류의 세계화 추구

장둔 씨(55)는 4,000만원이라는 돈으로 셰모나미(Chez Monami;
내 친구의 집)라는 상호로 한국문구류를 팔기 시작했다. 그러나 처
음에 사정은 호락호락하지 않았다. 품질은 좋았지만 브랜드 가치가
떨어지는 한국문구를 현지인들이 선뜻 구입하지 않았던 것이다.

"예전에 우리가 조미료를 살 때 미원 달라고 했잖아요. 그곳도
마찬가지였어요. 마커를 사려면 스타빌로를 찾고 볼펜을 달라하지
않고 레이놀즈나 빅을 달라고 하는 상황이었지요."

그러나 꾸준히 외국 문구류와 함께 한국산을 진열하고 틈날 때

마다 소비자들에게 권했다. 그로부터 5년의 세월이 흘렀다. 세네갈인들이 하나둘 모나미 볼펜과 신나라 물감, 양지사 수첩을 찾기 시작했다. 흑자로 돌아선 가게는 그 후부터 승승장구했다.

현재 250㎡ 규모의 세모나미는 세네갈 현지에서 약 10% 이상의 시장점유율을 보이고 있다. 현지인 열명 중 한 두명은 한국의 문구류를 쓰고 있다는 이야기다. 이 정도쯤 되니 한국의 문구류 회사가 장씨를 고마워할 지경에 이르렀다. 자신들이 개척하지 못한 아프리카 시장을 개척해줬으니 말이다.

2. 기타 해외에서 성공한 사례 – 한국, 중고 멕시코 'DDR(Dance Dance Revolution) 게임기'수출

자료: 멕시코 DDR 대회 모습
출처: Google

2000년대 초반에 국내 젊은이들에게 선풍적인 인기를 끌었던 것이 있다. 동네 오락실과 게임하는 곳이면 어디든지 사람들이 모이고 함께 구경하는 등 이 게임이 없으면 장사가 안된다는 말이 있을 정도였다. 바로 DDR(Dance Dance Revolution)게임기다. 그러나 DDR 게임기는 짧은 유행주기에 따라 국내 게임시장에서 퇴출되어 창고 신세를 지게 되었다. 그러나 지금은 한류 바람을 타고 멕시코로 건너가 대박 히트상품이 되었다. 즉 멕시코에서의 한류열풍은 'DDR'이 처음 이끌었다.

a) 한류를 통한 새로운 기회의 발견

'DDR'은 우리가 자주 사용하는 '딴따라'의 줄임말은 아니다. 한때 선풍적인 인기를 모은 펌프게임인 'DDR(Dance Dance Revolution)'을 이야기하는 것이다. 신나는 음악과 함께 화면에 나오는 장단에 맞춰 발로 센서를 누르면 점수가 나오는 오락기계다. 현재 멕시코에서는 한류스타의 인기가 높아지고 있고, 멕시코 사람들이 춤을 좋아한다는 점에 착안해 창고에 쌓여 있던 DDR게임기를 멕시코로 수출했었다. 바로 한국 소상공인들의 지혜를 읽을 수 있는 대목이다.

우리나라에서는 한물 간 DDR 중고기계가 국내 소상공인의 수출을 통해서 전해졌고 지금은 멕시코로 수출되면서 한류를 타도 많은 경연대회가 열릴 정도로 탄탄한 메니아층을 형성한 하나의 문화로 정착되었다. DDR 기계에 내장된 가수 이정현이나 쿨의 노래 한두곡 정도를 부르지 못하면 또래들 사이에서 따돌림을 당할 정도라고 한다. DDR을 통해서 한류의 성장과 함께 우리 소상공인들의 해외에서의 성장 가능성을 엿 볼 수 있다.

3. 기타 해외에서 성공한 사례-특허받은 산소발생 정수기 수출 [7]

본 내용은 한국무역협회의 종합무역컨설팅지원단의 전문위원의 도움을 받아 수출에 성공한 것으로, 수출초보기업들의 경우 무역유관기관을 활용하면 초기 시장개척에 큰 도움을 받아 성공한 사례이다.

H社의 산소발생 정수기는 산소에 나노기술을 적용시켜 물에 녹는 산소의 함유량을 일반 식수에 비해 20배 이상 증가시키는 제품이다. H社는 이와 관련한 특허기술을 보유하고 있다.

물에 녹아 있는 산소의 양이 크게 증가한 식수를 마시면 혈액순환이 좋아져 고지혈증 등으로 고생하는 성인들에게 도움이 된다는 게 이 회사 관계자의 설명이다. 또 몸속의 과다지방을 태워줌으로써 다이어트에도 효과가 있다고 한다. 따라서 이 제품의 주력 소비자들은 고소득층의 노령세대와 다이어트를 해야 하는 성인들, 임산부 등이다.

하지만, 독보적인 기술을 가진 특허제품임에도 불구하고 수출가격이 대당 1000~2000달러의 고가품이어서인지 수출은 거의 이뤄지지 않았다. 한국무역협회 종합무역컨설팅지원단의 K전문위원이 경기도 광주시에 소재한 H社로부터 상담 요청을 받았던 2011년 4월까지 이 회사는 수출 인콰이어리가 전혀 없었다.

K위원은 H社가 지방자치단체의 지원을 받아 출품하는 제109차

---

7) 자료: 한국무역협회 참조

켄톤페어(광저우교역회, 4월13~19일)에 동반 참가해 달라는 요청을 받았다. 당시 H社에는 무역실무와 외국어에 정통한 인력이 없었고 경험도 부족해 전시회를 통한 수출 상담에 애로를 겪을 것이기 때문이었다. 강 위원은 바쁜 개인 일정을 잠시 제쳐두고 중국 광저우로 날아가 H社 전시부스에 상주하면서 바이어 상담을 도왔다.

캔톤페어에서 세계 각국의 바이어들은 H社의 우수한 기술에 큰 관심을 보였다. 전시 기간 중 65개국 125개사의 바이어들과 수출 상담이 이뤄졌다. 수출 상담을 원활하게 마친 H社는 귀국 후 전시부스를 방문한 모든 바이어에게 일일이 감사의 이메일을 발송하는 한편, 제품에 대한 문의나 에이전트 계약 요청 등에 대해 경험이 풍부한 K위원의 자문을 받아 성실하게 회신을 보냈다.

그 결과 싱가포르, 말레이시아, 레바논, 필리핀, 에콰도르, 인도, 미국 등지의 바이어들과 적극적인 수출 상담이 진행되게 됐다. 특히 말레이시아 보건청으로 납품 상담이 진행되고 있어 내년에는 대량 수출이 성사될 것으로 기대되고 있다.

2011년 8월말 기준 이 회사의 수출 실적은 1만 달러에 그친다. 그러나 이는 샘플을 수출한 금액이었다. 대당 1000달러 이상의 고액 샘플을 수입해간 바이어들은 현재 이를 자국 내 시장개척용으로 활용하고 있는데 향후 수출이 본격 성사될 가능성이 높다. 지금은 새로운 기회를 발견하면서 성장을 도모하고 있다.

4. 기타 해외에서 성공한 사례 – 한국, 1인 기업, 매월 2만달러 수출 8)

경기도 안양에 위치한 특별한 의류업체가 있다. 바로 의류수출업체 '코아피앤티' 이다. 코아피앤티 김병하 대표는 1인 기업으로 회사를 운영하며 매달 미화 2만 달러 상당의 수출 실적을 올리고 있는 실력파이다. 그런데 이곳은 무역 담당자도 없고, 아파트 상가 내 작은 공간이 전부이다. 과연 이 회사의 수출 성공 비결은 무엇일까? 그것은 바로 인터넷 무역이다.

a) 작은 내수시장 VS 넓은 세계시장

3년 전, 향후 10년 이상 지속할 수 있는 사업을 구상하고 있던 김병하 대표는 내수만을 대상으로 한 사업에는 한계가 있다고 느꼈다. 구리고 그는 무역을 배우기 시작했다. 특히 그에게는 인터넷 무역은 무역과 온라인이 결합하여 미래에 주목할 만한 비즈니스로 성장할 거라 생각했었다.

---

8) 자료: 주간무역신문사 김병하 대표 관련 내용 참조

인터넷무역 e마켓플레이스인 알리바바닷컴의 '골드 서플라이어 (프리미엄 멤버십)'에 가입한 이후 한 달에 1000건이 넘는 인콰이어리가 쏟아졌다. 김 대표는 바이어와의 신뢰를 쌓기 위해 반나절 안에 메일 회신하는 것은 물론, 알리바바닷컴 내 자사 웹사이트가 살아 있다는 느낌이 들도록 자주 업데이트를 진행하였다. 뿐만 아니라, 바이어들이 올린 바잉오퍼를 직접 검색해 공급 가능한 업체를 찾는 등의 노력을 기울였다.

b) 바이어의 욕구에 대한 고정관념을 깨라

코아피앤티가 취급하는 여성 의류 제품은 중국의 저가격 제품들로 인해 가격 경쟁력에서 뒤쳐져 수출이 쉽지 않은 품목이다. 하지만 김대표는 세계 곳곳 여러 바이어와 접촉하면서 바이어가 꼭 많은 물량과 저가격의 상품만을 원하는 것이 아니라는 것을 알게 되었다. 이러한 다양한 바이어의 조건에 응하고자, 김 대표는 보통의 기업이 꺼리는 한 개의 수량까지도 배송했다.

거래 초반에는 수익이 10만원 정도로 미약했지만, 코아피앤티만의 차별화 전략으로 거래 6개월 만에 일본과 고정 거래선을 유지, 매달 2만 달러 수출이라는 성과를 달성했다. 결제에 있어서도 바이어와의 신뢰를 바탕으로, 선금을 받고 진행하여 결제 관련 어려운 문제를 해결할 수 있었다.

김 대표는 특히 바이어와의 관계를 무엇보다 소중히 여겨 중국에 있는 바이어의 결혼식에 초대를 받아 다녀오기도 했다.

차별화된 생각과 바이어와의 특별한 관계의 유지가 지금의 작은 소상공인을 거대한 상인으로 만든 변화의 요인이라 생각된다.

5. 기타 해외에서 성공한 사례－한국, 온라인 거래 제의서로부터 비롯된 계약 [9)]

중소기업의 수출 지원 사업 가운데 가장 대표적인 것이 중소기업청의 수출역량강화사업일 것이다. 자금은 물론 각종 마케팅 지원 사업을 통해서 초보 수출기업이나 내수 기업들을 중소_중견 수출 기업으로 키우는것이 본 사업의 주요 목적이다. 아래의 사례들은 수출역량강화 사업을 활용해 해외 마케팅에 성공한 기업들의 사례들을 정리한 것이다.

a) 사례1:

A사는 바쁜 현대 여성들을 위해 초간편 멀티 운동기구를 생산 및 판매해 오고 있었다. 자체 수출담당 인력과 영어 가능 인력을 보유하고 있기에 2010년 4월에도 일본 홈쇼핑방송 Shopchannel에서 45분간 1600세트를 판매하며 미용부분 3위를 기록하는 등 높은 지지를 받으며 성공적인 해외진출을 하고 있었다.

그러나 주요 수출 대상국이 일본으로 한정되어 있기에 수출선 다변화가 과제였고 수출기업화 사업을 통해 이를 해결하고자 했다.

---

9) 자료: 주간무역신문사 참조

그동안 해외홍보물개발, 해외사절단파견, 해외시장조사 등에 별도로 투자를 하는 등 시장을 확대해 나가고자 했지만 일본 이외의 국가로 진출하는 데에는 어려움을 겪어 왔다.

결국 A사는 수출기업화 사업을 통해 e-book과 UCC 영상을 전자카탈로그와 거래제의서 상에 삽입하여 홍보를 진행하면서, 많은 바이어들로부터 이메일 문의를 받게 되었다.

그 중 가장 적극적으로 관심을 표하며 상담을 진행하게 된 이란의 바이어와 샘플 계약을 체결해, 400달러에 해당하는 36개의 상품을 샘플로 보냈다. 이후 테스트를 마치고 제품의 반응이 좋다며 계약 체결을 고려하고 있다는 답변을 받았다. 결국 이란 바이어가 직접 한국을 내방, 계약 체결을 완료하였다.

b) **사례** 2:
화장품을 만드는 L사는 2010년 처음 중소기업청이 주관하는 수출기업화 사업에 참여했다. 이 회사가 신청한 여러 세부사업 가운데 하나가 EC21의 검색엔진마케팅이었다. 2010년 6월부터 12월까지 총 6개월간 진행된 수출기업화 사업은 L사에게 제2의 도약 기회를 마련해 줬다.

이 회사는 검색엔진마케팅 이후 EC21 화장품 카테고리에서 방문자수 1위를 기록했다. 그리고 많은 인콰이어리가 이어졌다. 보통 검색엔진마케팅을 진행하면 주요 제품을 키워드로 하는데, L사는 검색엔진에 회사이름을 직접 입력해서 들어오는 사용자들이 많았다. 이미 이 회사 이름은 해외 총판권을 가진 바이어들이 유튜브 등을 통해 홍보해 널리 알려져 있는 상태였다.

이 회사는 수기화 사업 이전에는 중국, 이란, 베트남, 대만, 싱가포르 위주로 수출을 해 왔다. 하지만 수기화 사업 이후에는 말레이시아, 태국, 몽골, 호주, 미국, 캐나다 등으로 수출국가의 다각화를 이룰 수 있었다. 작게는 1천~2천 달러, 많게는 몇 만 달러의 계약이 이어졌다. 특히 말레이시아의 경우, 브랜드 독점 계약을 체결하면서 3만 달러의 계약을 체결할 수 있었고 태국과는 2만 달러의 계약을 체결했다.

이 회사의 검색엔진마케팅 완료 보고서에 따르면, 신규 방문수 비율이 전체 방문자의 90.50%에 이르고 있으며 방문국가 또한, 이제껏 거래한 국가보다 훨씬 많은 국가로 늘어났다.

6. 기타 해외에서 성공한 사례 – 한국, 해외로 나가는 무료 플랫폼을 얻다(외국어상품페이지) – 와우무역 10)

a) 나의 힘이 어려우면 타인의 힘을 통해서 기회를 만들어라

와우무역은 2003년 충북 청주시에 설립한 종합무역상사이다. 국내 중소기업 중 제품의 품질 및 가격이 경쟁력은 있으나 해외시장

---

10) 코비즈코리아(http://kr.gobizkorea.com) 참조

(좌)와우무역의 대표 제품인 건강팔찌 (우)상품페이지에 모아 놓은 와우무역 제품들

개척을 못하고 있는 우수제품을 선정해 해외수출의 기회를 제공하고 있다.

서울과 다르게 지방의 경우 외국어 전문인력 및 무역전문인력이 부족해 대다수 중소기업이 수출보다는 국내 하청, OEM 생산에 주력하는 실정이다. 와우무역은 지난 10년간 지역 내 중소기업의 수출업무와 마케팅 업무를 지원하고 신규 해외바이어 발굴을 돕는 교두보 역할을 해 왔다. 대표적인 제품으로 지르코늄과 게르마늄, 전기석을 활용해 만든 건강팔찌와 목걸이, 황을 이용해 피부재생을 돕는 기능성 화장품, 특허 및 실용신안을 등록한 생활용품 등이 있다.

그동안은 주로 해외전시회 및 무역사절단에 참가 대상 제품을 출품하는 방식과 민간에서 운영하는 유료 B2B사이트인 알리바바와 EC21 등을 활용하는 방법으로 해외바이어를 발굴해 왔다. 그러나 충청북도에서 운영 중인 B2B사이트를 제외한 나머지 방식은 효과 대비 마케팅 비용이 과다 발생해 늘 고민스러웠다.

그러던 중 알게 된 고비즈코리아의 상품페이지 제작사업은 새로운 사업 기회를 창출하는 계기가 됐다. 하나의 상품페이지 안에 본사가 마케팅 업무를 대행하는 제품들을 집중적으로 홍보할 수 있는 점이 매력적이라고 느껴졌다. 무엇보다 신뢰도 높은 신규 바이어를 무료로 발굴할 수 있었던 점이 가장 큰 수확이다.

또한 짧은 시간에 21건의 인콰이어리를 수신했을 뿐 아니라, 상품페이지 방문자 수도 대폭 늘어나고 있어 고무적이다. 상품페이지가 플랫폼이 되어 기존 EC21 내에 구축해 놓은 신규 전자카탈로그에 3,000명이 넘는 해외바이어가 방문하는 기록을 올렸다. 이렇게 준비한 온라인 마케팅 기반은 실제 수출로 이어졌다. 체코의 신규 바이어를 발굴해 5만 달러의 수출을 진행하는 성과를 거뒀다. 최근에는 영국과 말레이시아 바이어로부터 각각 5만 달러, 6만 달러 상당의 물품 수출 협의를 진행 중이다.

7. 기타 해외에서 성공한 사례 – 한국, 마케팅 부담을 확 줄여준 홈페이지(외국어 홈페이지) – 완도바다식품 11)

(좌)완도바다식품이 생산하는 다양한 수산식품 (우)외국어홈페이지를 구축한 덕분에
바이어를 만날 수 있는 기회가 많아졌다.

완도바다식품은 38년간 완도수산물만을 원료로 한 최상의 상품을 유통해온 업체다. 완도에서 생산되는 수산물을 가장 가까운 거리에서 좀 더 신선하게 가공·포장해 고객의 만족도를 높여왔다. 무엇보다 단순한 1차 가공에 머무르지 않고 연구개발을 지속해 '바다가득히'라는 브랜드를 런칭했다.

'바다가득히'는 수산물 원재료의 속성을 분석해 가장 높은 영양가를 실현해낸 제품들로 구성된다. 새로운 식품의 천연첨가물로 활용할 수 있는 원료는 부가가치가 높은 상품으로 세계시장에서도

---

11) 코비즈코리아(http://kr.gobizkorea.com) 참조

관심을 끌고 있다.

완도바다식품은 해외시장을 개척하기 위해 각종 해외전시회에 참석해 왔지만, 시간과 비용 문제가 항상 따라다녔다. 시간과 비용에서 자유로울 수 있는 온라인 마케팅만이 대안이라고 생각되어 외국어 홈페이지 제작사업을 신청하기로 마음먹었다. 먼저 홈페이지를 제작할 때 과도한 플래시로 멋을 내기보다는 검색어를 통해 접근하기 쉽도록 구성하였다. 홈페이지에 인콰이어리 관리 기능과 게시판 기능을 병행해서 바이어에게 신뢰감을 주고 신속하게 홍보 내용을 전달하게 한 점도 효과가 있었다.

외국어 홈페이지가 없을 때는 바이어를 만날 수 있는 기회를 갖기가 어려웠다. 박람회를 통하거나 국내 판매업자를 통해 해외바이어를 주선 받는 게 전부였다. 그러다보니 상담 성공률도 높지 못했다. 지금은 특정 목적을 갖고 검색을 통해 홈페이지에 찾아온 바이어들과 상담에 나서기 때문에 예전보다 상담 성공 비율이 높아졌다. 전시회에 꾸준히 참석하면서 알고 지내던 바이어들에게도 홈페이지 오픈을 알려 신규 출시된 제품들의 특징을 신속하게 소개할 수 있었다.

현재 미국, 중국, 일본 외에 폴란드, 불가리아, 말레이시아, 베트남 등에서도 관심을 보이고 있고 수출을 진행한 곳도 있다. 홈페이지를 통해 인콰이어리가 꾸준히 들어오고 있어 향후에도 수출에 대한 기대감을 가지고 있다.

8. 기타 해외에서 성공한 사례-중국, '화장품 유통' 틈새 시장을 노려라 - KALAKALA [12)]

자료: KALAKALA 이춘우 사장(좌), 매장 전경 및 고객들 (우)

베이징 중일우호병원 맞은편에는 특별한 매장이 위치하고 있다. 한국인 이춘우(52)씨가 운영하는 중저가 화장품 매장 KALAKALA가 그것이다. 이 매장은 특별한 경쟁력을 가지고 있다. 지금부터 그 특별한 경쟁력을 알아보도록 하겠다.

a) 중국 로컬 기업들에 맞서기 위한 전략- 가격 경쟁력

중국에 진출한 기업이라면 누구나 '경쟁자'의 출현을 걱정한다. 중국 내수시장에서 중국 로컬 기업들의 규모를 이겨내기란 상당히 어려운 것인데도 '규모의 경제'에서 나오는 그들의 가격 경쟁력을 상대하기도 쉬운 일은 아니다. 그렇기에 한국인이 중국에서 성공하려면 중국인보다 '싸게 만들 수 있는 능력'이 있어야 한다. 같은 제품이라면 저렴한 것을 선택하는 것이 소비자의 심리이기 때문이다. 중국은 여러 분야에서 품질과 가격 경쟁력을 갖춰 가고 있고, 단기간에 품질과 가격 경쟁력을 높이지 못하는 경우 자금력으로 기술

---

12) KOTRA 해외 무역관 성공사례 내용을 인용함

자를 빼가기도 한다.

카라카라가 계속 추구하는 방향 중의 하나는 "중국 사람보다 더 싸게 만들자"이다. 흔히 중국에서는 '고가/명품 전략'이 통한다고 알고 있지만 '비싼 것이 명품'은 아니라는 점을 간과해서는 안 되는 부분이다. 이는 명품에 걸맞은 제품의 히스토리와 콘텐츠가 담겨져 있지 않다면 '고가'는 오히려 판매에 장애가 될 수도 있다는 것을 의미한다. 결국 '명품'이 될 수 없다면 '품질 대비 저가'의 제품이 경쟁력을 가질 수밖에 없는 것이다.

카라카라의 제품의 특징은 자체 생산을 하는 것이 아니라 OEM 생산을 통해서 이루어진다. 그렇기 때문에 제품을 분석하면 실제 제조한 공장을 찾을 수 있다. 즉 중국기업이 제품을 모방하려면 얼마든지 할 수 있다는 것이다. 그러나 실제로 우리 사업 모델을 그대로 적용하려고 한 사람도 있었으나 나중에는 나를 찾아와서 우리 회사에 투자를 하고 싶다고 말한다. 그 이유를 물어보니 우리 회사의 가격을 도저히 따라 잡을 수가 없었기 때문이라고 함.

b) 기업전체의 비용절감을 위한 전사적 노력

기업을 운영하면서 중국인보다 비용을 낮출 수 있었던 노하우는 화장품이라는 제품 외에 다른 품목에도 충분히 적용될 수 있다는 생각에서였다. 아웃소싱하는 공장 중에 품질대비 가장 가격 경쟁력이 있는 곳을 찾기 위해 노력하면서 처음에는 모르니까 상하이, 광저우 등 대도시 주변의 공장에서 납품을 받았으나 이제 2, 3선 도시, 내륙도시 등에서 납품을 받고 있다. 이는 기업 초창기와 비교할 때 40% 수준에서 납품을 받고 있는 것으로 비용절감이 확실히 발생하고 있는 것이다.

어떤 제품이든 '비용'을 많이 잡아먹는 항목이 있다. 화장품의 경우 가장 큰 요인은 '재고' 부분이다. 250여 가지의 품목 중에 75% 정도는 구색 맞추기 제품으로 판매가 많지는 않지만 매장에 구비되어 있지 않으면 뭔가 아쉬운 품목들 이다. 이러한 제품들은 재고관리를 철저히 하지 않으면 버리는 경우가 더 많아 진다. 그러기에 초기부터 재고 관리에 많은 노력을 기울인다.

또한, 비용절감의 노력은 경영자부터 시작하고 전사적으로 참여해야 한다. 이춘우 사장은 물건을 사고 받는 영수증이나 이면지를 버리지 않고 메모지로 활용한다. 회사에서도 '접착용 메모지'의 사용을 못하게 했고 이제 직원들도 알아서 폐지를 메모지로 활용하고 있다. 우리 사무실의 볼펜은 무조건 '심'을 갈아 끼울 수 있는 볼펜만을 사용하고 있다. 이러한 전사적 '절약 문화'를 만드는데 4년이 걸림. 이제는 직원들이 자발적으로 비용 절감에 대한 아이디어를 내기도 한다고 한다.

제품 비용은 동일하게 가져가고 관리비용 절감을 통해 가격 경쟁력을 확보하는 것이 하나의 방법이다. 6년 정도 경영하면서 이제야 사업에 대해 조금 눈이 떠지고 회사운영의 방법이 보이는 것인데, 만약 회사의 외형성장만 신경 썼다면 지금의 KALAKALA는 존재하지 않았을지도 모른다고 말한다. 비용절감과 시스템화를 통해 내부 경쟁력을 갖추는데 더 힘쓴 것이 지금의 성과를 가져온 원동

력이라고 생각하고, 특히 한창 직원이 많을 때와 비교하면 직원 수
가 반으로 줄었지만 외려 일은 두 배 이상 늘어났고 절감한 비용은
'직원 급여 인상'과 '제품 경쟁력 향상'에 사용했다고 말한다.

c) **프랜차이즈를 통해 소규모 또는 청년 창업을 가능하게 하다**

KALAKALA를 설립하는 데에는 초기 투자금만 10억 원 정도가
소요됐으나 프랜차이즈 매장 운영을 활용한다면 소규모의 자본으
로도 화장품 유통업에 참여할 수 있다. 사업을 하면서 개인적으로
는 '한국 청년 창업'에 일조하는 꿈이 있었기에 몇 년 전부터 중국
내 한국 대학생 대상으로 무료 강의도 하고 있다고 한다.

이춘우 사장은 6만명 가량의 중국 내 한국 유학생들을 지역 전
문가로 안착시킬 필요가 있고 그들이 창업에 성공하기 위해서는
초기 창업비용이 적어야 한다고 생각했다. 그래서 KALAKALA는
매장을 오픈하는데 2-3선 도시를 기준으로 약 2000만 원 정도가
소요되도록 설계했고 재고에 대해서 100% 본사 회수를 하여 운영
비에 대한 부담을 덜어주게 하였다. 또한 대도시를 포함해 전국
2,600여개 현급 도시까지 우리의 진출 타깃 지역으로 삼고 있으며
영업 노하우와 경험을 전수하는 등 경영철학에 기반한 멘토링 제
공을 실시한다.

d) **한국인 상권과 경제적 거점을 확대하라**

한국 사람들이 현지에서의 경험과 인맥 등을 바탕으로 매장을
성공시키면 그 옆에 한국 미용실, 한국 옷집, 한국 식당도 낼 수 있

다. 큰 곳은 '코리아타운' 같은 형태의 상권을 만들어 낼 수도 있다.

2014년 기준 KALAKALA는 중국내 28개 도시에 100개 이상의 가맹점을 두고 있고 이러한 모델로 활용될 수 있다고 생각한다. 매장의 규모가 크지 않아 투자비가 적으며 시안(西安)의 경우 1개의 매장에서 20개까지 확대한 사례도 있다. 한 사람이 4~5개의 매장을 운영하는 지역도 6~7개에 달하며 가맹점주의 40%는 이미 한국인 이다. 중국내 2-3선 도시를 타깃으로 하고 있어 가맹점이 늘어날수록 중국 내 한국인의 경제적 거점 확대에도 일조할 수 있다는 것이 이춘우 사장의 생각이다.

e) 이제는 도시별 전문가가 필요

과거 '중국 지역 전문가'라는 말이 통했지만 이제는 인구 100만~200만 되는 도시별 전문가가 필요하다. 앞으로 한국기업이 관심을 가져야 할 시장은 중국 내 2600개 현급 도시가 될 것이다. 그런데 이들 도시에는 기업에서 인력을 파견하는 경우도 없고, 학생들도 자비를 들여서 가는 일이 없다. 우리 회사에서는 '중국 도시 전문가' 양성을 위한 프로그램을 시범적으로 운영하고 있다고 이춘우 사장은 설명한다..

특히 한국 사람을 현급 도시로 보내면 그 도시들의 정보가 한국에 전파될 수 있을 것이며, 정부 또는 KOTRA와 같은 공공기관이 지원한다면 사업추진에 탄력을 받을 것이라는 것이 그의 생각이다. 중국이라는 넓은 시장에 젊은 청년들이 보다 적극적으로 뛰어 들기를 희망함. 그렇게 되기 위해서는 사람들이 따라할 수 있는 '롤

모델' 또는 '성공사례'가 많이 나오고 전파되어야 할 것이기에 정부, 유관기관 그리고 언론 등에서 이러한 사례들을 많이 발굴하고 전파하여 우리 청년 창업자들이 용기를 가지고 중국 시장을 개척을 목표로 하고 있다.

9. 기타 해외에서 성공한 사례-중국, '사진촬영 서비스' 취미를 창업으로 - hanstudio [13]

기업명	hanstudio	소재지		중국베이징 (中国北京市)
창업주 성명	한욱만	창업주 연령		만36세 (76년생)
창업년도	2008년	업종		서비스
주요제품	사진	종업원 수		6
창업시 초기 투자금액 (백만달러)	0	매출액 (백만 달러)	2010	0.4
			2011	0.5
			2012	0.9

a) 취미에서 창업으로... 부족한 실무경험 몸으로 체험하다.

2006년 8월 창업가 한욱만 사장은 회사원의 신분으로 중국에 와서 기업 컨설팅과 한국 공공기관의 조사 프로젝트 등을 담당하는 업무를 하고자 중국에 첫 발을 내딛었다. 주 업무는 우리나라 중소기업이 중국에 진출할 수 있도록 시장 조사를 수행하고 실무를 지원하는 업무였는데 이를 통해 다양한 산업과 업종에 대한 정보를 접할 수 있었고 시장 상황에 대해서도 개략적으로나마 알 수 있었

---

13) KOTRA 해외 무역관 성공사례 내용을 인용함

다고 한다.

그는 취미로 사진을 촬영하던 그에게 여러 가지 조사를 하다 보니 '콘텐츠'로서 사진 분야가 중국에서 메리트가 있겠다는 생각이 들어 사진 업종에 대한 시장 조사에 본격적으로 착수하였다. 약 1개월 반 정도의 시장 조사를 통해 전체적인 업계 현황이나 가격 동향 등을 개괄적으로 파악할 수 있었다고 한다. 이전 회사에서도 중국 시장 조사 업무를 담당했었지만 단순히 글자로만 파악하는 정보로서는 시장을 100% 이해하기가 어려웠고 200~300페이지 되는 조사 보고서를 써 보기도 했지만 그 내용만 가지고 실제 시장을 재단하는 것은 위험이 따랐다고 한다. 그래서 어떻게 실제로 운영되는지 경험해 봐야겠다고 마음먹고 실무를 경험할 곳을 물색하였고, 베이징 웨딩 산업의 중심지인 '시단(西单)'으로 가서 무작정 눈에 띄는 스튜디오에 들어가 "난 한국 사람인데 사진 찍는 일을 하고 있다"고 소개하며 무보수로 사진 찍는 것을 도와주는 일을 하면서 투자를 최소화하며 적응기를 갖았다고 한다.

b) **시장조사 분석과 사업전략의 선택**

중국의 사진 시장은 사진을 찍는 용도나 업종의 유형이 웨딩, 유아, 증명사진 등 비슷하지만 그 내면에서는 차이가 있었다. 예를 들어 웨딩의 경우 한국은 웨딩 플래너를 중심으로 하여 사진과 기타 부대사항들이 연결되어 돌아가는데 중국도 물론 한국과 같이 웨딩을 기획하고 중개하는 회사들이 있으나 아직까지는 개별 스튜디오가 독자적으로 담당하는 경우가 많다고 한다. 이는 스튜디오가 자체 브랜드를 가지고 성장하고 있는 것이다. 혼자 시작하는 한욱만 사장에서 모든 것이 부족했기에 처음 시작한 것이 '기업용 촬영'이었다. 기업용 촬영은 카메라만 있으면 나 혼자 직접 찍을 수 있을 것 같아 큰마음을 먹고 처음으로 제대로 된 사진기를 구입했고 기업들에 필요한 사진이 무엇이 있을지를 조사하여 기업의 사은 행사, 대내외 회의 또는 컨퍼런스 등을 서비스 대상으로 삼았다. 기업과 사진 서비스 업체를 이어주는 기획사를 통해 첫 고객을 만났고 자신의 이름으로 하는 첫 업무에서 하루 종일 1,200여장의 사진을 찍고 받은 일당이 500위안 이었다고 한다. 2007년 10월 시장 조사를 시작했고 2008년 5월부터 프리랜서 형태로 이 일을 본격적으로 시작하여, 2009년 아는 중국 친구의 명의를 빌어 내자법인을 설립했다. 아무리 친한 사이라도 명의를 빌려 회사를 세웠고, 현재는 외자로 전환을 하여 외상독자 법인으로 운영 중에 있다.

c) 선택한 서비스업에 맞춰 나 자신을 무기화 하라

초기 투자 자본은 카메라 한 대였고 그 이후에는 계속 벌어가며 사업을 확장시켰다고 한다. 그리고 '나' 자신을 브랜드화 하는 작업도 필요했다고 한다. 중국의 사진사들은 대부분 허름한 복장을 하고 행사에 나타났는데 자신은 차별적인 모습을 가지기 위해서 기업 행사의 격에 맞춰 정장을 하고 나갔다. 처음에는 회사 관계자로 오인하는 사람도 있었고 왜 양복을 입고 오는지 이해를 못 하는 사람도 있었으나 전반적으로는 특색 있는 모습에 대부분의 고객들이 만족했다고 한다.

d) '사진은 콘텐츠' 나만의 서비스로 차별화

사진이라는 '업'에 대해서 중국 시장의 수요에 맞는 서비스를 개발하는 것이 필요하다고 느꼈다고 한다. 프리랜서로서의 경험을 쌓아 가면서 중국인들 보다 어떻게든 나은 서비스를 제공해야겠다는 생각을 하게 되었다. '인건비로 돈을 버는 것은 어렵겠다.'라는 한계성을 느꼈기에 부가서비스 개발에 열중하였고, 중국인들보다 무엇이든 나은 것을 제공해야 한다는 생각으로 어떻게 하면 좀 더 좋은 서비스를 제공할까 하는 것을 고민하여 '기업'에 맞는 서비스를 개발하기로 했다.

통상 중국에서는 사진을 찍고 그 자리에서 파일로 사진을 넘기는 것이 대부분이었는데, 한욱만 사장은 긴급한 일이 아닌 경우 현장에서 사진을 전달하지 않고 사무실로 돌아와 보정 작업을 한 후 실무자에게 원본 형태의 사진 파일과 보정 작업을 거친 사진을 제공하였다고 한다. 또한, 중국인들이 회사 내에서 파워포인트로 보고를 많이 하는 것에 착안하여 사진 자체를 파워포인트에 담아서 기본 포맷에 맞춰 실무자들이 쉽게 쓸 수 있도록 제공하였는데, 이러한 서비스가 반응이 좋았고 나중에는 실무자들이 사진을 찍기도 전에 보고서 양식을 주고 거기에 맞춰 사진을 정리해 달라고 의뢰하기도 하였다고 한다. 나아가 부가 서비스의 일환으로 앨범과 액자를 포함한 사진 제작 분야에 초점을 맞추었는데, 주 고객이 기업이었으므로 그 중에서도 기업의 경영층이나 VIP층을 대상으로 했다. 액자 제작의 경우 한국과 중국은 상당한 차이가 있는데, 한국은 일반적으로 사진을 위주로 하여 액자는 모던한 스타일을 선호하나 중국은 황금색에 번쩍번쩍하는 화려한 액자를 좋아한다고 한다. 이러한 차이를 인정하고 중국 고객의 눈높이와 선호에 맞는 제품과 서비스를 제공하려고 노력하여 지속적인 매출을 발생하고 있다고 한다.

10. 기타 해외에서 성공한 사례 – 태국, 레스토랑 '사랑(Salang)' 강 상욱 대표

태국의 유명 블로그 'Mr.buffet'에 소개된 레스토랑 '사랑(Salang)' 관련 게시물(왼쪽). 태국 잡지에 실린 '사랑(Salang)' 관련 기사

a) 한식 구이뷔페로 태국인 입맛을 사로잡다

'사랑'의 구이 요리태국 레스토랑 '사랑(Salang)'의 강상욱 대표는 소자본으로 해외창업에 성공한 케이스다. 인상 깊은 점이 있다면 어떤 제도적 지원이나 도움도 받지 않고 직접 부딪치며 이국땅에서 경쟁력을 갖춰나갔다는 것. 2008년 여름 강 대표는 달랑 2850만원을 들고 사업을 하려고 태국 땅을 밟았다. 하지만 2008년 금융위기로 원화가치가 40% 절하돼 가져간 돈 2850만원은 1700만원 정도의 가치로 떨어졌다고 한다. 그래서 그는 집값이 제일 저렴한 지역의

집을 얻고 발품을 팔아 가게를 계약했다. 태국은 물가에 비해 인테리어 비용이 비쌌기 때문에 스스로 가게를 꾸몄다. 지인 두 명과 함께 '새벽 6시 기상－새벽 1시 취침' 생활을 하며 자리를 잡아나갔다.

2009년 4월 가게를 열어 한정식을 판매하기 시작한 강 대표는 같은 해 9월 태국인들이 구이요리를 더 선호한다는 사실을 알아내고는 한정식에서 구이뷔페로 전환했다. 강 대표는 "태국인들은 음식을 장맛으로 먹기 때문에 태국인들이 좋아할 만한 특제소스를 개발했고 한국적인 그릇에 세계화된 한국 음식을 제공하기 위해 뚝배기를 이용했다"고 설명했다.

태국의 유명 블로그 'Mr.buffet'에 소개된 레스토랑 '사랑(Salang)' 관련 게시물(왼쪽). 태국 잡지에 실린 '사랑(Salang)' 관련 기사개점 후 5년이 지난 현재 강 대표는 한 개 매장을 더 내 2호점까지 운영 중이다. 현재 월평균 3000명 정도의 손님이 내방해 연매출은 4억원 가량이다. 사랑을 찾는 손님의 95%는 태국 현지인이며, 4%가 외국인, 1%가 한국인이라고 한다. 강 대표는 태국에 한국 레스토랑을 연 이유에 대해 "요즘 동남아시아는 한류의 영향으로 한국에 대한 관심이 높다"며 "태국 방콕은 동남아시아의 중심지이며 한식을 알리기에 더없이 좋은 시장"이라고 말했다. 그는 정부의 창업 지원 정책에 대해 "청년실업이 심각하다고 해서 청년들을 무작정 해외로 내모는 것은 잘못"이라며 "강한 마음을 먹고 창업을 했지만 갈피를 잘 못 잡는 청년들에게 한줄기 등대의 불처럼 길라잡이가 되어주는 정책이 됐으면 한다"고 설명했다.

Ⅲ. 국내 성공사례

1. 소셜커머스를 사용하여 성공한 사례 – '프렌차이즈 카페 드롭탑'[14]

서울 송파구 방이동에서 프랜차이즈 카페 '드롭탑'을 운영하고 있는 운영하는 김억중(39)씨는 소셜커머스인 티켓몬스터에서 이용하는 티켓몬스터 플러스(이하 티몬플러스)' 서비스를 활용하여 소상공인들에게 효과적인 홍보 및 마케팅의 장점을 효과적으로 활용하여 성공한 사례이다. 본 카페인 '드롭탑'의 상황은 일반 커피숍들과 동일하게 번화가에서 수십 개의 커피숍이 치열한 경쟁을 펼치고, 구석진 동네도 사람 좀 다닌다 싶으면 어김없이 커피숍이 들어서 있는 상황에 처해있던 카페이었다.

대부분의 사람들은 커피가 이윤이 많이 남는 것으로 알려져 있지만 비싼 임대료에서 카페 사업의 문제점이 발생한다. 즉 목이 좋으면 임대료가 비싸고 매월 그것을 감당하려면 정말 장사가 잘돼야 하기 때문이다. 임대료는 절대로 거짓말을 안 하기 때문이다. 2012년 커피숍을 창업한 김억중(39)씨가 낙점한 자리도 상황은 만만치 않았다. 8호선 몽촌토성역과 방이역 그리고 올림픽공원역 딱 중간 지점이다. 초반에는 고전했다. 근처에 먹자골목이 있고 걸어올 수 있다는 판단에 시작했지만 생각만큼 손님이 몰리지 않았다. 뭔가 특단의 조치가 필요하다고 판단했다.

---

14) http://www.zdnet.co.kr/news/news_view.asp?artice_id=20130729115348&type=det

그래서 시작한 것이 바로 24시간 영업과 소셜커머스 서비스인 '티켓몬스터 플러스' 가입이었다. 매장의 주요 문제점인 매월 비싼 임대료를 지불하기 위해서는 매출을 더욱 끌어올려야 했고, 체계적인 회원 관리를 통해 이를 고정 매출로 만들 필요가 있었다. 이러한 효과는 즉시 나타났다. 손님에게 쿠폰 대신 계산대 앞에 있는 태블릿에 전화번호만 입력하도록 했다. 성별이나 연령대와 같은 개인 정보는 종업원이 계산과 함께 입력하고 더 구체적인 개인 정보는 티켓몬스터 회원인 경우에만 제공받을 수 있게 하였다.

회원 가입 후 커피를 한잔이라도 주문하면 가입 수고비 조로 1천원의 적립금이 태블릿 화면에 큼지막하게 표시된다. 단돈 1천원이지만 가게에 자신의 돈이 묶여 있는 것이 눈으로 보이니까 손님들이 다시 방문하기 시작했다.

"가장 걱정했던 것이 연세가 다소 있으신 여성 손님이었어요. 그런데 의외로 반응이 더 좋았어요. 쿠폰을 따로 챙길 필요도 없고 더 편리하고 신기하다며 칭찬을 많이 해주셨죠."

창업자 김억중(39)씨가 정한 일반 회원의 적립금은 5%이다. 통상 10번 도장 찍으면 1잔을 무료로 주는 것과 비교하면 혜택이 적다. 그 대신에 커피 외에 다른 식음료도 똑같이 적립금을 적용시켜 주도록 했다. 이를 통해서 1년만에 30만원 이상 사용한 고객들은 골드 등급을 부여하도록 하였고, 1만원은 무료 쿠폰과 함께 적립금을 7%로 상향시켜 주었다.

자료: 서울 송파구 방이동에서 프랜차이즈 카페 '드롭탑'에 설치된 소셜커머스 애플리케이션 설치된
　　　태블릿
출처: ZD Net Korea

자료: 오후 늦은 시간에도 카페에서 차를 마시는 손님들
출처: ZD Net Korea

매월 70만원을 쓰는 VIP 손님에게는 적립금을 10%까지 제공하였다. 한 달에 커피숍에 70만원을 쓰는 손님은 드물다. 이는 일행이 하나의 전화번호에 적립금을 몰아주는 경우다. 손님이 어떻게 하든 점주 입장에서는 많이 방문하는 것만큼 고마운 일도 없다.

2013년 01월 기준 창업자 김억중(39)씨가 운영하는 가게에서 확보한 회원은 무려 4천500명에 달한다. 물론 그중에는 단골손님도 있고 단 1회 방문에 그친 지나가는 손님도 있다. 중요한 것은 손님이 얼마나 재방문 했는지 정확히 수치로 파악할 수 있었다는 사실이다. 이러한 고객유치와 함께 24시간 영업을 시작하면서 이를 홍보하기 위해 단골손님들에게 한 잔을 무료로 마실 수 있는 쿠폰과 함께 문자메시지를 발송했다. 전단지를 돌리는 것보다 효과적이고 비용도 덜 들면서 1석2조의 효과를 발휘하게 되었다.

2. 재래시장의 새로운 글로벌마케팅 사례 – 수원시 '못골시장'

경기관광공사 해외마케팅팀에서 기획한 '수원 전통시장 체험상품'은 경기도 스키상품에 전략적으로 연계하여 개발하여, 대만시장을 주 타깃으로 해서 진행한 관광상품이다. 경기도가 강원도와 함께 겨울 스포츠 관광지로 각광 받는 만큼 스키 관광 상품은 경기도의 겨울철 대표 관광 상품이다.

관광객들은 경기도 내 스키리조트를 방문해 스키를 즐길 뿐만 아니라, 수원에서 숙박을 하고, 세계문화유산인 수원화성을 방문하며, 인근 팔달문 권역 시장으로 이동할 수 있도록 동선을 기획했는데, 수원시 팔달문 권역 시장 중 특히 음식으로 특화되어있는 못골

자료: 못골시장 전경 (한국관광공사 참조)

시장을 선정하여, 다양한 먹거리를 경험할 수 있도록 진행하였다.

경기도 스키상품에 전통시장 상품을 연계한 상품은 2013년 12월부터 2014년 1월까지 1,000여 명이 다녀갔으며, 2월 달에 3,000여 명에 달할 것으로 예상되는 만큼 대만시장에서 반응이 매우 좋다.

특히, 상품을 기획할 때, 체류시간을 좀 길게 하여 많은 구매가 이루어지도록 하고자 점심시간에 들리도록 유도하여 만든 전략적 상품으로 많은 부분에서 사전에 외국인을 대상으로 한 글로벌 마케팅적인 요인을 고려하였기에 그 성공의 의미가 매우 다를 것이다.

자료: 수원 못골시장에서 만난 외국인 관광객
출처: 뉴데일리 참조

결과적으로 관광객들은 촉박하게 일정을 재촉하지 않고 떡볶이, 호빵 등 길거리 음식을 즐기며 점심을 해결하고, 장갑, 모자 등 방한용품을 구매합니다. 이렇게 방문을 하는 관광객들이 다양한 먹거리와 물품을 구매 하니 상인분들도 많이 좋아하는 모습이 보이게 되었고, 지금은 기본적인 중국어 한두 마디씩 배워서 하시는 분들도 많아지셨고, 과일 등을 살 때 서비스로 한 두 개 더 얹혀 주시는 상인분들도 계실정도로 많은 부분에서 소상공인 상권 활성화에 큰 역할을 수행하였다.

한마디로 '수원시 못골시장'의 성공요인은 대만에도 야시장 문화가 있어 길거리 쇼핑, 음식을 좋아하는데, 한국에 와서 색다른 한국 전통시장 고유의 정과, 맛, 분위기를 느껴볼 수 있기 때문에 인기가 좋게 나타난 것이며, 특히 같은 현지 문화 안에서 특별한 거부감 없이, 한국과 비슷한 문화 안에서 체험하게 하여 소비자 소비를 유도하는 상품이었기에 보다 성공으로의 길에서 수월했던 것으로 보여진다.

3. 재래시장의 새로운 마케팅 플랫폼 구축 사례─인천광역시 '서구 중앙시장'

인천광역시 서구 중앙시장의 경우 특별한 장치를 가지고 있다. 바로 태양광 설비를 직접 설치함으로써, 시장 공공전기요금을 인하시킨 것이다.

자료: 시장길 위해 설치한 태양관 발전설비
출처: MBC

이러한 중앙시장의 특별함은 이것뿐만이 아니다. 태양광 설비의 경우 상인들 스스로 시장의 자체 비용절감을 위해 생각을 모은 것이기도 하지만, 시장 상인들 스스로 시장 활성화와 발전을 위해 무엇인가를 시작해보고자 하는 의도에서부터 시작된 것이기 때문이다. 이러한 노력은 태양광 발전설비를 통해서 경제적인 이득뿐만 아니라 고객으로 하여금 시장에 대한 부정적인 시작을 개선시키고 '친환경적이고 경제적인 시장'이라는 공간으로의 인식을 더욱 각인시키는 효과를 가져온 것으로 보여진다.

또한 시장상인들은 시장 내 상품들을 판매하는데 자체 쿠폰을 발행하였고, 고객은 상품을 구매하면서 쿠폰을 적립 받게 하는 시스템을 개발하였다.

자료: 시장 내에서 자체적으로 제작한 쿠폰
출처: MBC

자료: 시장 자체 쿠폰을 통해서 온누리 상품권으로 교환하는 모습
출처: MBC

　이러한 활용은 쿠폰을 사용하면서 다른 상품들을 구매하고 현금처럼 이용하게 하는 중앙시장만의 문화를 만들어 냈다. 또한 시장의 고객들은 적립된 자체 쿠폰을 모아서 온누리 상품권으로 시장 내에서 교환함으로써 다른 곳에서도 고객이 원하는 상품을 구매하도록 편리와 효율성을 강화시키는 작업도 함께 실시하였다.

　이러한 특별한 요인들은 자체적으로 시장에서만 사용되는 것뿐만 아니라 현금처럼 다른 시장에서도 사용할 수 있도록 배려하는 고객우선주의의 인식에서 시작한 것으로 보여진다. 특히 2009년 4월부터 시장 내에서 주차하기 어려운 시장 상황에서 주민들의 무거운 장바구니를 고려해 자체적으로 배달서비스를 진행하기 시작하였는데, 이를 위한 전문인력을 고용하는 노력을 기울인 결과 하루에 50~60건이 배달이 진행되고 있으며, 많게는 80건이 넘는 배달서비스를 시행하게 되었다.

자료: 시장 내 배달서비스 모습
참조: MBC

　또한, 인터넷과 전화를 통한 주문시스템을 통해서 다른 지역 고객들도 쉽게 물건을 구매할 수 있고, 동일한 상품을 손쉽게 구매할 수 있어서 편리함을 더했다.

자료: 인터넷 주문을 통해서 지역 배송을 자체 실시하는 모습
참조: MBC

이렇게 전통시장이 성공하게 된 주된 이유는 마케팅적인 요소와 서비스들보다도, 과거보다 시장을 더욱 활성화 시키고자하는 마케팅적 요인으로 싱싱한 상품과 인심 좋은 '덤의 문화'를 제공한다는 부분과, 시장에서만 볼 수 있는 이색적인 볼거리와 상인들의 친절한 웃음들이 기반이 되었기에 가능하게 된 특별한 마케팅서비스 사례로 보여 진다.

자료: 상인들의 시장 번영을 위한 모습
참조: MBC

제3장

소상공인의 현황

Ⅰ. 소상공인 현황

A. 소상공인의 정의

소상공인 선진국으로는 미국과 독일 등이 있다. 이들 선진국에서는 각 국가가 가진 특별한 산업환경에 맞추어 각기 다른 소상공인에 대한 정의를 가지고 있다. 그러나 통상적으로 선진국에서는 소상공인에 대한 정의를 크게 법률적 부분과 통계적 부분으로 나누어 보고 있으며, 미국의 경우는 벌률적 부분과 통계적 부분을 함께 보려는 경향이 있고, 독일의 경우는 통계적 부분에서 바라보려는 경향을 가지고 있다. 선진국 중 많은 소상공인에 대한 선진 사례를 보여주고 있는곳이 미국과 독일인데 이 두 국가를 중심으로 정의하고 있는 소상공인 정의를 알아보고, 이를 통해서 국제사회에서 소상공인이 어떻게 분류되고 있는지 알아보도록 하겠다.

1. 미국(United States)

미국은 미연방규정집 제13권 제131장[15]에서 중소기업 범위에 관한 기준을 통해서 기업을 정의하고 있다. 흔히 '종업원 수' 또는 '매출액' 규모를 기준으로 세부 업종별로 상이하게 규정하고 있는데, 제조업의 경우 일반적으로 '종업원 500인 미만', 도매·서비스업의 경우 '연매출액 7백만 달러 미만'이 중소기업의 정의에 해당된다. 그러나 본 규정에서는 산업별 또는 규모별 관점에서 중소기업을 소기업(Small Business)이라는 단일 범주로만 정의할 뿐 중기업이나 소상공인에 관해서는 별도로 구분하고 있지는 않다.

한편 미국의 '마이크로가업 지원 프로그램(PRIME)[16] 에서는 미 중소기업청(SBA)에서 정의하는 소상공인에 관한 용어가 언급되어 있다. 마이크로기업이란, '고용주를 포함하여 5인 미만의 종업원을 보유한 개인 사업체이거나 파트너십 또는 법인 기업'이다. 그러나 본 용어에 대해서 소외계층이나 저소득 사업들의 역량을 강화 부분에서 지원을 위한 것이기에 미 연방정부에서 공통적인 적용 범위에서 일반적인 소상공인에 대한 정의로 보는 것에는 곤란한 부분이 있었다.[17]

다른 한편에서는 통계적 정의를 통해서 소상공인을 정의내리고 있다. 미국의 기업관련 통계는 미 상무부 센서스국에서 관장하고

---

15) Siza Standards Regulation, Code of Federal Regulations Title 13, Part 131

16) PRIME : Program for Investment in Microentrepreneurs, 13 CFR Part 119

17) 주택도지 개발부(HUD)에서는 영세기업의 규모를 5인 이하로 정의(42 USC $5301(a)(22))하는가 하면, 농업부(USDA)에서는 10인 이하로 정의하고 있음 (7 CFR Part 280)

있으며, 대표적인 기업통계로서 '전국기업통계(SUSB)'[18], '1인사업자통계(Nonemployer Statistics)', '기업주서베이(SBO)'[19]등이 있다. 첫 번째로 '전국기업통계(SUSB)는 기업등록부(Business Register)를 바탕으로 매년 3월 기준 미국의 지역별, 산업별, 고용 규모별 사업체 현황을 파악한 가고통계로 고용규모별 현황과 관련해 종업원 500인 이하의 기업을 5단계로 구분하여 작성하고 있다. 두 번째로 '1인 가업자통계'에서 지칭하는 '1인사업자(Nonemployer firm)'는 임금이 지급되는 피고용인이 없으면서 연간사업소득이 1,000달러 이상(건설업의 경우 1달러 이상)인 연방소득세의 적용을 받는 개인사업자를 의미하고 있다. 세 번째로 '기업주서베이(SBO)'는 미 센서스 국이 1인 사업자를 제외한 약240만개의 전국 기업을 대상으로 매 5년마다 실시하는 실태조사이다. 기업의 특성을 소유주의 성별. 민족별. 인종별에 따라 '여성기업', '퇴역군인기업', '소수민족기업', '원주민기업' 등으로 범주화하고 있다. 이러한 기업주의 특성 분류는 고용 규모별 기업 구분과 더불어 SBA 프로그램의 지원 대상을 정의하는 중요한 기준으로 활용되고 있다. 이 중 가장 높은 공신력을 가진 '기업주서베이(SBO)'의 미 센세스 국에 따르면, 1인 사업자인 소상공인들이 매출액 기준으로 미국경제의 약 4%의 작은 부분을 차지하고 있지만, 사업체 수 기준으로는 미국에서 3/4에 육박하는 것으로 파악되고 있어 실제로는 많은 비중을 차지하고 있는 것으로 나타났다. 이는 미국에서 소상공인이 미국경제에서 중요한 위치를 차지하고 있음을 볼 수 있다.

---

18) SUSB: Statistics of U.S Businesses

19) SBO: Survey of Business Owners

2. 독일(Germany)

독일은 연방제(16개州)를 채택하면서 각 州(주)는 독자적인 중소기업진흥법을 개정하여 중소기업 정책을 수행하고 있다. 이렇기에 연방정부와 州(주)정부가 함께 중소기업에 대한 정책담당자 역할을 수행하고 있는 것이다. 독일은 2000년 이후에 유망기업의 창업여건에 대한 개선과 실업난 해소에 중점을 두고, 창업기업에 대해서는 보조금을 중심적으로 이루면서, 경쟁저해 보조금 정책을 금지하는 EU방침 중 예외로 허용하는 범위 내에서 적극적으로 시행하였다. 이러한 상황에서 만들어진 것이 2005년 이후 지속적으로 추진중인 중소기업 이니셔티브(Mittelstand Initiative)다.

2005년 이후 추진중인 중소기업 이니셔티브(Mittelstand Initiative) 내용

① 중소기업을 위한 우호적 환경 조성
② 관료주의 완화
③ 창업촉진을 위한 비즈니스 Start-up 캠페인 시행
④ 중소기업의 기술혁신역량 강화
⑤ 직업교육의 현대화와 차세대 전문노동자의 확보
⑥ 중소기업 자금조달여건의 개선
⑦ 기술혁신을 위한 벤처캐피털 활성화
⑧ 중소기업의 해외사업 지원 강화 등

중소기업 이니셔티브(Mittelstand Initiative)이후 독일 연방 통계청은 유럽위원회의 중소기업 범위 권고안을 2005년 1월부터 적용하여 중소기업을 종업원 250인 미만, 연매출액 5천만 유로 이하의

기업으로 정의하고 있다. 이중에서 종업원 9인 이하의 연매출액 200만 유로 이하의 기업을 소상공인으로 분류하여 규정하고 있는 상태다.

[독일 소상공인 정의]

구분	종업원	연매출액
영세기업	9인이하	200만 유로 이하
소기업	10~49인	1천만 유로 이하
중기업	50~249인	5천만 유로 이하
대기업	250인 이상	5천만 유로 초과

이는 미국 내에서처럼, 독일 내에서도 소상공인이 독일경제에서 중요한 위치를 차지하고 있음을 볼 수 있는 부분이다.

따라서 소상공인에서 선진국가인 미국과 독일의 각 국가별 소상공인에 대한 정의를 보면, 각 국가의 산업과 경제 환경에 맞추어 소상공인의 정의를 내리고 있는 상태를 알 수 있다. 특히 미국과 독일 이외에도 많은 국가들이 소상공인에 대한 중요성을 생각하고 있으며, 이에 따른 국가별 소상공인에 대한 정의를 내려 시행하고 있다.

해외 주요 국가들의 산업과 경제환경 속에서 어떻게 소상공인에 대해서 정의하고 있는지 종합해 보면 다음과 같이 「해외 주요국 소상공인 정의」를 통해서 볼 수 있다.

[해외 주요국 소상공인 정의]

구분	소상공인 정의
미국	고용주 포함 5인 미만(개인 사업체, 파트너십, 법인기업)
일본	제조업 그 밖의 산업 : 상시 종업원 수 20인 이하 상업 서비스업 : 상시 종업원 수 5인 이하
독일	종업원 10인 미만, 연매출 200만 유로 이하
영국	마이크로기업(EU) : 10명 미만, 매출액 or 자산규모 200만 유로 이하
프랑스	종업원 10인 미만, 연매출 200만 유로 이하
이탈리아	마이크로기업(EU) : 10명 미만, 매출액 or 자산규모 200만 유로 이하
캐나다	종업원 5인 미만(micro-enterprises)
중국	업종별 매출액 1000만-3000만 위안 미만, 최소 100명-2000명 미만
인도	투자액 상한 : 제조업 250만 루피 이하, 서비스업 100만 루피 이하
러시아	종업원 15인 미만 영세기업
브라질	매출액 43만 3,755.14레알 이하 영세기업 : 제조업/건설업 10인 미만, 도소매업 20인 미만
멕시코	종업원 11인 미만, 매출액 400만 페소 이하, 복합상한치 4.6이하
인도네시아	토지와 건물을 제외한 순자산 5,000만 루피아 미만, or 매출액 3억 루피아 미만
터키	종업원 10인 미만, 매출액 및 자본금이 100만 신터키리라 이하
호주	종업원 20명 미만
사우디 아라비아	종업원 59명 이하(소기업), 4명 이하(영세기업)
아르헨티나	매출액 : 농 목축업 27만 페소, 광공업 90만 페소, 상업 180만 페소 서비스 45만 페소(미만, 이하 등)

자료: 광주발전연구원 참조

3. 대한민국(Republic of Korea)

그렇다면 선진국가인 미국과 독일처럼, 국내의 경우에는 소상공인에 대해서 어떻게 정의하고 있을까? '소상공인'이란 용어 자체는 과거 상공회의소에서 '상공업'으로만 표현하고 있을 뿐 소상공인이란 정확한 개념은 없으며, 학계에서도 소상공인이란 표현은 하지 않고 있는 상태이다. 학술적으로 경영학이나 경제학에서는 크게 대기업, 중기업, 소기업을 분류하고 있으며, 일본의 경우는 소상공인 개념을 소기업을 의미하는 용어로 사용해 왔고, 일반적으로 국내 또한 소기업 용어를 상시 종업원 수를 기준으로 구분해 왔다. 그러나 대부분은 중소기업에 포함하여 정의를 하고 있는 상태이다. 이는 과거 소상공인이라는 대상이 존재해왔음에도 불구하고, 다른 명칭 속에 포함되어 독자적인 정의와 범위를 가지지 못한 채 중소기업이라는 명칭으로 사용되어 왔음을 의미하는 것으로 볼 수 있다.

2013년 한국에서는 소상공인을 중소기업의 범위 내에 있으면서 중소기업과 소기업으로 구분되는 특징을 지니고 있었다. 개인사업 및 법인이나 또는 비법인 기업형태의 구분이 없고, 광업. 제조업. 건설업. 운송업의 경우에는 10인 미만이며 이외 업종의 5인 미만의 상시 근로자 규모로써 상시근로자 규모로 재화와 서비스를 사회의 제공하는 주체로 정의 내리고 있다. 현재 대한민국이 가입되어 있는 G20국가들 역시 한국의 소상공인 기준 10인 미만과 유사한 정의를 가지고 있는 상태다. 특히 유럽권에 속한 독일. 프랑스.영국. 이태리. 터키는 10인 미만이고, 멕시코는 11인 미만이며 북미권인 미국과 캐나다는 5인 미만으로 규정하고 있다. 중국에서는 종업원 수 기준이 지나치게 큰 정의를 가지고 있으며 인고의 경우 투자 상한액 기준만 요구하고 있는 상황이다. 한편으로 G7의 경우에서는 종업원 기준 10인 미만으로 정의하면 반면에 개도국의 경우는 10인 이상으로 정의하는 경향이 있다. 이외에도 다른 투자액이나 자산규모 등을 사용하고 있다.[20] 이밖에 소상공인을 규모가 작고 영세한 업체를 의미하며, 법적인 개념으로 보면 상시근로자 기준으로 1~4명이나 1~9명의 상시 근로자를 고용한 자영업주로 정의할 수 있으며. 가내 수공업. 유통업. 음식업. 서비스업 등 생계형 업종을 영위하는 소규모 사업자로 정의하는 경우로 소상공인 정책목표를 일자리 창출과 중산서민층 사회안전망 구축으로 제한하는 한계에 봉착하기에 소상공인은 생계형 이외에도 기업가형도 존재하며 기업가형 소상공인을 발굴하고 성장시켜 가는데 초점을 맞추는 개념으로 접근할 수도 있다.[21] 위의 내용을 토대로 국내 소상공인에 대한 개념을 정리해보면 다음의 표로 볼 수 있다.

국내 소상공인 정의

상시근로자 10인 미만의 사업자로서 생계형업종을 실시하면서 상시 근로자수 등이 다음에 해당하는자

-광업.제조업.건설업.운송업의 경우에는 10인 미만
-이외 업종의 5인 미만
-가내 수공업.유통업.음식업.서비스업 등
 생계형 업종 주로 영위하는 자

B. 세계 소상공인 현황

세계의 여러 국가들이 산업환경과 경제상황에 맞추어 소상공인에 대한 정의를 내리고 있다. 그중에서도 한국과 가장 비슷한 여러

---

20) 소상공인진흥원 (2010) G20 소상공인 정책에 관한 연구 참조
21) 이유태 (2012) 2012 정책제안 포럼 참조

환경을 보이는 일본의 경우는 세계 소상공인들의 선진 모습을 잘 보여주는 사례이면서 동시에 향후 한국의 선진적인 소상공인 모습을 볼 수 있는 국가이다. 일본은 유럽 및 미국 등 서방국가에 비해 경제 발전 과정과 문화 및 환경적 측면에서 한국과 비슷한 부분이 많다. 이러한 부분은 일본의 소상공인 현황을 통해서 한국의 향후 발전 경로를 전망해 볼 수 있으며 또한 큰 시사점을 제공할 수 있다.

[일본의 산업별 자영업자 수]

(단위: 천명, %)

구분	2002년	(구성비)	2007년	(구성비)	증감	(증감률)
전 산업	5,624	(100.0)	5,406	(100.0)	-218	(-3.9)
제조	744	(13.2)	584	(10.8)	-160	(-21.5)
건설	871	(15.5)	868	(16.1)	-3	(-0.3)
정보통신업	50	(0.9)	78	(1.4)	28	(56.0)
운수업	173	(3.1)	156	(2.9)	-17	(-9.8)
도.소매	1,061	(18.9)	923	(17.1)	-138	(-13.0)
금융.보험	64	(1.1)	53	(1.0)	-11	(17.2)
부동산	182	(3.2)	215	(4.0)	3.3	(18.1)
숙박,음식점	570	(10.1)	501	(9.3)	-69	(-12.1)
의료.복지	228	(4.1)	236	(4.4)	8	(3.5)
교육	290	(0.02)	283	(5.2)	-7	(-2.4)
서비스	1,359	(24.2)	1,377	(25.5)	18	(1.3)
기타	32	(0.6)	132	(2.4)	100	(312.5)

주: 여기서 전산업은 농업, 임업, 어업, 광업, 공무를 제외한 전 산업임.
출처: 日本チ 總務省 統計局, 就業構Y造 基本調査.

일본의 경우「일본의 산업별 자영업자 수」를 통해서 보면 2007년 기준으로 서비스업이 전체 자영업자의 25.5%로 가장 높은 비중을 차지하고 도.소매업이(17.1%) 및 건설업(16.1%)등이 그 뒤를 이어서 높게 나타나고 있다. 이는 과거 2002년 때와 비교한다면 제조업, 금융, 보험업. 도.소매업, 숙박과 음식점업 등에서 자영업자가 감소한 반면에 부동산업과 서비스 및 의료.복지 부분에서 많은 증가 모습을 보여준 것이다.

[일본의 산업별 전체 취업자 대비 자영업자 비중]

(단위: %)

구분	2002년	2007년
전 산업	10.8	10.1
제조	6.1	5.0
건설	14.3	15.9
정보통신	2.8	3.5
운수	5.2	4.8
도.소매업	9.1	8.1
금융.보험	3.6	3.1
부동산	19.9	20.5
숙박.음식점	15.7	14.4
의료.복지	4.7	4.0
교육	10.3	9.5
서비스	16.1	15.9

주: 여기서 전산업은 농업, 임업, 어업, 광업, 공무를 제외한 전 산업임.
출처: 日本f 總務省 統計局, 就業構Y造 基本調査.

또한 위의「일본의 산업별 전체 취업자 대비 자영업자 비중」을 보게 되면, 2007년 부동산업(20.5%)과 서비스업(15.9%), 건설업(15.9%)이 가장 높게 나타난 것을 볼 수 있다.

[한·일 소매업의 규모별 사업체 수 비중]

(단위: %)

구분	1~4명	5~9명	10~19명	20명 이상	20~29명	50명 이상
한국 (2009년)	93.3	4.7	1.2	0.8	0.6	0.2
일본 (2007년)	68.2	19.9	8.1	3.8	2.9	0.9

출처: 통계청, 「도소매업조사보고서 2009」日本 經濟産業省 홈페이지 2007年 商業統計表.

특히 「한·일 소매업의 규모별 사업체 수 비중」에서 2007년 기준으로 보면 소매업에서 일본은 종사자가 4명 이하의 사업체 비중이 전체의 68.2%인데 비해, 한국은 2009년 93.3%로, 한국이 25.1%나 더 높은 상황임을 볼 수 있는데, 이는 한국이 일본보다 산업 내 영세 기업이 더 많은 상황임을 분명하게 알 수 있는 부분이다.[22]

이러한 국내 소매업의 모습이 선진국 대비 불균형적으로 나타나게 된 주요 문제는 생계형 자영업의 공급과잉으로 인해 상당수 업체가 부실경영에 직면하여 비자발적 퇴출 상태에 직면해 있다는 점일 것이다. 그리고 이러한 현상들은 향후 베이비붐 세대의 은퇴로 인해서 더욱 심화될 것으로 전망되며, 실제 국내 소상공인에게 이러한 문제에 대한 우려가 현실로 점차 나타나고 있는 상태에 있다는 점은 국내 소매업의 불균형적 모습에 대한 해결이 매우 시급하다는 상황임을 의미하는 것으로 볼 수 있다.

---

22) 서용구·김숙경(2012)_국제 비교를 통한 소매업 소상공인 현황과 정책적 시사점_ 유통연구 17권 5호

C. 국내 소상공인 현황

국내 소상공인 사업체의 종사자수는「국내 소상공인 현황①」과「국내 소상공인 현황②」에서처럼 2011년 기준 전국 사업체 3,125개 중 283만5천개인 87.6%가 소상공인들이 운영하는 사업체로 집계되었고, 전체 1천4백만5십3만4천명 중 5백5십4만9천명으로 총 사업자수 대비 38.2%가 소상공인으로 종사하고 있다. 이는 소상공인 사업체와 종사자 수가 IMF 직후에 조기퇴직, 기업도산, 실업자 증가 등에 따른 생계형 창업이 증가한 것이며 과거부터 2011까지 소폭 지속적으로 증가하고 있는 것을 의미한다.

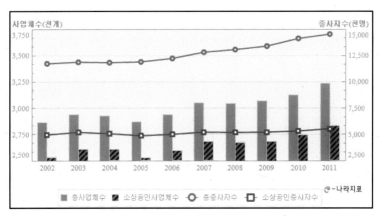

자료: 중소기업청

|국내 소상공인 현황 ①|

[국내 소상공인 현황 ②]

		2004	2005	2006	2007	2008	2009	2010	2011
사업 체수	전체	2,927	2,868	2,940	3,049	3,047	3,069	3,125	3,235
	소상 공인	2,609	2,527	2,597	2,682	2,675	2,686	2,749	2,835
	(비중 ,%)	89.1	88.1	88.3	87.9	87.8	87.5	87.9	87.6
종사 자수	전체	11,824	11,902	12,234	12,818	13,070	13,398	14,135	14,534
	소상 공인	5,077	4,883	5,019	5,228	5,195	5,218	5,334	5,549
	(비중 ,%)	42.9	41	41	40	39.7	38.9	37.7	38.2

자료: 중소기업청

　그러나 2013년 기준으로 보면, 아래의「고객 수 증감(2013년)」처
럼 국내 소상공인들은 2012년(점포 개점초기) 대비로 고객 수 증가
추세와 다르게 업체가 감소하고 있는 상태이다.

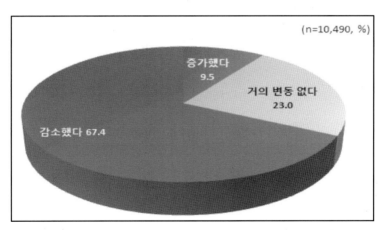

자료: 중소기업청

[고객 수 증감(2013년)]

(단위: 개, %)

구분	사례수	증가했다	거의 변동없다	감소했다
전체	(10,490)	9.5	23.0	67.4
제조업	(681)	11.0	26.7	62.3
전기·가스·증기 수도사업	(27)	11.1	18.5	70.4
건설업	(305)	8.2	22.3	69.5
도매 및 소매업	(2,189)	9.0	20.8	70.1
운수업	(845)	2.2	15.3	82.5
숙박 및 음식점업	(1,990)	13.1	22.7	64.3
출판,영상,방송통신 및 정보서비스업	(252)	4.8	27.0	68.3
부동산중개 및 임대업	(407)	7.6	18.7	72.7
전문, 과학 및 기술서비스업	(363)	12.4	30.0	57.6
사업시설관리 및 사업지원서비스업	(228)	21.1	22.4	56.6
교육서비스업	(423)	11.6	32.4	56.0
예술, 스포츠, 오락 및 여가관련 서비스업	(774)	4.4	19.3	76.4
수리 및 기타 개인서비스업	(2,006)	10.1	26.5	63.4

자료: 중소기업청

　　이러한 상황은 「업종별 고객 수 증감」을 통해서 업종별로 살펴보면, 전년 대비 고객수가 증가한 부분은 '사업시설관리' 및 '사업지원서비스업'에서 상대적으로 가장 높게 나타났으며, '숙박 및 음식점업'과 '전문 과학 및 기술 서비스업' 및 '교육서비스업' 등이 다음으로 높게 나타났다. 반면 감소한 부분은 '운수업'과 '예술 스포츠 오락' 그리고 '여가관련 서비스업', '부동산중개 및 임대업' 및 '전기 가스 증기 및 수도 사업' 등으로 나타났는데, 이러한 상황은 전반적인 소상공인이 운영하고 있는 업종에서 고객수가 많이 감소하고 있는 것임을 짐작할 수 있고, 국내 소상공인들의 소득이 감소하고 있는 것으로 볼 수 있다. 나아가 상대적으로 지역 내 많은 소상공인들이

밀집된 대도시와 지역거점 도시에서의 고객 감소 현상이 더 많이
나타나고 있는 것임을 짐작할 수 있을 것이다. 따라서 전반적으로
국내 소상공인에 대한 생계는 더욱 어려워지고 있는 상황에 있다.

D. 국내 소공인 현황

2011년 기준 전국 소공인사업체는 총277,877개로, 총 제조업체
340,909개 중 81.5%를 차지하고 있으며, 종사자의 경우 856,709명
으로 총 제조업 종사자 3,587,482명의 23.9%를 차지하고 있다. 국내
소공인들의「제품 생산유형」을 통해서 살펴보면, '완제품 생산' 업체
가 58.1%로 가장 많으며, '부품 생산' 업체가 37.1%, '원자재·소재
생산' 업체가 4.8%로 나타날 정도로 완제품 및 부품생산에 대한 비
중이 국내 전체 소공인 제품 생산에서 90%이상을 차지하고 있다.

[제품 생산유형]

(단위 : %)

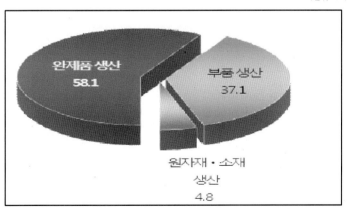

※ base = 전체(n=8,008)

(단위 : %)

구 분	사례수	완제품 생산	부품 생산	원자재·소재 상산
전체	(8008)	58.1	37.1	4.8
식음료	(835)	99.5	0.1	0.4
섬유제품	(557)	55.3	10.6	34.1
의복/가죽/가방/신발	(745)	81.5	16.4	2.1
목재/펄프/종이	(283)	85.5	6.0	8.5
인쇄/기록매체	(493)	88.0	11.2	0.8
화학제품/의약품	(214)	78.5	11.2	10.3
고무/플라스틱	(302)	62.3	34.4	3.3
비금속광물	(255)	96.1	2.0	2.0
1차금속/금속가공제품	(2049)	13.7	83.8	2.5
전자부품/광학기기	(355)	45.1	49.9	5.1
전기장비	(353)	64.6	34.3	1.1
기타기계 및 장비	(717)	41.7	56.3	2.0
자동차/기타운송장비	(99)	14.1	85.9	0.0
가구	(228)	80.7	10.5	8.8
기타제품	(523)	88.9	9.8	1.3

자료: 소공인 실태조사 보고서(2012)[23]

　「제품생산 유형－업종별」을 통해서 살펴보면, '완제품 생산' 업체 비율이 높은 가운데, '1차금속 및 금속가공제품'과 '자동차 및 기타운송장비 제조업' 그리고 '부품 생산' 업체 비율들이 80% 이상으로 높게 나타나고 있다. 또한 '전자부품 및 광학기기'와 '기타기계

---

23) 2012년 전국 소공인 실태조사 보고서

및 장비 제조업'에서도 '부품 생산' 업체 비율이 높게 나타나고 있다. 그 밖에 섬유제품 제조업부분도 '원자재·소재 생산' 업체 비율이 34.1%로 다른 업종에 비해 높게 나타나고 있는 상황이다.

[소공인 사업체 및 종사자 수 증감추이 ('06~'11)

(단위: 개, 명)

구분	2006	2007	2008	2009	2010	2011
사업체수	270,663	270,324	261,194	262,393	264,343	277,877
비율(%)	81.6	81.3	81.6	81.9	80.9	81.5
종사자수	813,835	823,777	798,462	812,442	804,527	856,709
비율(%)	24.4	24.7	24.4	24.9	23.5	23.9

자료: 통계청, 전국사업체조사, 각년도

또한「소공인 사업체 및 종사자 수 증감추이('06~'11)」를 통해서 보면, 사업체의 경우 2007년부터 감소되어 2008년 전년대비 1만개 가까이 급격히 감소하였다가, 2009년부터 다시 증가하여 2011년 급격히 증가하는 추세를 보이고 있다. 종사자의 경우에서도 2006년부터 2010년까지 등락을 지속적으로 보이다가 2011년 역시 급격히 증가하는 모습을 보이고 있어 현재까지도 지속적으로 증가하는 주세를 보이고 있다.

한편, 전체 제조업 내에서 그 비율을 살펴보면, 사업체 비율의 경우 2011년 81.5%가 5년 전인 2006년과 유사한 수치를 보이는데, 2009년도에 81.9%로 정점을 보이고 2010년 80.9%의 최저점을 보이는 등 큰 폭의 증감은 이루어지지 않았고, 최근 들어 과거의 모습을 회복하고 있다.

  반면, 종사자수의 경우도 2006년 24.4%에 이르던 종사자수 비중이 2011년 23.9%로 감소한 것으로 나타나서 2010년 감소가 이루어진 이후 회복이 더딘 상황에 있다.

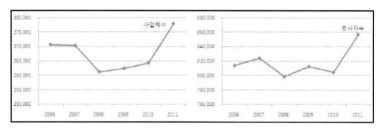

자료: 통계청, 전국사업체조사, 각년도

[소공인 사업체 및 종사자수 증감추이 ('06~'11)]

  「소공인 사업체 및 종사자수 증감추이('06~'11)」를 통해서 보면 2010년 기준 국내 전체 소공인의 매출액은 총 102조1,932억원 규모를 보이고 있다. 이는 전체 제조업(약 1,464조원)의 7.0%에 해당되며, 사업체당 약 3억87백만원의 매출을 올리는 것이다. 특히 소공인 영업이익부분은 총14조5,906억원에 달하며 사업체당 약 55백만원의 매출을 발생하고 있는 것으로 짐작되고, 매출액영업이익률은 14.3%를 보이고 있다.

(단위: 백만원, %)

구분	매출액	영업이익	매출액 영업이익률
전체	1,464,336,545	165,031,039	11.3
소공인	102,193,207	14,590,587	14.3
비중	7.0	8.8	-

자료: 통계청, 2011년도 경제총조사(2010년 기준)

이는「소공인 사업체 및 종사자수 증감추이('06~'11)」가 보여주듯이 전체 제조업의 매출액영업이익률인 11.3%보다 높은 수치인 14.3%의 매출액 영업이익율을 보이고 있어서 규모에 대한 불리함을 극복한다면 보다 높은 부가가치 창출능력과 많은 영업이익을 나타낼 수 있는 가능성을 가지고 있음을 볼 수 있는 부분이며, 이는 소공인도 충분한 부가가치 창출능력을 잠재하고 있음으로 볼 수 있다.

1. 지역별 소공인 현황

국내 지역별로 소공인 현황을 보면 사업체수의 경우 지난 5년 간(2006~2011년) 경기도(8,590개)와 경상남도(2,234개), 경상북도(1,292개)지역이 크게 증가하였으며, 반대로 서울(5,671개)과 부산(883개), 전라남도(177), 강원도(131개)등의 지역은 사업체수가 감소한 것으로 나타났다.

[시도별 소공인 사업체 증감추이('06~'11)]

(단위: 개, %)

구분	2006	2007	2008	2009	2010	2011	'11년비중
서울	56,876	55,213	50,998	49,817	48,825	51,205	18.4
부산	23,402	23,236	22,137	21,997	21,989	22,519	8.1
대구	20,332	20,109	19,608	19,701	20,332	20,723	7.5
인천	16,007	16,193	15,430	15,289	15,589	16,393	5.9
광주	6,313	6,441	6,238	6,265	6,157	6,365	2.3
대전	5,652	5,671	5,565	5,575	5,614	5,758	2.1
울산	3,818	3,722	3,634	3,621	3,671	3,880	1.4
경기	65,790	66,465	65,050	66,425	69,706	74,380	26.8
강원	5,574	5,553	5,443	5,421	5,276	5,443	2.0
충북	6,615	6,699	6,721	6,954	6,724	7,150	2.6
충남	8,935	8,981	8,780	8,895	8,755	9,346	3.4
전북	7,896	8,033	7,758	7,834	7,762	7,961	2.9
전남	8,970	8,866	8,726	8,673	8,487	8,793	3.2
경북	14,046	14,308	14,297	14,694	14,477	15,338	5.5
경남	18,679	19,055	19,057	19,463	19,309	20,913	7.5
제주	1,758	1,779	1,752	1,769	1,670	1,710	0.6
계	270,663	270,324	261,194	262,393	264,343	277,877	100.0

자료: 통계청, 전국사업체조사, 각년도

[시도별 소공인 종사자 증감추이('06~'11)]

(단위: 명, %)

구분	2006	2007	2008	2009	2010	2011	'11년비중
서울	162,284	159,948	147,170	140,984	134,685	143,212	16.7
부산	65,466	64,657	61,192	61,240	60,848	63,006	7.4
대구	55,879	55,369	53,334	55,590	56,821	57,551	6.7
인천	54,340	56,315	52,249	52,964	52,453	55,998	6.5
광주	16,200	17,092	16,408	16,517	16,080	16,846	2.0
대전	13,984	14,089	14,856	14,700	14,447	14,922	1.7
울산	9,980	9,761	10,257	10,234	10,055	11,003	1.3
경기	236,956	241,520	235,517	244,851	249,618	267,616	31.2
강원	13,834	14,196	13,990	14,224	13,642	14,389	1.7

충북	18,415	19,040	20,131	21,496	19,788	21,691	2.5
충남	24,170	24,543	24,228	25,380	25,132	27,765	3.2
전북	19,417	20,479	19,777	20,324	20,321	21,440	2.5
전남	23,841	23,864	23,965	23,556	22,822	24,714	2.9
경북	38,390	40,210	41,450	43,739	42,588	45,775	5.3
경남	56,256	58,142	59,472	61,895	60,915	66,339	7.7
제주	4,423	4,552	4,466	4,748	4,312	4,442	0.5
계	813,835	823,777	798,462	812,442	804,527	856,709	100.0

자료: 통계청, 전국사업체조사, 각년도

지역별 분포되어 있는 비중으로도 살펴보면, 서울(사업체 18.4%, 종사자16.7%)과 수도권인 경기도(사업체 26.8%, 종사자 31.2%)지역에 집중되고 있고, 이 밖에 부산(사업체8.1%, 종사자7.4%), 대구(사업체7.5%, 종사자6.7%), 인천(사업체5.9%, 종사자6.5%)등 대도시에 주로 집중되어 있다. 이는 거대 7대도시와 수도권인근 경기지역에 사업체의 72.4%, 종사자의 73.6%가 밀집되어 있는 것으로 소규모 제조업을 영위하고 있는 소공인들의 입지조건을 도시지역이 보다 강하게 충족하고 있는 것으로 해석할 수 있다. 이 밖에경상북도 지역과 경상남도 지역에도 소공인들이 상당수 입지하고 있는 것으로 나타나는데, 이는 1960~1970년대 산업발전을 이끌었던 섬유, 의류, 신발 등 경공업 제품의 생산이 해당 지역을 중심으로 이루어졌던 것이 아직도 잔존하고 있기 때문이다.

시도별 소공인 종사자 증감추이를 통해서도 보면, 지난 5년간 경기도(30,660명)와 경상남도(10,083명), 경상북도(7,385명)지역이 크게 증가하였으며, 반대로 서울(19,072명)과 부산(2,460명)지역은 사업체수가 감소하는 모습을 보였다. 특히 사업체 감소를 보인 강원도, 전라남도, 제주지역의 경우 사업체 감소 대비 종사자수가 증가하는 현상을 보였는데, 이는 폐업·인수·합병·해외이전 등에 따른 사업체 감소현상과 근무자의 제조업으로의 꾸준한 유입이 나타나고 있는 것으로 볼 수 있다.

[시도별 소공인 사업체 및 종사자 비중('11)]

(단위: %)

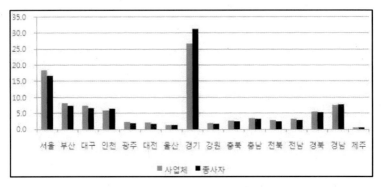

자료: 통계청, 전국사업체조사, 각년도 재구성

[시도별 소공인 매출액 및 영업이익 ('10년 기준)]

(단위 : 백만원, %)

구분	매출액(소공인)	영업이익(소공인)	매출액 영업이익률
서울	13,477,766	2,256,414	16.7
부산	6,401,421	900,054	14.1
대구	6,327,187	1,065,834	16.8
인천	7,006,440	1,125,164	16.1
광주	2,152,702	139,537	6.5
대전	1,437,406	213,596	14.9
울산	1,513,905	275,483	18.2
경기	35,973,935	4,688,963	13.0
강원	1,261,209	203,273	16.1

충북	2,901,917	545,282	18.8
충남	4,275,735	508,433	11.9
전북	2,449,302	338,046	13.8
전남	2,655,428	343,523	12.9
경북	5,602,767	796,217	14.2
경남	8,377,488	1,135,466	13.6
제주	378,599	55,302	14.6
계	102,193,207	14,590,587	14.3

자료: 통계청, 2011년도 경제총조사

「시도별 소공인 매출액 및 영업이익('10년 기준)」자료를 통해서 시도별 소공인의 매출액 및 영업이익 규모에서도 보면, 경기도가 35조9,739억원으로 가장 높은 매출규모를 보이고, 서울 13조4,778억원, 인천 7조64억원 등 수도권에서 높은 매출규모를 보이고 있다. 영업이익 또한 경기도가 4조6,890억원, 서울 2조2,564억원, 경상남도 1조1,355억원, 인천 1조1,252억원 등이 높은 규모를 보이고 있으며, 매출액 대비 영업이익률의 경우 충청남도(18.8%)가 가장 높고, 울산(18.2%), 대구(16.8%), 서울(16.7%)등 대도시 지역들에서 높은 부가가치 생산 활동이 일어나고 있어 대도시 지역을 중심으로 밀집한 소상공인의 포도와 서로 비례하고 있는 것을 알 수 있다.

2. 업종별 소공인 현황

2011년 기준「업종별 소공인 사업체 증감추이('06~'11)」를 보면 식료품제조업이 2006년도에 비해 1,973개 감소하여 가장 크게 감소한 것으로 나타났고, 의복·의복악세서리·모피제조업이 1,070개, 목재 및 나무제품제조업이 1,030개, 인쇄 및 기록매체 복제업이

1,026개가 다음 순으로 크게 감소한 것으로 나타났다. 반면에 사업체가 증가한 업종으로는 금속가공(기계 및 가구 제외)이 3,623개로 가장 크게 증가하였으며, 고무 및 플라스틱 제품 1862개, 의료·정밀·광학·시계 제조업이 1,578개, 기타 기계 및 장비가 1,142개, 가구가 1,137개 등의 순으로 증가한 것으로 나타났다.

[업종별 소공인 사업체 증감추이 ('06〜'11)]

(단위: 개, %)

구분	2006	2007	2008	2009	2010	2011	비중(11)
식료품	51,166	51,422	49,845	49,856	49,078	49,193	17.7
음료	920	927	911	939	922	942	0.3
담배	-	-	3	-	-	-	0.0
섬유제품 제조업	17,533	17,394	16,428	16,211	16,352	16,866	6.1
의복, 의복액세서리, 모피	21,716	21,152	20,113	19,991	19,672	20,646	7.4
가죽, 가방 및 신발	3,476	3,363	3,270	3,361	3,548	3,921	1.4
목재 및 나무; 가구제외	6,226	6,051	5,636	5,503	5,212	5,196	1.9
펄프, 종이 및 종이제품	3,948	3,921	3,836	3,822	3,897	4,043	1.5
인쇄 및 기록매체 복제업	16,465	16,362	15,467	15,181	14,909	15,439	5.6
코크스, 연탄, 석유정제	118	137	136	151	142	134	0.0
화학물질·제품; 의약제외	4,335	4,430	4,419	4,758	4,833	5,230	1.9
의료용 물질 및 의약품	345	400	376	405	409	449	0.2
고무 및 플라스틱제품	10,755	10,839	11,223	11,535	11,671	12,617	4.5
비금속 광물제품	7,487	7,340	7,015	7,048	6,843	7,161	2.6
1차 금속	3,347	3,356	3,208	3,396	3,821	4,111	1.5
금속가공; 기계·가구제외	44,921	45,407	45,129	45,439	45,731	48,544	17.5
전자부품, 컴퓨터, 영상, 음향 및 통신장비	5,550	5,575	5,236	5,432	5,671	6,283	2.3
의료, 정밀, 광학, 시계	5,131	5,475	5,157	5,384	5,857	6,709	2.4
전기장비	14,059	13,339	12,201	12,296	12,607	13,360	4.8

기타 기계 및 장비	25,183	25,126	23,227	23,182	24,171	26,325	9.5
자동차 및 트레일러	3,296	3,264	2,986	3,074	3,554	4,215	1.5
기타 운송장비	855	958	969	1,062	1,150	1,428	0.5
가구	8,328	8,320	8,742	8,878	8,998	9,465	3.4
기타 제품	15,502	15,775	15,661	15,486	15,294	15,620	5.6
계	270,663	270,324	261,194	262,393	264,343	277,877	100.0

자료: 통계청, 전국사업체조사, 각년도 재구성

[업종별 소공인 종사자 증감추이 ('06 ～ '11)]

(단위: 명, %)

구분	2006	2007	2008	2009	2010	2011	비중(11)
식료품	110,154	111,506	109,220	109,997	106,442	109,475	12.8
음료	2829	2,822	2,881	3,065	2,973	3,020	0.4
담배	-	-	11	-	-	-	-
섬유제품 제조업	53,833	53,900	50,104	49,719	49,194	50,614	5.9
의복, 의복액세서리, 모피	65,397	63,866	60,897	61,022	59,525	64,504	7.5
가죽, 가방 및 신발	12,459	12,281	12,084	12,187	12,469	13,877	1.6
목재 및 나무; 가구제외	17,665	17,819	16,754	16,802	15,950	15,996	1.9
펄프, 종이 및 종이제품	16,164	16,365	15,698	15,845	15,700	16,318	1.9
인쇄 및 기록매체 복제업	41,773	42,824	40,695	38,587	36,956	39,243	4.6
코크스, 연탄, 석유정제	585	709	712	761	749	666	0.1
화학물질 · 제품; 의약제외	18,588	19,076	18,938	20,273	20,568	21,815	2.5
의료용 물질 및 의약품	1,403	1,561	1,579	1,607	1,553	1,724	0.2
고무 및 플라스틱제품	43,659	44,144	45,568	47,639	46,859	49,782	5.8
비금속 광물제품	25,318	25,249	24,672	24,778	23,850	24,641	2.9
1차 금속	13,832	14,055	13,676	14,642	15,689	16,998	2.0
금속가공; 기계 · 가구 제외	129,786	134,120	133,838	139,559	137,790	147,829	17.3

전자부품, 컴퓨터, 영상, 음향 및 통신장비	23,955	24,619	23,472	24,172	24,089	26,566	3.1
의료, 정밀, 광학, 시계	19,784	21,495	20,670	21,402	22,306	25,627	3.0
전기장비	45,566	44,721	41,470	42,430	43,508	45,623	5.3
기타 기계 및 장비	89,928	90,088	83,482	84,833	86,157	93,078	10.9
자동차 및 트레일러	13,922	14,102	12,603	13,151	14,761	18,000	2.1
기타 운송장비	3,536	4,119	4,424	4,876	5,246	6,515	0.8
가구	27,811	27,536	28,270	28,330	26,766	28,514	3.3
기타 제품	32,885	36,797	36,744	36,757	35,425	36,284	4.2
계	813,831	823,774	798,462	812,434	804,525	856,709	100.0

자료: 통계청, 전국사업체조사, 각년도 재구성

「업종별 소공인 종사자 증감추이('06~'11)」자료를 보면, 같은 기간에 섬유제품 제조업이 3,219명으로 가장 많이 감소하고, 인쇄 및 기록매체 복제업이 2,530명, 목재 및 나무제품 제조업(가구제외)이 1669명의 감소를 보였다. 반면에 금속가공(기계 및 가구 제외)의 경우 18,044명이 증가하여 가장 큰 증가를 보였으며, 고무 및 플라스틱제품이 6,123명, 의료·정밀·광학·시계 제조업이 5,843명, 자동차 및 트레일러 제조업이 4,078명, 화학물질 및 화학제품(의약품 제외)이 3,227명등으로 높게 증가했다.

「업종별 소공인 사업체 증감추이('06~'11)」와「업종별 소공인 종사자 증감추이('06~'11)」를 비교해 보면, 금속가공과 고무 및 플라스틱제품, 의료·정밀·광학·시계, 자동차 및 트레일러 제조업의 경우 사업체와 종사자 모두 크게 증가하는 모습을 보였지만, 반면에 섬유제품과 인쇄 및 기록매체 복제업, 목재 및 나무(가구제외) 제조업의 경우 사업체와 종사자 모두 크게 감소하여 큰 인력유출이 일어난 것을 알 수 있다. 한편, 전기장비 제조업의 경우 사업체는 709개 감소한데 반해 종사자는 57명 증가하여 폐업 등이 일어나도 다른 사업체로의 대체가 가능하기에 인력의 유출은 일어나지 않는 것으로 나타났는데, 이는 소공인이 활동하고 있는 산업 내에서도 환경변화에 따른 업종의 변화가 빠르게 나타나고 있음을 알 수 있는 부분이다.

[업종별 소공인 매출액 현황('10년 기준)]

(단위: 백만원)

구분	전체제조업매출액	소공인 매출액	소공인 매출비중
식료품	66,303,956	8,708,179	13.1%
음료	8,047,923	197,532	2.5%
담배	3,100,366	-	0.0%
섬유제품 제조업	26,372,142	6,162,255	23.4%
의복, 의복액세서리, 모피	23,015,703	3,832,198	16.7%
가죽, 가방 및 신발	5,958,998	1,224,027	20.5%
목재 및 나무; 가구제외	6,603,706	1,895,413	28.7%
펄프, 종이 및 종이제품	22,855,447	2,387,129	10.4%
인쇄 및 기록매체 복제업	7,914,757	3,195,736	40.4%
코크스, 연탄, 석유정제	113,218,854	285,068	0.3%
화학물질·제품; 의약제외	124,063,180	4,970,404	4.0%
의료용 물질 및 의약품	14,210,794	237,968	1.7%
고무 및 플라스틱제품	60,710,165	6,883,414	11.3%
비금속 광물제품	37,852,453	4,319,258	11.4%
1차 금속	148,078,592	4,491,444	3.0%
금속가공; 기계·가구제외	82,730,945	17,794,480	21.5%
전자부품, 컴퓨터, 영상, 음향 및 통신장비	263,295,000	3,753,207	1.4%
의료, 정밀, 광학, 시계	18,242,154	2,856,925	15.7%
전기장비	70,066,678	6,479,931	9.2%

기타 기계 및 장비	107,261,402	13,399,348	12.5%
자동차 및 트레일러	152,108,349	2,875,628	1.9%
기타 운송장비	83,082,252	846,384	1.0%
가구	12,359,000	2,489,701	20.1%
기타 제품	6,883,729	2,907,581	42.2%
계	1,464,336,545	102,193,207	8.8%

자료: 통계청, 2011년도 경제총조사

「업종별 소공인 매출액 현황('10년 기준)」을 보면, 금속가공(기계 및 가구 제외)이 총17조7,945억원으로 가장 큰 매출규모를 보였으며, 기타 기계 및 장비 제조업(13조4천억원), 식료품제조업(8조7천억원), 고무제품 및 플라스틱 제조업(6조9천억원)이 높은 매출규모를 보였다. 즉 매출비중으로 보았을 때 제조업에서 기타 제품 제조업(42.2%)이 가장 높은 비중을 차지하며, 인쇄 및 기록매체 복제업이 40.4%, 목재 및 나무제품(가구제외)이 28.7%, 섬유제품 제조업(의복제외)이 23.4%, 금속가공(기계 및 가구 제외)이 21.5% 등을 차지하여 상대적으로 산업 내 기술에 대한 진입장벽이 낮은 업종에서 소공인들이 높은 의존도를 보이고 있는 상태이다. 반면에 상대적으로 기술 진입장벽이 높은 담배제조업, 코크스·연탄·석유 정제품 제조업 등은 소공인에 대한 의존도가 낮은 것으로 나타났는데, 이는 국내 소공인들의 지속적인 성장에서 한계성이 나타날 수 있는 위치에 있으며, 산업 내 작은 영세기업 규모로 인해 이익 측면에 대한 개선이 나타나기 어려운 상황임을 짐작해 볼 수 있다.

3. 도시지역·비도시지역 소공인 비교

도시지역이란, 인구와 산업이 밀집되어 있거나 밀집이 예상되어 그 지역에 대하여 체계적인 개발·정비·관리·보전 등이 필요한 지역을 말한다.[24]

[도시지역과 비도시지역 면적현황]

구분	2011년(㎢)	2011년(㎢)	증감(㎢)	전년대비
도시지역	17,559	17,587	28	0.2%
주거지역	2,536	2,563	27	1.1%
상업지역	317	323	6	1.9%
공업지역	1,075	1,109	34	3.2%
녹지지역	12,704	12,682	△22	△0.2%
미지정지역	927	910	△17	△1.8%
관리지역	26,569	27,022	453	1.7%
농림지역	49,819	49,488	△331	△0.7%
자연환경보전지역	12,215	12,079	△136	△1.1%

자료: 국토교통부, 2011년도 도시계획 현황 통계

2012년 말 기준 국토교통부의 「도시지역과 비도시지역 면적현황」 자료에 따르면, 전체 용도지역(106,176km2) 중 도시지역은 16.6%인 17,587 km^2 으로 나타났으며, 그 밖에 농림지역이 46.6%인 $49,488km^2$, 관리지역은 25.4%인 $27,022km^2$, 자연환경보전 지역은 11.4%인 12,079 km^2 로 나타났다. 도시지역의 면적의 경우는 2011년($17,559km^2$)보다 $28km^2$ 늘어났는데, 주거지역과 상업지역, 공업지역 등이 증가

---

24) 도시지역은 도시기본계획상 시가화용지로 지정된 지역, 도시관리계획에 따라 해상 지역의 개발, 정비, 관리, 보전 등을 시행하였거나 시행할 지역(제2종 지구단위계획국역은 제외)을 대상으로 지정한다. 도시지역은 국토의 계획 이용에 관한 법률에 정한 용도지역의 하나이며, 주거, 상업, 공업기능 제공과 녹지 보전을 위하여 주거지역, 상업지역, 공업지역, 녹지지역 등으로 구분하여 지정한다.

한 반면, 녹지지역과 미지정지역이 감소한 것으로 나타났다, 이는
한국 국토가 점차 도시화에 대한 증가와 함께 녹지지역의 감소화
를 가져오고 있는 것으로 볼 수 있다.

[도시지역의 소공인 집중도]

(단위: 천명, %)

구분	사업체비율	종사자비율	매출액비율	영업이익비율
도시지역 (7대도시+수도권)	72.4	73.6	72.7	73.1
비도시지역	27.6	26.4	27.3	26.9
계	100.0	100.0	100.0	100.0

자료 : 통계청, 전국사업체조사, 경제총조사

특히 소공인의 경우 대도시지역에 많은 밀집도를 보이고 있는데
이는 대도시라 할 수 있는 거대 7대도시와 수도권(경기도 지역)에
서 소공인 사업체가 밀집되어 있음을 의미하며, 종사자(73.6%), 매
출액(72.7%), 영업이익(73.1%)부분에서 집중되어 있어 "한국의 소
공인은 대도시에 모여 있다"고 말할 수 있을 것이다.

[도시지역의 소공인 매출 집중도]

(단위: 백만원, %)

구분	소공인	도시지역	비도시지역	도시비율
식료품	8,708,176	3,164,889	5,543,287	36.3
음료	197,532	38,118	159,414	19.3
섬유제품 제조업	6,162,255	4,967,506	1,194,749	80.6
의복, 의복액세서리, 모피	3,832,198	3,640,198	192,000	95.0
가죽, 가방 및 신발	1,224,027	1,185,687	38,340	96.9
목재 및 나무; 가구제외	1,895,413	1,179,032	716,381	62.2

펄프, 종이 및 종이제품	2,387,129	1,871,560	515,569	78.4
인쇄 및 기록매체 복제업	3,195,736	2,853,015	342,721	89.3
코크스, 연탄, 석유정제	285,068	25,134	259,934	8.8
화학물질·제품; 의약제외	4,970,404	3,126,991	1,843,413	62.9
의료용 물질 및 의약품	237,968	153,261	84,707	64.4
고무 및 플라스틱제품	6,883,414	5,296,635	1,586,779	76.9
비금속 광물제품	4,319,258	1,739,069	2,580,189	40.3
1차 금속	4,491,444	3,016,289	1,475,155	67.2
금속가공; 기계·가구제외	17,794,480	13,790,427	4,004,053	77.5
전자부품, 컴퓨터, 영상, 음향 및 통신장비	3,753,207	3,299,874	453,333	87.9
의료, 정밀, 광학, 시계	2,856,925	2,493,438	363,487	87.3
전기장비	6,479,931	5,394,823	1,085,108	83.3
기타 기계 및 장비	13,399,348	10,337,780	3,061,568	77.2
자동차 및 트레일러	2,875,628	1,821,533	1,054,095	63.3
기타 운송장비	846,384	296,978	549,406	35.1
가구	2,489,701	2,054,706	434,995	82.5
기타 제품	2,907,581	2,453,640	453,941	84.4
계	102,193,207	74,290,762	27,902,445	72.7

자료: 통계청, 경제총조사(2010년 기준)

「도시지역의 소공인 매출 집중도」를 통해서 보면, 소공인 업종별로도 매출액에서 많은 도시집중도를 찾아 볼 수 있다. 소공인 전체의 72.7%가 도시집중도를 보인 가운데 가죽·가방 및 신발제조업(96.9%)이 가장 높은 집중도를 보이며, 의복·의복액세서리·모피제조업(95%), 인쇄 및 기록매체 복제업(89.3%), 전자부품·컴퓨터·영상·음향 및 통신장비 제조업(87.9%)등으로 일반 소바자와 직접적으로 판매가 이루어지는 부분에서 높은 도시집중도를 보이고 있다. 반면에 일반 소바자에게 직접적으로 판매되지 않는 코크스·연탄 및 석유정제제품, 음료, 기타 운송장비, 식료품, 비금속광물 등의 제조업의 경우 50% 미만의 도시집중도를 보여 서로 상반된 모습을 보여주고 있다.

따라서 앞선 내용들을 종합해보면 현재 소공인들의 상황을 다음과 같이 정리해 볼 수 있다. 국내 소공인의 경우 사업체, 종사자, 매출, 영업이익 등에서 높은 도시 집중화 현상을 보이고 있으며, 특히 가죽·가방 및 신발제조·의복·의복액세서리·모피제조, 의료·정밀·광학기기 및 시계, 가구제조, 인쇄 및 기록매체 복제업 등 생활밀착형 제품을 생산하는 소공인과 전자부품·컴퓨터·영상·음향 및 통신장비, 전기장비 등 전자·기계류의 뿌리산업을 기초로 하는 제조업종이 높은 도시집중 현상을 보이고 있다[25].

이러한 현상이 발상하게 된 원인은 여러 가지로 볼 수 있는데, 그 중에서도 중요한 몇 가지 원인을 중심으로 요약하여 보면 다음과 같이 볼 수 있다.

첫 번째는 공장 및 생산설비에서의 보유형태가 원인이다. 국내 소공인의 공장(작업장) 보유형태를 살펴보면, 2012년 기준 과반 이상인 70.4%는 '임대'를 하고 있는 것으로 나타났으며, 다음으로 '자가'로 보유하고 있는 사업체는 27.8%로 나타나고 있으며, 생산설비 보유형태를 살펴보면, 83.0%가 '자가'로 보유하고 있는 것으로 나타났으며, '임대'하여 사용하고 있는 사업체가 13.4%, '위탁기업의 무상지원'으로 사용하고 있는 사업체가 1.2%로 나타나고 있다. 이

---

25) 주조·E금형·G용접·E표면처리·G소성가공·E열처리 등 부품 혹은 완제품을 생산하는 기초 공정산업(「뿌리산업진흥법」) 인용

는 공장(작업장)의 임대를 통한 보유형태에서 생산설비의 투자에 대한 수익을 단기적으로 빠르게 발생하야 한다는 소공인들의 안목과 생산전략으로 이어져서 글로벌 시장으로의 초점이 아닌, 국내 산업 중심에서의 생산 및 공장형태로 대거 나타나게 된 것으로 보여진다.

[공장 및 생산설비 보유형태]

(단위 : %)

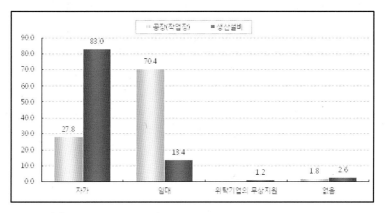

※ base = 전체(n=8,008)

두 번째는 기술중심으로 소공인들의 질적성장 도모가 아닌 단순 생산방식으로의 성장을 도모하면서 한계성에 봉착한 것이 원인이다. 2012년 기준「지적재산권 등록 여부」를 보면, 국내 소공인들 중 자사만의 특별한 기술을 보유하고 있는 업체 중 기술이 특허 등 지적재산권에 등록되어 있는 업체는 전제 중 24.3%로 나타났다. 이는 대부분의 소공인들은 자신들만의 기업만의 특별한 역량이 부족한 실정이며, 이러한 측면이 기술과 특허 등을 통해서 외형적으로 경쟁우위를 점유하는데 많은 어려움으로 나타나고 있다.

(단위 : %)

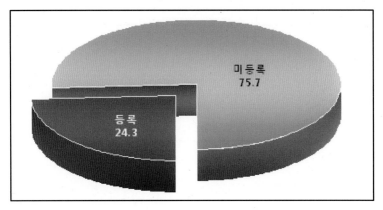

※ base = 특별기술 보유업체(n=2,169)

[지적재산권 등록을 하지 않은 이유]

(단위 : %, 중복 응답)

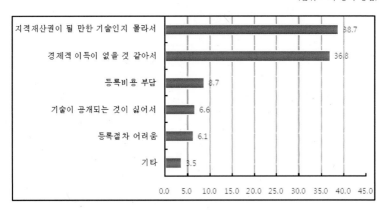

※ base = 지적재산권 등록을 하지 않은 업체 중 무응답 제외(n=1,600)

무엇보다도 대부분의 소공인들은 특별한 기술은 보유하고 있으나 지적재산권에 등록하지 않은 업체가 많은데, 등록을 하지 않은 이유로는 '지적재산권이 될 만한 기술인지 몰라서' 등록하지 않은 업체가 38.7%로 가장 많은 상태이며, '경제적 이득이 없을 것 같아서'(36.8%), '등록비용 부담'(8.7%), '기술이 공개되는 것이 싫어서'(6.6%), '등록절차 어려움'(6.1%) 등의 이유로 등록하지 않은 것으로 나타났다.

이는 국내 소공인 자체로써는 충분한 역량들은 보유하고 있으나 이에 대해서 올바르고 효과적인 전략을 통한 글로벌 시장에서의 경쟁우위 위치에 달성하는 방법을 방법과 필요성을 잘 인지하지 못하는 것으로 보여진다.

E. 도시형 소공인의 특성

1. 소공인의 도시지역 집중현상

[대표적인 도시지역 소공인 밀집지역]

자료: (좌)문래동 철공소골목, (우)중구 인쇄골목
출처: 중소기업청

앞서 살펴본 바와 같이 소공인들은 일부 업종을 제외하고 도시 지역에 집중하는 현상을 보이고 있다. 이는 소공인들을 포함한 제조업이 도시에 집중하면서 얻을 수 있는 이익이 크기 때문이다. 일반적인 대도시 제조업 입지 요인으로 가장 많이 제기되는 것은 원재료·제품의 운송 및 제품 판매처와의 접촉 용이성, 집적 이익, 공장부지매입의 용이성, 교통과 통신, 노동력, 생산 인프라 등이라고 할 수 있으며, 다음과 같은 여섯가지 요인으로 정리해서 볼 수 있다.

첫 번째는 대도시에 입지할 경우 원재료·제품 운송과 제품 판매처의 접촉이 용이해지기 때문이다. 원재료·제품 운송과 제품 판매처와의 접촉의 경우는 원재료 운송의 편리성이나 판매처와의 접촉이 더욱 중요해지면서 고객과의 접촉에서 발생하는 접촉이익이 발생하게 되기 때문이다. 이는 원재료 가격의 불안정성과 원재료 공급량의 부족으로 어려울 시 원재료 공급처와의 접촉이 매우 중요한 입지 요인으로 작용하게 되는데 상대적으로 대도시는 이와 같은 접촉에 매우 유리한 환경을 제공하기 때문이다.

두 번째는 대도시 내 집적이익 부분 때문이다. 동종 업종이나 관련 업종들이 집중된 지역 내 사업장이 입지하게 되면 원재료 구입, 제품의 판매, 노동력 확보 등 경영부분에서 많은 부분이 유리해진다. 또한 시장경제 내에서 경쟁력이 심화되고 기업 규모에 대한 불확실성이 증대되면서 이러한 집적 적인 이익을 위해서 중소 제조업체들의 공장은 더욱 도시에 집중한다.

세 번째는 대도시에서는 공장 및 사업장 부지 매입이 용이성 때문이다. 공장부지매입의 용이성은 제조업체의 지대 및 지불 능력을 의미한다. 도시지역 내에 입지하는 제조업체가 부담하는 토지 비용은 매우 중요한 문제이다. 중소 제조업체들은 대부분 노동집약적으로 자본의 영세성을 가지고 있어서 지대 및 지불 능력이 중견기업 이상보다 상대적으로 미약하기 때문에 공장부지 매입의 용이성이 더욱 중요하게 작용하는 것이다.

네 번째는 대도시의 교통과 통신부분이 있다. 교통과 통신은 비용과 편의성 부분에서 고려되는 부분으로, 최소비용론에서 중요시되는 운송비 부분은 기술의 발달에 따른 원재료의 대체와 효율적 이용, 공업 입지에 미치는 영향이 크게 감소하였다. 그러나 운송 편의성은 여전히 중요한 요인으로 작용하고 있으며, 접촉 경제부분이 공업입지에서 매우 중요하기 때문에 정보 수집을 위한 통신부분도 중요한 입지 요인으로 작용한다. 대도시의 경우에는 원재료와 제품 수송 그리고 정보 수집 및 접촉에 서 편리하며 비용도 절약이 가능하기에 많은 기업들이 대도시 외곽으로의 분산을 꺼리게 되기 때문이다.

다섯 번째는 대도시에서 제공되는 노동력의 획득 부분이다. 중소 제조업체의 경우 자본, 기술, 경영이 미분화된 경우가 많다. 그렇기에 생산 과정부분이 노동집약적이므로 많은 노동력이 필요하게 된다. 첨단 산업이나 기술 지향적 산업들의 경우 전문적인 고급 인력을 필요로 하게 되는데 국내의 경우 다양하고 분화된 노동시장이 대도시에 집중되어 있어 많은 기업들이 이를 이용하고자 대도시에 집중하게 된다.

여섯 번째는 생산인프라의 장점 때문이다. 생산인프라는 도로, 철도, 항만, 전력, 용수, 폐수 처리 시설 등의 물적기반과 함께 인적, 제도적 기반으로서 생산 활동을 간접적으로 지원하는 요인과 함께 정보, 국지적 서비스, 생활·노동 환경 등이 함께 중요시 되고 있다. 조직간의 업무 접촉에서 발생하는 시간과 경비의 감축 및 정보 수집과 처리에 드는 노력과 비용, 혁신 활동에 필요한 정보 등은 기업입지 결정에 중요한 영향을 미친다. 그렇기에 생산 활동을 위한 제반 서비스와 집적 이익 효과를 기대하고 특정 지역 내 기업입지를 결정하기도 하며, 생활 및 작업환경에 대한 선호도를 반영하여 보다 쾌적한 환경과 편리한 문화 요소 등을 고려하여 기업 입지를 결정하게 된다.[26].

2. 집적지의 형성

소공인과 같은 소규모 제조업들이 도시지역 내에 자연적으로 또는 인위적으로 집적지를 형성하는 이유는 다양한 집적 이익(集積利益)을 얻을 수 있기 때문이다. 집적이익(集積利益)이란 특정 지역에 산업이나 인구가 집중하면 서로가 분업되거나 노동력 및 소비의 시장이 이루어지면서 효용에 의해 도로 등의 시설도 마련되게 되고, 이를 통해 투자 효율 및 생활 효율이 좋아지는 것을 말한다. 일정한

---

26) 소상공인진흥원 (2013) 도시형소공인 지원활성화 방안 참조

지리적 영역 내에서 경제주체의 군집(Cluster)과 집적에 의한 이득을 설명하기 위해서는 일반적으로 지역화경제(localization economies)와 도시화경제(urbanization economies)의 개념적 접근이 이루어지고 있다. 지역화경제는 동일 업종의 기업들이 서로 다른 기업들과 가까이 입지함으로써 당해 산업이 특정지역에 집중되고 생산이 증대함으로 인한 외부효과를 의미한다. 도시화경제는 도시 내 생산이 증가함에 따라 개별 기업의 생산비용이 감소하는 것을 말하는데, 이는 도시 전체의 규모 증대가 도시에 입지한 모든 기업들에게 미치는 외부 경제를 의미한다.

따라서 지역화 경제는 특정산업의 지리적 집중이 혁신을 촉발시킨다는 의미에서 전문화 이점을 강조하는 반면 도시화 경제는 이업종 간의 상호작용이 혁신을 낳는다는 의미에서 다양성의 이점을 강조하고 있는 것이다.

국내에서도 집적이 지역경제 성장에 미치는 영향에 관한 많은 연구가 이루어져 왔는데, 이들 연구에서는 집적경제가 고용 및 산업생산성과 같은 지역경제 측면에 미치는 영향에 관하여 각 산업분야별로 실증적으로 분석하고 있다. 산업분야별로 차이는 있지만 일반적으로 집적화로 인해서 고용·생산성·부가가치 제고와 같은 효과가 발생하고 이러한 효과들은 지역경제에 긍정적 영향을 미치는 것으로 나타나고 있다.

이러한 여러 부분들을 정리해보면 다음과 같이 볼 수 있다. 집적지의 형성은 생산, 판매, 마케팅 측면에서 이익을 가져오게 되고 생산측면에서는 도시의 규모의 확대에 따른 도시 내 사람들이 다양화되면서 제품과 생산요소에 대한 수요의 변화폭이 작아지는 현상이 나타나게 되는데 이는 생산 및 재고관리가 쉬워지는 부분이다. 또한 도시 규모 증가에 따른 사람들의 접촉 강도가 높아짐으로 새로운 아이디어의 출현과 기술진보 가능성이 높아지게 된다. 마지막으로 동종 업종 기업들이 서로 근거리에 입지하면서 근로자 이동의 용이성과 기업 구직자 및 종업원에 대한 고용 정보를 쉽게 얻을 수 있음으로써 노동시장의 효율성이 높아진다는 점이다. 마케팅 측면에서 집적의 경제부분은 사업장들이 모여 있음으로 고객과 소비자가 비슷해지지만 불완전한 대체관계 또는 보완관계에 있는 제품이 비교하여 구입할 수 있게 현상이 나타나게 된다. 또한 비슷한 제품과 사업장들이 한곳에 집중되면서 소비자의 선택 범위가 넓어지고 생산자 측면에서 서로 경쟁관계가 되지만 해당 지역 내 방문 고객 규모가 증가하는 부분에서 이득을 볼 수 있게 된다.

3. 숙련기반 노동집약적 산업특성

소공인과 같은 소규모 제조업체의 경우 미분화된 생산 과정에서 많은 노동력이 필요하게 되는 노동집약적 특성을 띄게 된다. 노동집약적 산업은 자본집약적 산업 대비 장비부분에서 경제적 가치가 작고 기술·생산력 수준이 낮음과 동시에 상대적인 노동력을 많이 사용하는 산업을 말한다.

이는 자본집약적 산업과는 다르게 낮은 기술수준과 자본에서도 풍부한 노동력이 있으면 상대적으로 용이하게 운영 가능한 사업체들을 의미하는데, 일반적인 자본집약적 산업은 독점산업으로서 적은 노동량이 투여되었지만 높은 값으로 팔리는 '고부가가치상품'을 생산한다. 반면에 노동집약적 산업은 경쟁 산업으로 많은 노동량이 투여되지만 낮은 가격으로 팔리는 상대적인 '저부가가치상품'을 생산하게 된다. 그렇기에 노동집약적 산업의 기업들은 종업원의 고용이나 노동력의 원활한 확보, 노사관계, 임금문제 등 관리상의 어려움을 많이 겪게 된다. 그렇기에 제조업에서 노무비의 비중이 클수록 노동집약적이라 하고, 노무비의 비중이 적고 상대적으로 생산재의 투입이 많으면 자본집약적이라고 하는 것이다. 「소공인 매출원가 대비 급여비율(노무비중)」을 통해서 업종별로 보면, 전체적으로 소공인의 노무비비중(6.4%)이 전체규모 제조업 노무비비중(4.7%)보다 높게 나타나고 있다. 특히 노동집약적인 활동을 통해 생산하는 것 가운데 소공인 중 의료용 물질 및 의약품 제조업(14.5%)이 2010년 기준 가장 높은 노무비중을 차지하고 있고, 음료 제조업(10.7%), 전자부품·컴퓨터·영상·음향 및 통신장비 제조업(10.4%), 기타 제품 제조업(9.4%), 의료·정밀·광학기기 및 시계 제조업(8.3%)등에서 높은 노무비중을 보이고 있다.[27]

---

27) 중소기업경영지표의 조사 표본에는 1~4인 규모의 소규모 업종이 포함되어 있지 않은데, 만약 1~4인 규모의 사업장이 포함될 경우 소공인의 노동집약적 특성은 보다 크게 나타날 것으로 추정되며, 특히 1~4인 규모 기업이 집중되어 있는 업종에서는 그 수치가 크게 달라질 것으로 추정됨

[소공인 매출원가대비 급여비율(노무비중)]

(단위: %)

구분	제조업전체	5~9인(소공인)	GAP
식료품	4.8%	7.7%	3.0%p
음료	7.4%	10.7%	3.3%p
섬유제품 제조업	4.2%	5.9%	1.7%p
의복, 의복액세서리, 모피	6.5%	6.4%	-0.1%p
가죽, 가방 및 신발	4.8%	5.1%	0.3%p
목재 및 나무; 가구제외	4.1%	4.3%	0.1%p
펄프, 종이 및 종이제품	3.9%	4.6%	0.6%p
인쇄 및 기록매체 복제업	6.7%	6.4%	-0.3%p
코크스, 연탄, 석유정제	4.5%	4.4%	-0.1%p
화학물질・제품; 의약제외	4.2%	6.4%	2.2%p
의료용 물질 및 의약품	14.1%	14.5%	0.4%p
고무 및 플라스틱제품	4.6%	6.7%	2.1%p
비금속 광물제품	4.9%	6.9%	2.0%p
1차 금속	2.6%	4.7%	2.2%p
금속가공; 기계・가구제외	4.4%	5.1%	0.7%p
전자부품, 컴퓨터, 영상, 음향 및 통신장비	5.5%	10.4%	4.8%p
의료, 정밀, 광학, 시계	7.9%	8.3%	0.4%p
전기장비	4.3%	6.9%	2.6%p
기타 기계 및 장비	5.2%	6.8%	1.6%p
자동차 및 트레일러	3.2%	6.5%	3.3%p
기타 운송장비	5.1%	5.7%	0.6%p
가구	5.0%	5.6%	0.7%p
기타 제품	7.6%	9.4%	1.8%p
전체	4.7%	6.4%	1.7%p

자료 : 중기청, 중소기업조사통계시스템 「중소기업경영지표」(2010년 기준)

　　많은 노동력을 필요로 하는 노동집약적 산업에서는 무엇보다도 숙련된 인력의 수급과 양성이 중요하다. 특히 한국은 숙련기술자에 대한 공급이 수요를 따라가지 못하여 부족현상이 심화되고 있는데, 고용노동부의 「직종별 사업체 노동력 조사 보고서」에서 「소공인 매출원가대비 급여비율(노무비중)」 부분을 참고해보면, 숙련기술자 부족률이 2008년 2.4%에서 2012년 4.1%로 점차 증가하는 반면, 현장 숙련기술을 전수받을 인력은 부족해지면서 기업의 핵심기술이 유실될 우려를 안고 있는 상황임을 나타내고 있다. 특히 베이비부머 세대의 숙련기술인력 은퇴가 본격화되면 현장에 축적된 기술의 전수가 어려워지고, 소공인의 경우도 숙련된 인력 수급이 점점 어려워지게 된다. 숙련기술 부분이 취약한 가운데서도 대도시의 경우 숙련기술인력의 수급이 상대적으로 원활하기 때문에, 많은 소공인들이 높은 임대료 등을 부담하면서도 도시지역에 머무르려하는 현상이 나타나게 되는 것이다.

4. 타 산업과의 높은 연계성

전문적이면서 차별적인 제품을 요구하는 소비자들의 욕구를 충족시킬 수 있는 소공인들은 주문생산을 바탕으로 다품종 소량 생산 방식이나 장인(匠人) 생산 방식을 사용한다. 그렇기에 상황변화에 발 빠르게 대처하고 유연한 대응이 가능하게 되었다. 또한 전문화된 소공인들은 대기업의 단점인 경직성을 극복하고 민감한 소비자 수요에 생산 및 기업 운영방식을 유연하게 변화시킬 수 있어 새로운 상황 변화에 보다 손쉽게 적응할 수 있다. 도시지역에 집적되어 있는 소공인들은 전문성을 유지하면서 동종 또는 타산업과의 상호간 밀접하게 협동관계를 맺고 있어 규모의 경제를 극복하려는 노력을 기울이고 있다. 이는 동업종의 집적뿐만 아니라 이종 업종과의 연계를 높이기 위한 클러스터(cluster)를 이루는 것을 말한다. 클러스터는 특정 업종에 종사하는 상호교류기업, 전문공급업체, 서비스 제공업체, 연관 산업의 기업들과 관련된 제도적 기구들(대학·상공회의소 등)이 서로 경쟁하면서 동시에 협조하는 집합체를 의미한다. 하비드대학 마이클 포터(Michael Porter)교수는 산업 클러스터의 성숙 여부가 국가 경쟁력의 핵심요소라고 주장하기도 하였을 만큼, 클러스터의 중요성은 기업들이 연관 산업들과 수평적 또는 수직적 연계 제휴를 확대하는 네트워크 체계를 형성할 수 있는 부분이기에 매우 중요한 부분이다. 관련 산업의 다수 기업들이 공간적으로 밀접하고 상호 유기적인 협력 관계를 갖게 될 시, 산업 내기업 경쟁력과 산업 전체의 경쟁력이 높아지게 되는데 이러한 네트워크가 대도시에서 가장 뚜렷하게 나타나며 대도시는 이러한 경제 혜택을 가장 많이 누릴 수 있는 장소이다. 특히 노동집약적 산업인 신발, 섬유, 의류 등은 생산지구에서 보통 수직적으로 분해된 집적지(vertically disintegrated)형태로 클러스터가 형성되고, 이러한 산업지구는 과거 개별 기업에 수직적으로 통합되어 있던 활동들이 분해되어 사회적 분업 관계를 형성하는 경우가 많이 있었다. 예로써 동대문의 경우에는 원재료(평화시장 등 원단산업), 생산(창신동 일대의 봉제산업), 판매(동대문패션타운) 등 원재료의 조달에서 생산과 판매에 이르는 연관 산업이 클러스터로 형성되어 패션산업 전체가 활성화될 수 있었다.

II. 소상공인 환경 변화

2014년 1월 01일 '소상공인시장진흥공단'의 출범과 함께 소상공인에 대한 국가정책개발 및 육성시책의 중요성이 높아지고 있다. 그러나 사회 전반에서 보면 정부의 지원정책의 청신호와는 달리 많은 부분에서 환경적 변화로 많은 어려움을 겪고 있다. 현재 국내에서의 가장 큰 환경의 변화는 급속한 고령화와 함께 베이비붐 세대의 퇴직이 2010년 이후 본격화 되고 있다는 점이다.

[추정인구에 따른 베이비붐 세대의 은퇴자 규모 추정]

(단위 : 천명)

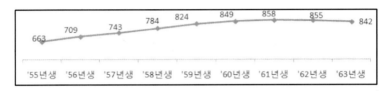

* 1. 55년생→56년생→57년생 등의 순으로 매년 순차적으로 정년퇴진 규모가 유발될 것으로 추정
  2. 자료: 통계청, 장래인구추계 (2009)

특히 베이비붐 세대(1955년~63년 출생자)는 약713만명(총인구의 14.6%)이며, 2011년 이후 3년간 150만명 이상이 퇴직할 것으로 예상되고 있고, 2000년에 65세 이상 인구비율이 7%이상인 고령화 사회로 이미 진입하여 이루어지고 있는 상태이다. 그리하여 2018년에는 본격적인 고령사회(14% 초과)로 진행될 것으로 전망하고 있다. 이는 우리나라의 핵심 노동인구인 25세부터 49세 까지의 연령대가 지속적으로 감소하여 잠재성장률에 부정적인 영향을 미칠 것을 보여주는 부분일 것이다.

[노동인구 전망치]

(단위: 명)

연도	‘15	‘21	‘25
명수	12,890	1,784	1,689

* 한국은행.통계청, ‘09.11월 자료 참조

[50대 이상 연간 퇴직자 쉬]

(단위: 명)

연도	‘07	‘08	‘09	‘10
퇴직자 수	459,005	523,218	680.957	748,607

* 자료: 국세청, 퇴직소득 원천징수 신고 현황 (‘07~‘10)

따라서 국가 산업 내에서 시니어의 경제활동 참가율의 증가가 두드러질 것으로 예상되고 있는데, 일반 기업의 내부에서는 고령화가 심화되는 가운데 평균 정년은 57세에 불과하고, 주된 일자리 평균 연령은 53세로써 조기 퇴직 관행이 지속되고 있기에, 퇴직 연령대 시니어들의 경제활동 참가율은 2000년 기준 59.3%에서 2011년 63.7%로 나타남으로써 지속적으로 증가하고 있는 추세에 있다.

[장년층(55~61세) 경제활동 참가율 추이]

(단위: %)

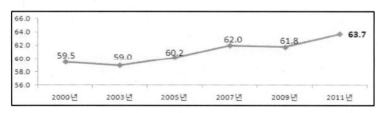

자료: 통계청(2012.03) 고용노동부. 경제활동 참가율 자료

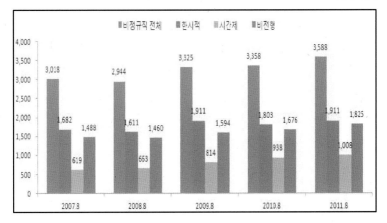

[40대 이상 비정규직 추이]

(단위: 천명)

* 1. 한시적 근로자 : 기간제.비기간제 근로자, 시간제 근로자 : 주당 36시간 미만 근로자, 비전형 근로자
   : 파견.용역.특수형태.재택.일일 근로자
  2. 자료: 통계청(2007~2011), 경제활동인구조사 근로형태별 부가조사

    2011년 통계청이 발표한 경제활동인구조사 및 근로형태별 부가
조사에서 비정규직의 분포는 2010년 동월 대비 6.8% 증가한 3,588
천명으로 나타나 시니어 계층의 경제활동 참가는 비정규직 비중이
증가추세로 재취업의 질이 저하되고 있는 것으로 나타났다.

[시니어 계층 창업 의향]

(단위: %, N=1,264)

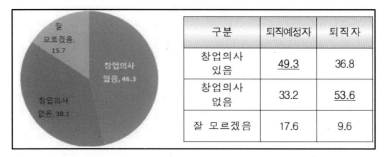

구분	퇴직예정자	퇴직자
창업의사 있음	49.3	36.8
창업의사 없음	33.2	53.6
잘 모르겠음	17.6	9.6

* 자료: 소상공인진흥원(2010), 2010년 시니어 실태조사

　이러한 사회적 환경 변화에서 퇴직한 시니어들은 재취업보다는 창업을 고려하는 추세로, 이는 앞으로 더욱 높아질 것으로 예상된다. 실제로 2010년 소상공인진흥원이 발표한 '2010년 시니어 실태조사'에서도 전체 조사 대상자의 약46.3%가 창업에 대한 의사가 있으며 퇴직 예정자가 상대적으로 퇴직자보다는 창업을 원하는 비중이 높게 나타나고 있다고 설명하였다.

　그리고 이러한 창업에 대한 추세에서 개인사업자부분은 매년 100만명에 육박하는 개인사업자가 신규창업을 하는 모습으로 전개되고 있는 상황이다.

[연도별 신규 개인사업자 추이]

(단위: 명)

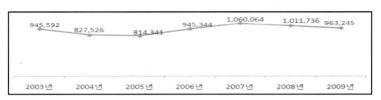

자료: 국세청(2009), 국세통계연보

　「연도별 신규 개인사업자 추이」를 통해서 개인사업자의 업종별로 살펴보면 도소매업(22.2%)과 음식·숙박업(10.3%)이 전체의 30% 이상을 차지하고 있다. 이는 대부분이 생계형 자영업에 종사하고 있는 상태로 나타나고 있으며, 아래의 「신설법인 동향」으로 법인 창업을 실시한 경우를 보면 생계형 창업보다는 제조업·지식서비스업 등 축적된 기술과 지식을 활용한 창업이 주류를 이루고 있는 상태로 보아 생계창업의 비중이 국내 대다수를 차지고 있음을 알 수 있다.

['09-'12 신설법인 동향]

(단위: 개, %)

구분	'09년		'10년		'11년		'12년	연 동기간
	계	1~2월	계	1~2월	계	1~2월	1~2월	편균증가율
신설법인 계(A)	56,831	7,891	60,312	10,003	65,110	9,909	12,444	19.2
40대이상 창업(B)	39,359	5,443	41,710	6,916	46,386	6,853	8,886	21.1
40대이상 창업비중 (A/B)	69.3	69.0	69.2	69.1	71.2	69.2	71.4	-

* 자료: 중소기업청

이러한 개인사업자에서 나타나는 현상의 원인은 여러 가지로 볼 수 있을 것이다. 최근에 나타나고 있는 글로벌 금융위기, 빈부격차 확대와 경기침체로 인한 실업 증대, 사회 불평등에 대한 심화로 인해서 지속가능한 발전(Sustainable growth), 복지, 나눔과 배려, 기업의 사회적 공헌 등이 그것이다. 새로운 사회경제적 이슈가 시장 근본주의로 인한 양극화 및 불평등의 심화와 더블딥의 경기침체를 해결하기 위한 자본주의 4.0의 필요성을 대두하고 있다27). 그리고 나아가 국내 기업간의 상생협력, 동반성장, 공생발전 등의 정책개념들이 진화되고 있는 자본주의 체제의 문제점을 해결하기 위한 여러 방안들이 등장하고 있다.28)

그러나 이러한 여러 방안의 등장보다 더 큰 부분은 현재 소상공인의 환경에서 나타나고 있는 변화의 주요 원인인 저 성장 경제의 장기화에 따른 국내 불경기의 지속되고 있는 부분이다. 2012년 9월 통계청에서 발표한 소비자물가지수는 2011년 동원대비 2.0% 상승한 것으로 조사되었으나 이는 연이은 태풍의 영향에 따른 농산물과 석유류의 가격 급등이 이 같은 상승세를 이끌어 낸 것으로 밝혀졌다.

---

28) 이장우, 한국형 동반성장 정책의 방향과 과제, 「중소기업연구」 제33권, 제4호(중소기업학회, 2011), 79-93p 인용

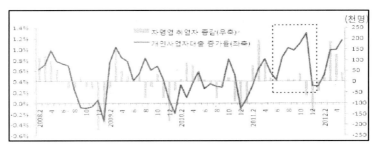

출처: 금융위원회, 가계부채 동향 및 서민금융지원 강화방안 2012년

　　OECD 주요 국가중에서 고용률 부분에서도 한국은 2012년 9월 OECD 비교 기준 64.5%로 주요 선진국인 미국(67.5%) 보다 낮은 것으로 조사되었다. 이는 기업들이 구조조정과 낮은 고용율로 인해서 창업으로 전환하는 인구가 급증하는 것이 추세임을 단면적으로 보여주는 것이다. 또한 자영업자가 급증함에 따라 은행 개인 사업자 대출 또한 빠르게 증가하고 있는데 연체율이 높은 주요 업종은 건설업과 도소매업, 그리고 숙박 및 음식업이고, 영세자영업자의 채무능력은 부실한 반면 각 금융권에서 다양한 고액 및 소액 대출 상품들을 내놓고 있어 부채가 증가하고 있는 상황이다.

[경기 악화 전망 이유]

구분		사례수	내수 침체	물가 불안	인건비 상승& 구인란	대기 업의 시장 잠식	업체간 과당 경쟁	자금 조달 애로	임대료 및 공과금 상승	환율 불안	판매 대금 회수 지연	대출 이자 부담 자중	기타
전체		410	46.6	16.8	8.3	7.6	6.1	3.4	2.7	1.7	1.7	0.7	4.4
업태	도소 매업	126	44.4	17.5	4.0	11.9	6.3	4.8	1.6	0.8	4.8	0.0	4.0
	수리 및 개인서 비스	102	53.9	10.8	5.9	8.8	5.9	4.9	2.9	3.9	1.0	0.0	2.0
	숙박 및 음식업	182	44.0	19.8	12.6	3.8	6.0	1.6	3.3	1.1	0.0	1.6	6.0

자료: 중소기업중앙회

실제로 중소기업중앙회에서 발간한 '2014년 소상공인 경기전망 결과 보고서'에 의하면 수리 및 개인서비스업에서 경기가 더욱 악화될 것으로 전망한 이유로 내수침체 대한 응답의 비중이 46.6%로 타 그룹에 비해서 상대적으로 높게 나타났다. 그밖에 물가불안(16.8%), 인건비 상승 및 구인란(8.3%), 대기업의 시장 잠식(7.6%), 업체 간 과대경쟁(6.1%), 자금조달 애로(3.4%) 등으로 나타났다.

이를 통해서 보면, 국내 소상공인들의 환경 변화에서 가장 큰 변화는 국내 내수침체의 장기화에 따른 불황기에서의 돌파구를 발견해야 하는 방향이 소상공인들이 맞이한 새로운 변화의 흐름이며 이러한 추세는 향후 지속적으로 나타날 것으로 보인다.

특히 현 취업 시장에서의 한계성과 경제활동의 방편으로 창업을 시행하게 되는 선택을 하는 악순환적인 고리가 주요 문제점으로 나타나고 있는 것인데, 국내의 퇴직은 55세 전후가 일반화됨에 따라 퇴직 시니어가 재취업을 하는데 있어서 취업분야, 연령제한 및 임금수준 등 적지 않은 어려움이 뒤따르고 있는 것이 현실이다. 고용정책 측면에서 시니어의 취업은 노후준비 등 생계유지를 위한 중요한 소득보장 수단이 됨에도 불구하고 당면한 청년실업 문제에 묻혀 중요 관심사로 부각되지 못함에 따라 시니어 취업시장의 활성화가 상대적으로 취약하고, 임금구조 측면에서 대부분의 기업은 연공서열형 임금구조이기 때문에 장기근속자는 능력과는 관계없이 고임금을 지불해야 하므로 고령층의 비율이 많을수록 기업은 인건비 부담이 과중해지는 문제가 발생하는 것은 당연할 것이다.

[고령자 교용촉진 활성화에 따른 애로사항]

(단위 %)

구분	전혀 그렇지 않다	그렇지 않다	그저 그렇다	그런 편이다	매우 그렇다
1. 고령자의 담당 업무를 마련하는 것이 쉽지 않다	8.3	30.6	22.2	25.0	13.9
2. 관리직의 경우 대우가 어렵다	-	8.3	30.6	38.9	22.2
3. 처우 결정이 어렵다	5.6	11.1	27.8	41.7	13.9
4. 고연령 사원을 활용하는 노하우 축적이 되어 있지 않다	8.3	11.1	50.0	19.4	11.1
5. 청장년층의 고용활성화가 저해된다	2.8	8.3	22.2	44.4	22.2
6. 인건비 부담이 증가한다	5.6	13.9	30.6	48.9	11.1
7. 생산성이 저하 된다	5.	11.1	47.2	36.1	-
8. 고연령자를 활용하기 위한 설비나 작업환경이 제대로 정비되어 있지 않다	5.6	22.2	55.6	16.7	-

자료: 고용노동부(2010), 정년연장 등 고령자 고용촉진을 위한 정책방안 연구 용역보고서

사회전반적인 측면에서도 국내 경기 불황으로 기업의 설비 투자가 줄어들고 있으며, 내수 감소에 따라 제품 공급은 감소하고, 값싼 노동력을 얻기 위해서 동남아 등지로 공장을 이전하여 일자리가 많지 않은 현상 또한 소상공인으로 창업을 시작하는 계기가 되고 있는 것 또한 이유이다.

[설비투자지수]

(계절조정, 2005=100)

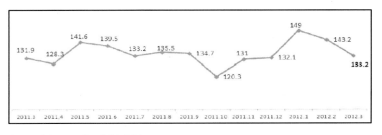

자료: 통계청(2012.03월), 설비투자지수

[고령자 경제활동 상태]

(단위:%)

연령	45-49세	50-54세	55-59세	60-64세	65-69세	70-74세	75세 이상
상용	29.4	23.6	16	10.5	4.4	1.3	0.2
암시	3.4	3.3	2/7	2.8	22	0.5	0.2
임용	5.2	5.6	4.2	4.7	22	1.3	4.3
사업	26	25.1	23.2	16.6	14.2	10.9	0.9
무급 가족	2.7	3.6	3.1	3.3	4	2.3	0.7
실업	5.8	5.3	6.1	5.1	3.3	2.4	0.5
임시 휴직	2.3	2.2	1.5	1.8	1	1	0.5
기타 비경활	25.1	31.2	42.9	54.9	68.3	79.5	92.6
전체	100	100	100	100	100	100	100

자료: 한국노동연구원(2010), 고령화연구패널의 조사결과 및 기초분석 보고

산업 내 변화의 측면에서 바라보면, 지식기반경제의 특성인 속도와 유연성이 중요해져 노동력의 다기능·고숙련을 요구하는 전문 직종이 확대되고 있으나, 재직 중에는 시간적, 비용적 제약 등으로 시니어들이 자기계발에 투자하기에는 현실적인 어려움이 있다. 이러한 취업시장의 한계로 인해 시니어를 중심으로 고령자의 일자리 질이 현격히 떨어질 수밖에 없으며, 「고령자 경제활동 상태」에서 나타난 바와 같이 연령이 증가함에 따라 임시, 일용, 무급가족종사, 실업, 임시 휴직 등의 비중이 크게 감소하지 않고 있는 것이다.

이는 인생의 중반기에서 불안정한 일자리에 있었던 사람들이 나이가 들어서도 소득을 보전하기 위해서 계속적인 불안정한 일자리

에 있거나, 또는 불안전한 일자리를 찾아 전전하고 있다는 것을 암시하는 것이며, 이러한 상황에서 창업을 통해서 소상공인의 길을 선택하고 있는 것으로 볼 수 있다.

제4장
소상공인 과제

Ⅰ. 애로사항

국내 소상공인들이 마주친 내수침체에 따른 장기불황속에서 많은 문제점들이 발생되고 있다. 특히 그중에서도 소상공인들에게 나타나는 애로사항들은 우리들이 함께 이해하고 해결해 나아가고자 하는 방향의 모색이 필요시 되는 부분이다. 본 장에서는 이 부분에 대한 여러 내용들을 이야기하고자 한다.

2013년 3월 23일 '소기업 및 소상공인 지원을 위한 특별조치법'에 의한 타법개정을 통해서 소기업 및 소상공인의 자유로운 기업활동을 촉진하고 구조개선 및 경영안정을 도모하고 균형있는 국민경제의 발전에 이바지함을 목적으로 새로운 방향이 만들어졌다. 그리고 2013년 12월 30일로 본 법에 대한 대통령령 제25050호에 의거한 법률의 특별조치법 시행령으로 2014년 1월 1일부터 '소기업 및 소상공인 지원을 위한 법률'이 만들어졌다.

이와 함께 정부에서는 소상공인에 대한 많은 자금부분과 경영부분에서 많은 혜택을 제공해 주고자 여러 제도가 신설되었다. 그러나 2014년 1월 1일 출범한 소상공인시장진흥공단에서는 소상공인의 대한 다양한 혜택을 보다 편리하고 쉽게 찾고 지원하기 위한 장치들이 생겨났지만 아직도 많은 소상공인들은 수많은 애로사항을 만나며 소상공인에서 퇴출(폐업)되어지고 있다. 이들의 애로사항은 무엇일까?

소상공인의 애로사항을 보다 쉽게 이해하기 위해서는 소상공인진흥원(2008, 現 소상공인시장진흥공단)과 박봉삼(2007)의 기존에 연구한 선행연구를 토대로 개업초기, 성장기, 성숙시, 쇠퇴기의 4가지 부분으로 나누어 '소상공인 애로사항'으로 접근 할 수 있다. 이러한 성장단계별로 각각의 애로사항들은 지원서비스 측면, 비재무적 성과 측면, 재무성과 측면으로 볼 수 있는데 이는 다음과 같다.

[소상공인 성장단계 & 성장단계별 애로사항]

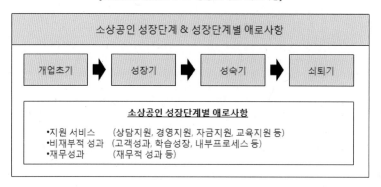

소상공인들에게 애로사항은 개업초기에만 발생하는 것이 아니라, 성장기와 성숙기에서도 발생되고 심지어는 업종 산업의 쇠퇴기 속에서 폐업을 시도해야 하는지 또는 다른 사업으로 전환을 해야 하는지 고민하는 순간에서도 애로사항이 발생되고 있다.

최근에 이러한 지속적인 애로사항에 대해서 해결해 주고자 '소상공인시장진흥공단'에서는 소상공인들이 문제점을 극복하여 지속적으로 성장할 수 있도록 지원하고자 '소상공인 지원포털'을 운영하고 있다. 소상공인지원포털(www.seda.or.kr)을 통해서는 상권정보, 소상공인 컨설팅, 각종 교육 등 많은 부분에서 지원이 이루어지고 있으며, 특히 교육, 컨설팅, 마케팅, 자금 부분에서 각종 프로그램을 통해서 소상공인을 지원하고 있다.

[소상공인 지원포털]

자료: 소상공인지원포털(www.seda.or.kr)

소상공인에 대한 각종 지원은 '소상공인지원포털' 내 '지원마당' 부분에서 확인 및 참여지원이 가능하다. 특히 교육관련 부분에서는 창업관련 부분과 상인 대학 및 대학원 등 고등교육까지도 지원하고 있으며, '신사업 육성지원'부분에서는 신사업에 대한 아이디어를 보급하거나 실제로 신사업을 사업화하는 것을 지원해주기도 한다. 이를 적극 활용한다면 소상공인들의 각종 애로사항들을 극복할 수 있을 것이다.

2010년 대한상공회의소와 통계청이 조사한 '2010년 전국소상공인 실태조사 보고서'에 의하면 대다수의 국내 소상공인들은 창업을 통한 성공보다는 생계유지를 위하여 창업을 실시하고 있고, 충분하지 않은 준비기간과 비전문적인 정부 채널에 의지하여 경영을 실시하고 있는 상태에 있다. 또한 소상공인들의 평균 창업비용은 6,570만원의 소자본창업으로 월150만원에 미치지 못하는 순이익을 발생하고 있고, 창업자금 대비 25.2%(부채비용 1,656만원)의 부채비율을 가지고 있는 상태여서 전반적인 소상공인들이 어려움을 가지고 있는 상황에 있다. 「2010년 가동사업자와 폐업자 존속연수」를 보면, 국내 소상공인은 연 평균 76.6만개 사업체가 새롭게 창업을 통해서 만들어지고 있으며, 75.2만개가 폐업을 하소 있는 상태에 있다. 좀 더 자세한 수치를 본다면 개인 신규사업체는 총 988.058개가 만들어지고 있는 것이며, 폐업체 수는 805.506개로 나타나고 있어서 국내 소상공인의 실태는 우리가 전반적으로 인지하고 있는 것보다 전반적으로 더 불안정하고 암울한 암흑기에 있는 상태이다.

(소매업과 음식업)

	소매업		음식업	
	가동사업자	폐업자	가동사업자	폐업자
총계	762,531개	170,034개	611,805개	176,065개
6월 미만	88,050개 11.5%	11,219개 6.6%	92,373개 15.1%	6,441개 3.7%
6월~1년	74,588개 9.8%	27,330개 16.1%	73,885개 12.1%	20,995개 11.9%
1~2년	105,579개 13.8개	49.522개 29.1%	102,630개 16.8%	54,325개 30.9%
2~3년	75,149개 9.9%	25.178개 14.8%	68.682개 11.2%	32.851개 18.7%
3~5년	103,943개 13.6%	23,834개 14.0%	93,127개 15.2%	30,490개 17.3%
5~10년	146,484개 19.2%	19,532개 11.5%	58,664개 9.6%	6,706개 3.8%
10~20년	133,982개 17.6%	11,026개 6.5%	58,664개 9.6%	6,706개 3.8%
20년 이상	34,756개 4.6%	2,393개 1.4%	6,819개 1.1%	668개 0.4%

※창업율(폐업율) = 업종별 창업(폐업)자 / 전체 창업(폐업)자 (일반+간이+면세)
※자료: 국세청, 국제통계연보 2011년

이는 장기적인 경지불황과 내수침체 그리고 공급과잉 등 여러 가지 요인들이 작용하고 있는 것이지만, 특히 소규모 창업의 시작에서 6개월 미만의 너무나도 짧은 단기간에서 준비되고 창업을 실시하는 대부분의 경우가 이러한 여러 문제점들이 나타날 수 있는 큰 취약점으로 작용하고 있는 것으로 보여 있다. 실제로 이러한 창업으로 인해서 최소한의 경쟁력을 갖추기 못한 경우가 많아지면서, 자연스럽게 자영업자 파산의 증가로 나타나고 있고, 이는 제조부분에서도 좋지 않은 모습이 나타나고 있다. 기업환경 선진화에 따른 창업절차 간소화는 시간과 비용절감의 장점이라는 측면 외에 성급하게 창업경정을 내리게 하고, 창업 자금을 대출해 주는 금융권에서 실행되고 있는 대부분의 창업대출은 신용 또는 담보 대출이 대부분인 상태로 상당부분에서 창업에 대한 내·외적인 요인들에서 창업자의 올바른 성장에서 부족함으로 보여질 수 있다.

그렇다면 이러한 상황속에서 창업에 대한 깊은 고민의 부족으로 창업을 실시한 많은 소상공인들은 어떠한 모습을 보이고 있을까? 아래의「은행 개입사업자 대출증가율. 자영업자 증감(전월비) 비교」를 보면 알 수 있는데, 국내 전체 취업자(2,513.3만명)의 23.3%가 자영업자 584.6만명인 것으로 집계되고 있다. 그리고 2011년 08월 이후로 자영업자의 증가세는 현재까지 지속되고 특히 50대 이상이 도소매 및 음식숙박업을 중심으로 빠르게 증가하고 있는 모습을 보이고 있다. 특히 2011년 하반기부터 은행 개입사업자 대출이 빠르게 증가되어 2012년 5월에는 165조원을 달성했는데, 업종별로는 부동산, 임대업, 도소매 및 음식숙박업의 개입사업자 대출비중이 높아지고 증가 속도도 대단히 빠르게 보이고 있다.

[은행 개입사업자 대출증가율: 자영업자 증감(전월비) 비교]

(단위 : 천명)

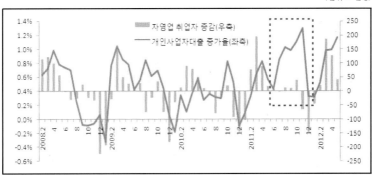

자료: 금융위원회 (2012)[29]

　특히 개인사업자 대출증가에서는 자영업자 증가와 은행에서의 개인사업자에 대한 대출영업확대가 복합적으로 작용한 것인데, 채무부담능력이 취약한데 반해 은행권은 자영업자에 대한 대출을 크게 늘리고 있어 부실화가 우려되고 있다. 채무상환능력 면에서 자영업자는 상용근로자에 비해 취약해지면서 연체율은 가계대출보다 높고, 중소기업대출보다는 낮은 수준으로 건설, 도소매·음식숙박업의 연체율이 다소 높은 상황이 지속적으로 나타나고 있다. 이는 자영업자들의 경기변동에 민감하게 반응하는 부분이 경제 여건이 더욱 어려워질수록 부실위험으로 빠지게 되는 ʼ저 성장 경제의 장기화ʼ에 대한 회복 불가능 위험에 빠질 수도 있다는 것을 보여주는 부분일 것이다.

　즉 이러한 저 성장 경제침체 장기화에 따른 소상공인의 가계대출증가에 대해서 부실위험의 노출이 심화되고 있는데, 이는 소상공

---

29) 관계부처 합동 (2012), 가계부채 동향 및 서민금융지원 강화방안

인 자신의 회복 불가능 상태로 빠지게 되는 악순환 고리가 끊어지지 않고 지속적으로 유지되고 회복되기 어렵게 되게 되는 요인으로 작용하는 것으로 볼 수 있다. 그렇기에 2012년 정부는 과거 서민 정책금융, 신용회복제도 등 서민금융 제도를 정비 및 확대를 통해서 서민에 대한 자금지원을 지속적으로 이행하고 있다.

[정부의 서민에 대한 자금지원 지속적 실시 사례]

○ 서민에 대한 우대자금 공급을 대폭 확대

○ 금융채무불이행자에 대한 신용회복 지원을 강화

○ 전환대출(바꿔드림론)을 통해 고금리 대출(20% 이상)을 은행권의 저금리(11% 내외) 대출로 전환하여 취약계층 금리부담을 경감

○ 대부업·여신금융회사 최고금리 인하, 카드 수수료 체계 개선 등을 통해 서민들의 금리·수수료 부담을 완화

자료: 금융위원회 (2012)

[서민금융 지원 강화 방안]

○ 햇살론 : 연간공급규모 5천억원 → 7천억원
　　　　　지원 금리도 신용도에 따라 2%p내외 수준으로 인하
　　　　　(現 10~13% → 개선 8~11%)

○ 새희망홀씨 : 연간공급목표 1.5조원 → 2조원
　　은행권에서 지원중인 새희망홀씨의 연간 지원규모를 5,000억원 추가확대(1.5조원 → 2조원)하고, 저신용·저소득자를 중점 지원
　　상환의지가 있음에도 소득증빙이 어려워 대출이
　　거부된 경우에는 별도 소득환산 인정기준을 마련하여 대출

○ 미소금융 : 연간공급목표 2천억원 → 3천억원
　　자영업자 자금수요 등을 감안, 대출한도를 증액 운용
　　전통시장 상인대출 활성화,
　　설·추석 긴급자금 지원 등을 차질없이 추진

○ 신용회복 : 소액대출 연간 1,000억원 → 1,500억원
○ 서민금융 접근성 강화
○ 은행권 청년창업재단 지원 확대
○ 서민 주거부담 완화 및 재산형성 지원

자료: 금융위원회 (2012)

위의 사례들처럼 정부는 소상공인에게 필요한 서민자금 부분에서 대출과 신용회복을 통해 경기 활성화를 도모하고자 많은 노력을 하고 있다. 그러나 개인사업자 대출이 빠르게 증가하는 상황에서 대출을 보다 장려하면서 이를 통해서 서민금융을 활성화 시키고 더욱 나아진 삶으로 발전하고자 하고 있는 것으로 보일 수 있다.

그러나 「소상공인 경영 애로사항」을 통해서 알 수 있듯이 자금적인 부분이 주요 문제의 한 원인으로 작용하는 것은 맞으나 자금부족, 판매처 부족, 인력수급부족 등 경영방법 등 내.외적인 요인이 복합적으로 작용하였기 때문에 발생된 것으로 봐야할 것이다. 특히 '자금부족(40.6%)', '판매처 부족(32.3%)', '인력수급부족'(11.9%)등으로 애로사항들이 나타난 것을 보면, 자금부족외에 판매처 부족이라는 요인을 함께 문제 원인으로 봐야할 것이며, 이에 대한 해결책은 매우 필요한 상황일 것이다.

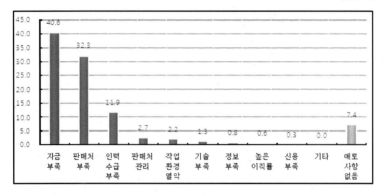

[소상공인 경영 애로사항]

(단위 : %)

※ base = 전체(n=8,008)

Ⅱ. 문제점

현재 국내 소상공인은 많은 애로사항을 가지고 있는 상태이다. 본 장에서는 이러한 애로사항에 대한 각 부분에서의 주요 문제점이 무엇인지 알아보고자 한다. 소상공인의 문제점은 크게 4가지 부분에서 볼 수 있는데 이는 생산, 마케팅, 인력 및 기술, 재무부분에서 이다. 각 부분에 대한 애로사항과 현황을 보게 되면 다음과 같다.

첫 번째로 생산부분이다. 2012년 기준 소공인 사업체의 제품생산 방식은 원자재구매 생산이 평균 57.4%, 임가공 생산이 평균 42.6%로 원자재구매 생산 비중이 약간 더 많은 것으로 나타나고 있는 상태이다. 업종별로는 대체로 원자재구매 생산을 통해서 대부분이 생산하고 있는 상태이며, '섬유제품'과 '의복·가죽·가방·신발'이 주요 업종이다. 또한 임가공 생산방식에서는 '1차금속·금속가공제품' 제조업이 높게 나타나고 있다.

[구매 및 납품·판매 거래지불방식]

(단위: %)

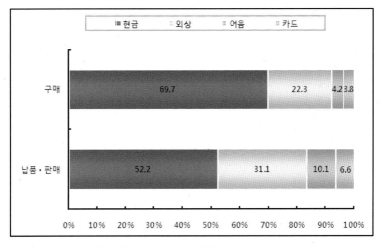

※ base = 무응답 제외 전체(구매 n=7,185 / 납품·판매 n=7,998)

특히 원자재를 구매하거나 제품을 납품·판매할 때의 거래지불방식에서 주로 '현금'을 통한 거래가 많은데, 현금 다음으로는 '외상' 거래를 통해서 원자재 구매가 많이 나타나고 있다.

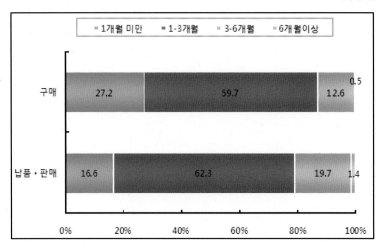

[구매 및 납품·판매 시 어음·외상 대금결제기간]

(단위: %)

| | ■1개월 미만 | ■1-3개월 | ■3-6개월 | ■6개월이상 |

구매: 27.2 / 59.7 / 12.6 / 0.5

납품·판매: 16.6 / 62.3 / 19.7 / 1.4

※ 구매 base = 어음·외상 구입 업체 중 무응답 제외(n=3,050)
※ 납품·판매 base = 어음·외상 납품·판매 업체 중 무응답 제외(n=4,907)

　　특히 공장설비를 통해서 운영을 하게 되는 업종에서 이러한 현상은 더 많이 나타나고 있는데, '가구' 제조업의 경우는 구매시 '외상'거래를 하는 비중이 48.9%이며, '인쇄·기록매체' 제조업에서도 납품·판매시 '외상'거래를 하는 비중은 56.2%로 높게 나타나도 있다. 또한 '기타기계·장비(20.1%)'와 '자동차·기타 운송장비(32.0%)' 제조업부분에서도 납품·판매시 '어음' 거래 비중이 다른 업종에 비해 높게 나타나고 있다. 외상거래와 어음을 통한 거래의 비중이 높다보니, 이는 자연스럽게 산업 내에서 어음과 외상의 대금결제 기간이 높아짐에 따라 원활한 운영자금의 부족성으로 소공인 사업체에 문제를 야기하고 있는 것으로 보여진다.

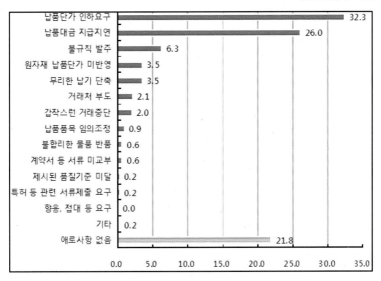

[매출처와 거래시 애로사항]

(단위 : %, 중복응답)

납품단가 인하요구	32.3
납품대금 지급지연	26.0
불규칙 발주	6.3
원자재 납품단가 미반영	3.5
무리한 납기 단축	3.5
거래처 부도	2.1
갑작스런 거래중단	2.0
납품품목 임의조정	0.9
불합리한 물품 반품	0.6
계약서 등 서류 미교부	0.6
제시된 품질기준 미달	0.2
특허 등 관련 서류제출 요구	0.2
향응, 접대 등 요구	0.0
기타	0.2
애로사항 없음	21.8

※ base = 전체(n=8,008)

　　또한「매출처와 거래시 애로사항」을 통해서 보면, 소공인 사업체들은 매출처와 거래 시 '납품단가 인하요구'(32.3%)가 발생하면서 애로를 겪는 업체가 많이 나타나고 있어서 '납품대금 지급지연'(26.0%)으로 인해 애로를 겪는 업체 또한 많이 나타나고 있는 상태이다. 대부분이 '납품단가 인하요구'와 '납품대금 지급지연'으로 어려움을 겪고 있지만 특히 '비금속·광물'과 '자동차·기타 운송장비' 제조업에서 '불규칙 발주'로 인한 어려움을 겪는 업체가 다른 업종에 비해 상대적으로 많으며, '자동차·기타 운송장비'와 '가구' 제조업은 '원자재 납품단가 미반영'으로 인해 어려움을 겪는 업체가 상대적으로 많은 것으로 나타나고 있다. 이는 소공인 사업체의 생산부분에서 전반적인 거래 문제들이 나타나고 있는 것으로 보여진다.

두 번째는 마케팅 부분이다. 2012년 기준 소공인 사업체의 주 판매처 수는 다음과 같다.

[주 판매처 현황]

(단위 : %)

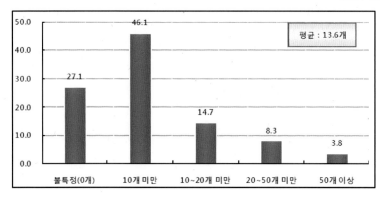

※ base = 전체(n=8,008)

소공인 사업체의 주 판매처 수는 평균 14개 정도를 보유하고 있으며, 업종별로는 '화학제품・의약품' 제조업의 주 판매처가 평균 36개로 가장 많이 가지고 있다. 반면에 '의복・가죽・가방・신발'과 '자동차・기타 운송장비' 제조업은 주 판매처가 각각 평균 6개로 가장 적은 것으로 나타나고 있는 상태인데, 이것은 주로 마케팅 능력의 취약함 때문인 것으로 보여진다. 마케팅 능력에서 취약한 부분에 대해서는 다음과 같다.

(단위 : %)

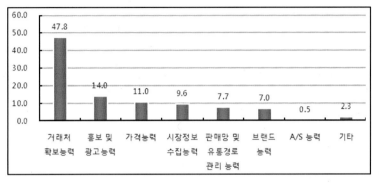

※ base = 전체 중 무응답 제외(n=8,004)

업체별로 마케팅 능력 중 취약분야에 대해서는 '거래처 확보능력 (47.8%)'에서 업체별 과반 가량에서 취약한 것으로 나타나고 있다. 또한 '홍보 및 광고 능력(14.0%)'과 '가격능력(11.0%)' 그리고 '수요 예측 등 시장정보 수집능력'(9.6%)' 등에서도 취약한 것으로 나타나고 있는 상태이다. 이러한 취약성에서 업종별로 보게 되면, 거의 모든 업종에서 '거래처 확보능력'이 가장 취약한 것으로 나타난 가운데에 '비금속 광물' 제조업부분은 '브랜드 능력'이 취약하고, '가구' 제조업부분은 '가격능력'과 '브랜드 능력'이 많이 취약한 것으로 나타나고 있다.

[홈페이지 구축 여부]

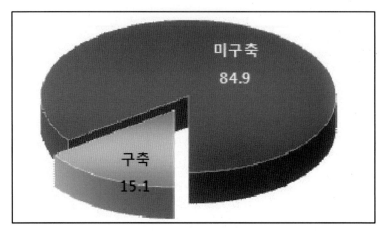

※ base = 전체(n=8,008)

[컴퓨터 활용능력]

(단위 : %)

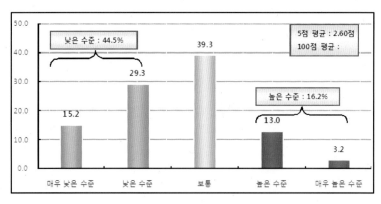

※ base = 전체(n=8,008)

또한 소공인 사업체 중 기업 홈페이지를 구축하고 있는 업체도 전체의 약15.1%로 낮게 나타나고 있으며, 컴퓨터 활용능력에 대해서도 '낮은 수준'으로 평가되는 업체가 44.5%로 나타나고 있다. 이는 전반적으로 대부분의 산업에서 기본적인 기업의 IT활용 부분에서 약세한 모습을 보이고 있다.

세 번째로 인력 및 기술 부분이다. 2012년 기준 소공인 사업체의 인력은 다음과 같다.

[고용형태별 인력현황]

(단위: %, 명)

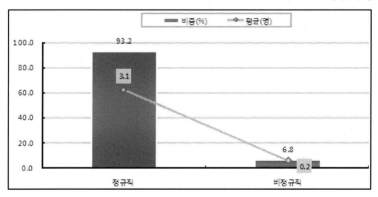

※ base = 전체(n=8,008)

「고용형대별 인력현황」을 보면, 소공인 사업체의 '정규직'은 93.2% 정도를 보이고 있으며, '비정규직'은 6.8%로 대부분 정규직원을 채용하고 있는 것으로 나타나고 있다. 또한 평균 종업원 수는 '정규직' 3.1명, '비정규직' 0.2명으로 나타나고 있어 전반적으로 사업체들이 영세한 상황임을 알 수 있다.

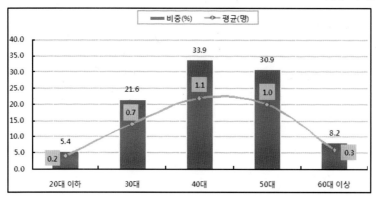

[연령별 인력현황]

(단위: %, 명)

※ base = 전체(n=8,008)

　　특히 「연령별 인력현황」을 통해서 보면, 종업원 연령대는 '40대'
가 전체의 33.9%로 가장 많았으며, 다음으로 '50대'가 30.9%로 많
은 것으로 나타나고 있어 정년퇴직 이후의 중장년층에서의 인력들
이 대거 소공인 산업내로 유입되는 것으로 보여지고 있다. 또한 종
업원 중에서 외국인 종업원을 고용하고 있는 업체는 5.9%로 나타
났으며, 기술인력 중 숙련자는 '1~2명'인 업체가 69.3%로 대부분
을 차지하고 있고, 평균 2명의 숙련자를 보유하고 있는 것으로 보
아 국내 소공인 사업체에서 부족한 인력 부분을 외국인 종업원이
충원하고 있는 상황으로 보여진다. 또한 인력부분에서 추가적인 인
력이 필요한 업체가 26.6%로 나타나고 있어서 대부분의 업체에서
추가적인 인력이 필요 없는 상태에 있다. 이는 산업 내 전반적인
소공인의 사업체의 성장이 정체되어있거나 반대로 점차 쇠퇴하고
있는 상태임을 짐작 해 볼 수 있다.

(단위: %, 명)

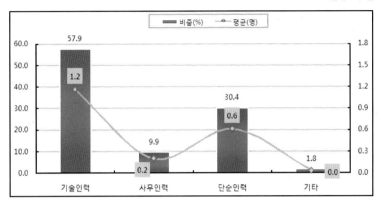

※ base = 추가인력이 필요한 업체(n=2,127)

소공인 사업체 중 추가적으로 인력이 필요한 경우에서도 '기술인력'에 대한 요구가 57.9%로 가장 많이 나타나고 있으며, 다음으로 '단순인력'(30.4%), '사무인력'(9.9%) 등의 순으로 나타나고 있어 전반적으로 소공인 사업체의 성장을 위한 기술부분에서의 새로운 인재 공급이 매우 필요한 상태임을 알 수 있다.

또한 「2012년 기준 소공인 사업체의 교육훈련 인식 조사」 내용을 통해서 보면, 소공인 사업체의 대부분이 '작업현장훈련(OJT)'을 통해 종업원 교육훈련을 시키는 업체가 전체의 60.1%로 나타나고 있으며 교육훈련부분에서 비교적 원활한 것으로 보여지고 있으나, '자동차·기타 운송장비'와 '가구' 제조업에서는 80% 이상의 업체가 종업원 교육훈련을 시키는 것과 달리, '식음료', '의복·가죽·가방·신발', '목재·펄프·종이', '인쇄·기록매체', '기타제품' 제조업은 교육을 실시하지 않는 업체가 40% 이상으로 나타나고 있어서 소공인 사업체의 전반적인 교육훈련 시행이 아닌 불균형적인 특정 산업에서의 교육훈련이 이행되고 있는 상태로써 산업 내 전반적인 교육훈련의 보편화가 필요한 상태로 보여진다. 특히 소공인 산업의 불균형적 교육훈련의 원인은 사업체 운영자들의 잘못된 인식이 주요 원인으로 보여지는데, 교육훈련을 시키지 않는 이유로 '업무특성상 의미가 없기 때문'(57.5%)이라는 응답이 가장 많았고, '적합한 교육프로그램 및 교육기관이 없어서'(17.2%) 시키지 못하거나, '업무공백이 우려되어서'(13.0%) 교육을 시키지 못하는 등의 다소 높은 응답들은 사업체 운영자들의 인식의 문제성을 잘 보여주는 부분일 것이다. 업종별로도 대체로 업무특성상 의미 없어서 교육을 시키지 않는 업체가 많은 가운데, '자동차·기타 운송장비' 제조업의 경우는 '적합한 교육프로그램 및 교육기관이 없어서' 교육을 시키지 못하는 비율이 41.7%로 가장 높게 나타났다. 반면 인력을 확보하는데 애로사항은 '높은 임금'이라는 응답이 38.0%로 가장 많으며, '잦은 이직'이 13.5%로 나타나는 것으로 나타났다. 이는 소공인 사업체에서 인력부분에 대한 재직자 임금 및 복지수준 지원제공, 소공인에 대한 인식개선, 소공인 사업체에 부합한 필요인력 양성이 필요한 상황임을 알 수 있다.

네 번째로 재무 부분이다. 2012년 기준 소공인 사업체의 연 평균 매출액은 2009년 4억8,731만원, 2010년 5억342만원, 2011년 5억1,686만원으로 매년 약 2~3% 정도 증가하고 있는 모습을 보이고 있다. 업종별로도 '화학제품·의약품' 제조업의 평균 매출액이 10억원

이상으로 가장 높고, '식음료'와 '인쇄·기록매체' 제조업은 평균 2억
원 미만으로 가장 낮게 나타났다. 또한 '인쇄·기록매체'와 '가구'
제조업에서는 3년 연속 매출액이 감소한 것으로 나타났으며, 이는
매출액의 주된 감소 원인이 전반적인 경기침체로 인한 수요 감소
인 것으로 보여진다.

[매출액의 주요 지출 현황]

(단위: %, 명)

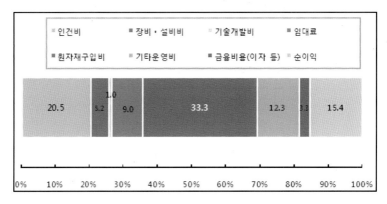

※ base = 무응답 제외(n=7,842)

　　소공인 사업체의 매출액부분에서 지출항목 중 가장 많은 비중을
차지하는 것은 '원자재 구입비'인데, 이는 평균33.3%의 비중을 차
지하는 것으로 나타나고 있다. 또한 '인건비'가 20.5%, '순이익'이
15.4%, '기타운영비'가 12.3% 등의 순으로 나타나고 있는데, 이는
소공인들이 매출 대비 순이익 비중이 낮은 것으로 볼 수 있다.

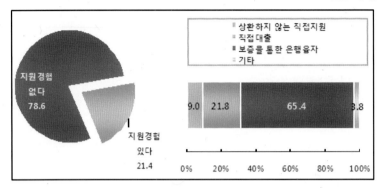

[정부로부터 받은 지원자금 형태]

(단위: %, 명)

■ 상환하지 않는 직접지원
■ 직접대출
■ 보증을 통한 은행융자
▨ 기타

지원경험
없다
78.6

지원경험
있다
21.4

9.0 21.8 65.4 3.8

0% 20% 40% 60% 80% 100%

※ 정부자금 지원 여부 base = 전체 중 무응답 제외(n=7,988)
※ 정부 지원자금 형태 base = 정부자금 지원받은 업체(n=1,710)

또한 현재 소공인 사업체들은 정부지원 자금 경험이 21.4%로 낮게 나타나고 있으며, 그나마 지원자금 형태도 '보증을 통한 은행융자'가 평균 65.4%로 나타나고 있다. 그리고 이렇게 지원받은 자금은 주로 '운영자금'(61.1%)이나 '시설자금'(32.8%)으로 사용되고 있는 상태에 있다.

분명히 금융지원에 대한 부분은 매우 중요한 부분일 것이다. 그러나 자금부분에 대한 해결만으로는 기업성장을 위한 해결책으로는 부족함이 있는 것도 사실이다. 한 언론사에서는 생계형 자영업자들을 상대로 설문조사를 한 결과 32%가 경쟁업체 난립으로 어려움을 겪고 있으며, 이는 도소매업(28.5%), 숙박 및 외식업(21.0%)등 저부가가치 시장에서 나타나는 레드오션 시장의 쏠림현상 때문으로 지적 했다. 즉 소상공인의 기업성장에서 이러한 외부적 영향에 접하면서 발생되는 문제들에 대하여 단순한 일차원적인 지원에서 끝나는 것이 아니라 창업을 시행하는 소상공인에 대한 기본적인 관점에서 부터 시작하여 지속적인 발전을 위한 통합적인 해답을 찾는 것이 필요할 것이다.

대부분의 소상공인들의 인식은 생계중심형 소규모 상업을 목적으로 실시하는 것이 대부분이다. 앞의 '소상송인 애로사항'에서 잠시 예기했듯이 이들에 대한 주요 잘못된 인식들은 (1)자금 부족 (2)유통망 확보에 대한 초기 고려 부족 (3)퇴직 후 재취업에 실패하고 다시 경제활동을 시작하기 위한 선택으로 볼 수 있고, 충분하지 못한 준비를 통한 무리한 창업을 시작하려는 자세에서부터 문제가 시작되는 것으로 볼 수 있다.

자금부족에서 발생되는 소상공인 창업자들의 인식에 대한 문제점들은 소상공인지원센터에서의 사례들을 통해서 살펴보면 보다 쉽게 그 심각성을 이해 할 수 있을 것이다.

첫 번째로 점포의 문제점을 단순하게 (1)자금부족으로 보고 해결하려는 자세에 대한 사례이다.

> 미용 경력 17년차의 전문미용사로 당 센터를 방문하기 얼마 전까지 만해도 서산시 예천동 주공아파트 상가에서 세은 미용실을 운영하며, 친정 어머님과 남동생(정신자체5급)을 부양하며 세 자녀를 가르치면서 크게 부족함 없이 생활하고 있었다. 그러나 서산 시내 주공아파트 개발과 주변 신규상가입점은 경쟁심화로 이어져 매출하락과 가격인하에 의한 수익성감소로 이어져 매월 생활비를 점포수익에 의존하던 상담의뢰인은 도저히 견딜 수 없는 지경에 이르렀다. 고민과 번민을 거듭하던 차에 기존 정책자금을 지원 받았던 지인으로부터 소상공인지원센터를 소개 받았고 몇 번의 망설임 끝에 당 센터를 방문하게 되었다. 주요 목적은 당장의 어려움을 면하기 위해서 무언가 해야 한다는 대명제만을 가지고 있었고, 센터 방문 동기는 단순 운영자금을 신청하기 위한 것이었다. (최초상담: 2011. 04. 01)

위를 사례를 보면서 알 수 있듯이, 단순한 자금의 투자만으로 매출부진을 극복하려는 모습을 볼 수 있는데, 이러한 잘못된 인식에서 나타나는 모습과 행동들은 대부분의 소상공인 또한 마찬가지일 것이다.

두 번째로 (2)창업 전 유통망 확보에 대한 사업초기에 고려가 부족성에 대한 행동으로 이에 대한 해결하려는 자세에 대한 사례이다.

중소기업중앙회에서 2009년 7월 SSM 입점에 따른 주변 소상공인 피해실태를 조사한 결과[30])에 의하면 현재의 경영상태에 비추어 얼마나 버틸 수 있겠는지에 대한 조사에서 3개월 미만이라는 업체가 24.1%, 3개월~6개월 미만이라는 업체가 17.1%로 6개월 미만이라는 응답이 41.2%로 나타났다. 또한 SSM 입점이후 일(日) 매출액이 평균 30.8% 감소하여 심각한 피해를 입고 있고, SSM 주변 소상공인의 87.2%가 앞으로 경영상황을 부정적으로 전망하고 있는 것으로 조사되었다. SSM 주변 중소상인들은 덤핑판매 수준의 가격할인, 사은품 제공 등의 과도한 호객행위, 무차별 전단지 배포 등 SSM의 상권 잠식 전략으로 인해 심각한 어려움을 겪고 있는 것으로 조사되었다.
따라서 SSM의 경우에 골목 슈퍼, 상점, 전통시장 등과 거의 동일한 상품을 취급하기 때문에 SSM 입점으로 인한 시장잠식이 큰 문제점으로 나타났다. 2013년 1월 중소기업중앙회의 중소기업 금융이용 애로실태조사 결과를 보면[31]) 2013년도 중소기업의 자금수요는 2012년에 비해 증가할 것이라는 응답이 27.0%, 감소는 16.0%로 나타났다. 또한 2013년의 조달자금의 주요 용도로는 원부자재 구입이 34.7%로 가장 많았고, 설비투자가 29.7%, 인건비 지급이 13.6%, 부채상환 및 기술개발이 각각 11.0%로 조사되었다. 따라서 향후 판매부진 및 판매대금 회수 지연 등과 장기불황형 자금부족이 문제점으로 대두될 것으로 볼 수 있다.

---

30) 중소기업중앙회에서 전국 54개 SSM 주변 소상공인(수퍼마켓, 야채/청과, 정육점 등) 226곳의 현장을 직접 방문하여 SSM 입점으로 인한 영향과 부당·피해 사례 등을 조사한 결과임. 중소기업중앙회, 홈페이지(http://www.kbiz.or.kr), 2013. 1

위의 사례처럼 소상공인들은 대부분 해당 지역 상권에서 대형 SSM의 진입을 통한 유통구조의 변화와 새로운 환경에 대해서 사전에 충분한 준비와 적응이 부족한 상태에 놓여있다. 이는 창업 이전에 충분한 지역상권에 대한 유통부분에 대한 변화와 깊은 이해 및 고려에 대해서 부족함이 만들어 낸 부정적인 결과들로 볼 수 있다. 그렇지만 더 중요한 것은 이러한 악조건의 상황들은 더욱 심화될 것이며 많은 소상공인들은 유통망에서의 경쟁력 저하로 인하여 많은 시장에서의 도태현상이 증가하게 될 것이라는 점이다.

세 번째로 (3)퇴직 후 재취업에 실패하고 다시 경제활동을 시작하기 위한 선택으로 무리한 창업을 시작하는 자세에서의 문제이다.

생계유지를 위한 창업은 갈수록 늘고 있지만 사업자들의 월평균 매출액은 오히려 줄어든 것으로 나타났다.

중소기업청은 29일 전국 16개 시·도의 13개 주요업종 사업체 1만490개를 대상으로 실시한 '소상공인 실태조사 결과'를 발표했다. 소상공인의 경영 현황을 비롯해 각종 애로사항 파악 및 정책개선 등을 위해 실시된 이번 조사에서 응답자의 82.6%는 창업동기를 묻는 질문에 '생계유지'라고 답했다. 이는 2007년 79.2%, 2010년 80.2%를 기록한 데 이어 생계유지를 위해 창업을 선택하는 경우가 지속적으로 늘고 있음을 보여줬다. '성공 가능성이 있어서'라고 답한 비율은 14.3%에 머물렀다.

조사결과에 따르면 월평균 매출액이 877만원으로 2010년(990만원)에 비해 감소했지만 월평균 영업이익은 187만원으로 2010년(149만원)에 비해 증가했다. 월평균 순이익은 2010년 149만원에서 올해 187만원으로 늘어났다. 이는 2007년(181만원) 수준으로 회복한 것이다.

---

31) 중소기업중앙회, 홈페이지(http://www.kbiz.or.kr), 2013. 1

중소기업청은 매출액 감소에 대해 "전체 소상공인 수 증가에 따른 사업체당 매출 감소와 경기상황을 고려한 소비심리 위축 등이 복합적으로 작용한 것으로 보인다"고 분석했다.

자료에 따르면 소상공인은 2010년 275만명에서 2011년 283만명으로 늘었지만 시민들의 평균소비 성향(소득 중 얼마만큼 소비에 지출 하는가를 나타내는 지표)은 2010년 76.5%에서 올해 73.1%으로 줄었다. 업체들이 답한 매출 감소이유 역시 '주변 소형업체와의 경쟁심화'라는 답변이 41.8%로 가장 많았고 '경기침체'(14.6%)·'주변 대형업체' (13.1%)·'인터넷·TV홈쇼핑'(9.8%) 순이었다.

사업주의 고령화도 두드러지게 나타났다. 조사대상 소상공인의 평균 연령은 50.6세(남성 57.2%·여성 42.8%)였으며 40대 이상 사업주 비율도 2007년 81.7%에서 올해 87.1%로 증가했다. 업주 외 평균 종사자 수는 2007년 1.05명에서 올해 0.88명으로 줄었다.

자료: 영남일보

위의 세 가지 사례를 통해서 알 수 있듯이, 창업은 충분한 사전 준비를 통해서 시작되어도 실패할 위험성이 높은 것이 일반적이다. 이는 막연하게 경제활동을 위한 선택으로 시작하는 것은 많은 위험성을 야기하는 것이고 또한 잘못된 인식으로 창업에 접근하는 것이 된다. 위의 세 가지 사례처럼 과거의 경제활동에 사로잡혀 단순하게 새로운 경제활동에 대한 기쁨만을 생각하고 창업을 시작하기보다는 장기적인 관점에서 경제활동을 통해 새로운 일자리를 만들어내고 훌륭한 기업을 만들어내겠다는 '기업가정신(Entrepreneurship)'을 바탕으로 이행하는 것이 절실히 필요하다는 것을 알 수 있는 부분이다. 또한 새로운 신규 판매채널을 확보하기 위해서는 소상공인들이 국내만 머무르는 것이 아닌 해외로의 판매채널을 개척하기 위해서 도전해야 하는 것은 매우 중요한 부분일 것이다.

제5장

동반성장(대기업&
중소기업&소상공인)

Ⅰ. 동반성장의 개념

하버드대학의 마이클 포터 교수는 국가정책의 목표는 단순히 일자리를 창출하고 고용률을 높이는 것이 아니라 고임금을 안정적으로 보장하는 일자리를 만들어 국민들에게 수준 높은 삶을 보장하는 것이라고 했다. 이는 기업의 혁신을 유도하는 정책과 인프라가 구축된 사회에서 국가의 생산성이 높아질 때 가능하다. 우리는 먼저 지속가능한 경쟁력을 확보하고 파이를 키워 분배해야 한다. 강한 늑대와 강한 사슴이 공존하는 산업생태계가 되어야 하는 것이다. 분배는 동반성장정책이 아닌 조세제도의 개혁으로 이루어져야할 것이다. 이러한 측면에서 볼 때 동반성장은 국가정책의 목표를 실현하고 기업의 혁신을 이루어내어 올바른 산업생태계를 창출해내는 하나의 방법으로 활용되고 있다. 본 장에서는 동반성장에 대해서 자세히 알아보도록 하겠다.

A. 동반성장 이란?

동반성장이란 대기업과 중소기업이 단기적인 이윤극대화를 추구하는 경우 중소기업의 생존기반이 약화되어 기업생태계의 위기를 만들 수 있기 때문에 기업 간에 중장기적인 관점에서 기업생태계를 보존하고 진화해 가기 위한 상호협력 행동을 말한다.

B. 동반성장의 필요성

동반성장의 필요성은 크게 세 가지 부분에서 볼 수 있다. 첫 번째는 기업의 경쟁력차원, 두 번째는 국민경제차원, 세 번째는 우리사회의 통합차원에서 이다. 동반성장은 대기업, 중소기업, 소상공인이 함께 발전할 수 있는 가능성을 보여주는 것으로 매우 중요한 부분 중 하나이다. 동반성장의 필요성을 자세히 알아보면 다음과 같이 볼 수 있다.

첫 번째로, 기업의 경쟁력 차원(지속가능한 글로벌 경쟁력 확보 수단)이다. 기업의 경쟁력 차원에서 산업의 융·복합화 추세와 기술의 복잡성 확대 등으로 단일 기업 혼자 모든 것을 하기 어려운 시대가 도래하여 글로벌 경쟁의 양상이 단일 기업 간의 경쟁에서 기업네트워크간의 경쟁으로 전환되었다. 이에 따라 협력 중소기업의 역량강화와 대기업과 협력중소기업 간의 신뢰 구축이 필요하게 되었고, 공정한 경영 등 기업의 사회적 책임에 대한 국제적인 요구 수준이 강화되어 사회적 책임의 이행이 글로벌 기업의 필수적인 경영전략으로 대두되었다.

두 번째로, 국민경제차원(지속적인 성장동력과 일자리 창출의 필수 요건)이다. 국민경제차원에서 국내 대기업은 세계적인 수준의 경쟁력을 확보하였지만, 중소기업을 포함한 전반적인 산업 생태계의 경쟁력은 아직 미흡한 실정이며, 대기업 중심의 경제성장은 지속적으로 성장동력을 확보하고 양질의 일자리를 창출해 나가는데 한계가 있다. 따라서 지속적인 성장동력과 양질의 일자리 창출을 통한 우리경제의 선진화를 위해서는 동반성장 전략이 필요하다.

세 번째로, 우리사회의 통합 차원(공정한 사회의 초석)이다. 우리사회의 통합 차원에서 대기업과 중소기업 간의 불공정 거래관행은 사회적 자본으로서의 신뢰기반을 약화시키고 사회의 통합을 저해하고 있다. 따라서 대·중소기업의 동반성장은 기회의 균등과 공정한 경쟁, 노력에 따른 성과공유가 이루어지는 공정한 사회의 경제적 토대를 제공한다.[32]

---

32)「대·중소기업 동반성장 추진대책」(중소기업청 보도자료, 2010. 9. 29.), 1면 ～ 2면 참조

[대·중소기업 동반성장 추진 전략의 기본방향]

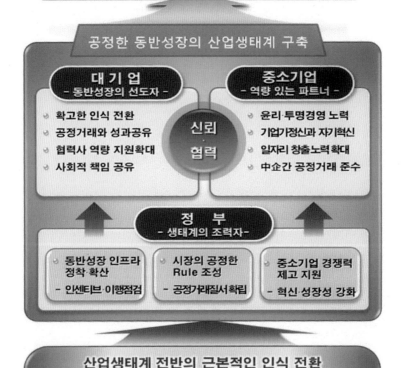

자료:「대·중소기업 동반성장 추진대책」제3면 참조

　　2011년 산업통상자원부장관이「대·중소기업 상생협력 촉진에 관한 법률」제4조에 따라 수립한「대·중소기업 동반성장 기본계획」이 발표되었다. 이 안건 내에는 민간중심의 동반성장 추진체계 확립 및 지속적인 점검, 거래 공정성 향상 및 거래질서 개선, 중소기업을 역량있는 동반자로 육성, 동반성장의 전면적 확산의 네 가지 방향을 주요 내용으로 담고 있다. 이러한 기본계획에 따라 대·중소기업 상생협력 추진을 위한 대·중소기업 동반성장 시행계획을 2012년부터 시행하고 있다.

[동반성장 주요 제도][33]

중점사항	주요 지원제도	내 용
동반성장 인프라 구축	동반성장 지수	정부에서는 대·중소기업 간 동반성장을 촉진하기 위해 대·중소기업 간 동반성장의 수준을 평가하여 계량화한 지표인 동반성장지수를 산정·공표하고 있다.
	성과공유제	수탁기업이 원가절감 등 수탁·위탁기업 간에 합의한 공동목표를 달성할 수 있도록 위탁기업에 지원하고 그 성과를 수탁·위탁기업이 함께 공유하는 계약모델인 성과공유제를 도입하고 있다.
	중소기업 적합업종 지정	중소기업과 대기업의 합리적인 역할분담을 유도함으로써 중소기업의 사업영역을 보호하기 위해 중소기업 적합업종·품목제도를 시행하고 있다.
	동반성장 포상 등	대·중소기업 상생협력을 촉진하기 위해 상생협력 우수기업 및 상생협력우수기업 등을 선정하여 포상하고 있으며, 선정된 상생협력우수기업 등은 사업 대상자 선정 시 가점 등의 우대조치를 받을 수 있다.
공정거래 질서 확립	수·위탁거래 공정화	공정한 수탁·위탁거래 문화를 조성하기 위해 「대·중소기업 상생협력 촉진에 관한 법률」이 시행되고 있습니다. 또한 매년 수·위탁거래 우수기업을 선정하여 우수기업에 대해 지원을 하고 있다.
	하도급거래 공정화	공정한 하도급거래의 관행 정착을 위해 「하도급거래 공정화에 관한 법률」이 시행되었으며, 이에 따라 원사업자와 수급사업자가 대등한 지위에서 상호보완적으로 균형있게 발전할 수 있다.
	중소기업 기술보호	수·위탁기술거래 과정에서 수탁기업(중소기업)의 기술자료 등을 대·중소기업협력재단에 임치함으로써 수탁기업(중소기업)의 기술유출을 방지하고 위탁기업(대기업)의 안정적 사용을 보장하도록 하는 기술자료 임치제도를 통해 중소기업 기술을 보호하고 있다.

---

33) 「2012년도 대·중소기업 동반성장 시행계획」(지식경제부 고시 제2012-81호, 2012. 4. 18. 발령·시행)

동반성장 지원	기업간 동반성장 지원	기업 간의 동반성장을 지원하기 위해 중소기업청에서 는 중소기업간 협업사업, 대·중소기업 상생협력, 대· 중소기업 해외시장 동반진출 등의 지원을 하고 있다.
	기술협력 활성화 지원	대·중소기업 간에 기술협력을 활성화하기 위하여 중소 기업청에서는 구매조건부 신제품 개발, 민·관 공동투 자 기술개발, 생산성혁신 파트너십, 학·연 보유기술 직 접사업화, 뿌리산업 기술협력 강화 등을 지원하고 있다.
	조세특례	동반성장과 관련하여 상생협력 중소기업으로부터 받은 수익배당금의 익불금산입 및 대·중소기업 상생협력을 위한 기금 출연 시 세액공제 등의 지원을 하고 있다.

앞에서 보여준「대·중소기업 동반성장 기본계획」을 보면 알 수 있듯이 대기업과 중소기업 그리고 소상공인간의 동반성장에 관한 중요성은 매우 증가하고 있다. 그렇지만 대기업과 중소기업의 동반성장 대비 영세한 소상공인에게 동반성장은 그 의미의 전달과 행동이 매우 어렵고 접근하기 어려운 부분이다.

2014년 중소기업중앙회에서는 중소기업 최고경영자(CEO) 300명을 대상으로 '박근혜 정부 출범 1년, 중소기업정책에 대한 의견조사'를 통해서 중소기업 정책평가를 100점 만점으로 평가하게 했다. 평가는 64점에 그쳐 국정운영에 전반에 대한 평가(70점)보다 낮았다. 지난 1년 동안 다소 부족했던 중소기업 정책분야를 꼽아달라는 질문에 전체의 34.4%는 대·중소기업 동반성장이라고 답했다. 이어 자금·세제 지원(23.4%), 소상공인·전통시장 지원(14.4%), 판로확대(10.7%) 순이었다. 중소기업 현안 중 우선 해결해야 할 과제로는 대·중소기업 간 '갑을 문화' 개선이라는 응답이 36.3%로 가장 많았다. 통상임금·근로시간 등 노동문제 해결(15.7%), 불합리한 대출관행 개선과 생산현장 인력부족 해결(이하 13%)로 조사되었다.

C. 동반성장위원회

동반성장에 대한 중요성과 사회적인 인식이 증가하게 되자, 대·
중소기업간 사회적 갈등문제를 발굴하고 논의하여 민간부분의 합
의를 도출하고 동반성장 문화 조성 확산의 구심체 역할 수행을 목
적으로 2010년 12월 '동반성장위원회'가 설립되었다.

동반성장위원회에서는 크게 6개의 기능 및 역할을 수행하고 있
다. 산업계에서의 대·중소기업간의 동반성장 분위기를 확산시키고,
대기업의 동반성장지수를 산정 및 공표하여 이를 도모하게 분위기
를 조성하고, 중소기업의 적합 업종·품목 기준 마련·지정·점검
을 실시하고, 대·중소기업간 거래상, 업종간 갈등요인 발굴하여 사
회적 합의를 도출하고 있다. 또한 국내 동반성장 성공모델 발굴 및

[동반성장 기능 및 역할]

자료: 동반성장위원회 참조

우수사례 확산을 실시하여 동반성장에 대한 분위기를 조성함과 동시에 대·중소기업 대표 단체들간 소통의 중추적 역할 및 규범준수 교육을 실시하면서 범 차원적인 동반성장을 도모하고 있다.

동반성장위원회에서 동반성장을 실현하기 위한 부분으로 '성과공유제'를 실시하고 있다. '성과공유제'란 대·중소기업 상생협력 촉진에 관한 법 제8조에 따른 수탁기업이 원가절감 등 수탁·위탁 기업간에 합의한 공동목표를 달성할 수 있도록 위탁기업이 지원하고 그 성과를 수탁·위탁기업이 공유하는 계약모델을 의미한다. 현재 성과공유제는 원가절감을 포함하여 수탁·위탁 기업 간에 일어나는 모든 형태의 협력활동에 적용되는 개념으로 발전하였으며, 협력활동의 목표합의, 사전 계약체결, 성과공유라는 세 가지 요건을 충족 시 성과공유제로 포함하고 있다.

현재 동반성장위원회를 통해서 발표된 대부분의 성과들은 대·중소기업간에서 그 성과들이 나타나고 있으며, 소상공인들에게는 아직 발견이 미미한 상태에 있다. 그렇기에 대·중소기업·소상공

자료: 동반성장위원회

인간의 동반성장의 필요성은 매우 높다고 볼 수 있다. 그렇기에 향후 대·중소기업·소상공인간의 동반성장에 관한 부분에서 많은 이슈들과 변화가 나타날 것으로 보여지며, 소상공인의 사회적인 지휘와 동반성장에 대한 중요성이 높아질 것으로 예상된다. 따라서 소상공인의 동반성장은 매우 중요한 부분으로 볼 수 있으며 소상공인과 동반성장은 함께 관심 있게 봐야 할 중요성이 있다.

Ⅱ. 동반성장의 사례

앞에서 동반성장에 대해서 보았듯이 동반성장이라는 것은 매우 어려운 부분이고 또한 실제로 현장에서 시행하는 것은 많은 문제의 장벽을 넘어서 진행되어야 하는 부분이다. 그러나 최근에는 대기업 및 중소기업 간의 동반성장을 꽤하면서 올바른 방향으로 나아가려는 움직임이 나타나고 있다. 본 장에서는 대기업 및 중소기업과 소상공인간의 동반성장을 이루어낸 사례들을 함께 나누고자 한다.

1. 오비맥주 & 소상공인

오비맥주는 장인수 사장의 상생 경영의 중요성에 입각하여 취임 오비맥주 임직원과 함께 협력업체 10여 곳을 직접 방문해 돼지 한 마리로 바비큐 파티를 즐기며 협력업체 직원을 격려하고 우의를 다졌었다. 납품업체(소상공인 포함)는 단순히 원료와 자재를 공급하는 업체가 아니라 회사와 운명을 같이하는 파트너로 1등 협력사가 있어야 1등 기업이 나온다는 게 그의 지론이었다.

[오비맥주 장인수(중앙)사장이 전국소상공인단체엽합회에서 신년회 소상공인 최우수기업 동반성장상 수상한 사진]

자료: 서울스포츠 닷컴

오비맥주는 소상공인과 지역 전통주 제조업체 등을 지원하는 상생 프로그램을 추진한 공로를 인정받아 최근 전국소상공인단체연합회로부터 동반성장 모범기업으로 선정되기도 했다. 실제로 오비맥주는 골목상권을 지키는 소상공인들로부터 상생협력과 동반성장에 기여하고 있는데, 오비맥주는 그동안 다양한 맥주 브랜드의 보급과 지속적인 품질개선 노력, 소비자 눈높이에 맞는 영업마케팅 활동 등을 통해 지역경제 및 골목상권 활성화로 골목상권을 지키는 소상공인들로부터 상생협력과 동반성장에 실제로 기여를 한 것이다.

2. 카페베네 & 소상공인

카페베네는 '동반성장위원회'를 통해서 본사와 가맹점간의 상생을 도모하고 있다. 이러한 상생들은 첫 번째, 물류 및 로스팅 공장

자료: 중앙일보

견학을 통한 R&D 노하우 교육. 두 번째, 직원 및 아르바이트생 등 서비스 인력 수준 강화 프로그램 세 번째, LSM(Local Store Marketing. 지역 점포 마케팅) 활성화 방안 네 번째, 신제품 개발 및 소비자 의견 프로세스 개선 등 이다. 이 같은 것들은 기존에 상호 이해가 부족했던 부분에 대한 강화를 통해서 보다 나은 고객 서비스로 연결 가능하게 다양한 방안을 모색했다는 것으로 볼 수 있다.

특히 정기적인 모임을 통해 본사와 가맹점의 상생경영을 지속해 왔었는데, 전국 가맹점 하절기 유니폼 지원, 로스팅·생산, 물류 공장 견학, 물류가격 조정 등의 발의안을 채택하여 시행했었다. 또한 여름·겨울 신메뉴 출시 기획, 맛 개선 논의 및 매장테스트를 실시하는 등 가맹점의 참여를 확대 시켰다. 이러한 매장의 목소리를 직접 듣고 개선하는 본사에 신뢰가 커지고, 현장에서 겪게 되는 어려움을 본사와의 소통을 통해 매장 운영에 많은 도움이 되는 효과를 가져왔다고 한다. 또한 소비자에게 신뢰받는 브랜드가 되기 위해서는 가맹점과 본사의 화합이 중요한데, 동반성장위원회와의 꾸준한 소통을 통해 가맹점과 본사, 소비자가 모두 만족하는 바람직한 상생 경영을 이루고 있는 것으로 볼 수 있다.[34]

3. 네이버 & 소상공인

2013년 9월 네이버는 중소기업과 소상공인이 인터넷을 활용해 온·오프라인 공간에서 경쟁력을 키워 가는 공동 협력사업을 모색 및 실행하기 위한 '네이버-중소기업 및 소상공인 상생 협력 기구'(가칭)를 설립을 추진하는 준비위원회를 구성하기로 했다. 협력기구에서는 유통과 서비스 영역에서 새로운 온·오프라인 협력 모델을 모색하고 성공 사례를 확산, 공유해 중소기업과 소상공인이 성장하도록 지원하는 데 초점을 맞추고, 중소기업과 소상공인이 빠르게 확산되는 온라인 환경에 적응하면서 겪는 어려움을 개선하고, 기술 및 서비스 측면에서 발전적 대안을 모색해 비용을 절감, 상호 경쟁력을 강화하는 방안을 도출하는 역할을 시행하는 것이다.[35]

이러한 통합적인 방향을 통해서 중소기업 및 소상공인과 온라인 서비스 기업이 각자 자원과 플랫폼으로 상품과 서비스 가치를 높이는 상생 생태계 마련 및 소상공인이 온라인 서비스로 비즈니스를 시행하는 과정에서 겪을 수 있는 불편함이나 피해를 파악하였다. 나아가 해결 방안을 찾고 이를 해결하는 등 폭 넓은 역할을 가능하게 하였다.[36]

---

34) http://news.sportsseoul.com/read/economy/1160743.htm

35) http://www.etnews.com/201309240326

Ⅲ. 동반성장 방안

A. 소상공인과 대기업간 동반성장의 새로운 방법 '협동조합'

개별적인 소상공인간의 협력과 상생을 통해서 경쟁력을 강화하는 것은 한계성이 있다. 실제로 소상공인의 경우 자금에 대한 부분이 경영실적 및 운영에서 큰 영향을 미치고 있는 것이 현실이다.

독립적인 성장은 소상공인들의 기업 경영에서 많은 외부적 환경의 저해요인으로 성공보다 실패가 높아지게 된다. 그렇다면 소상공인들의 실질적인 기업의 내부역량을 강화할 수 있는 방법은 무엇일까?

그것은 같은 목적을 가진 사람들과 함께 협력을 모색하여 함께 성장하는 '협동조합' 설립을 통해서 가능하다.

[협동조합이 지역경제 성장을 주도하는 이탈리아 에밀리아로마냐주]

1950년대까지만 해도 이탈리아에서 가장 못 살았던 인구 430만명의 에밀리아로마냐주는 2008년 기준 1인당 소득 4만유로(약 6000만원), 실업률 3.1%로 유럽에서도 부유하고 실업률이 낮은 지역으로 변모했다. 에밀리아로마냐주 총생산의 30%는 8000개의 협동조합 기업에서 창출되고 있으며, 州都인 볼로냐지역은 총생산의 45%를 협동조합에서 창출하고 있다. 특히 "코프아드리아티카" 협동조합은 조합원이 100만명이 넘고 매출액이 20억유로(2008년 기준)로 제품의 70% 이상이 볼로냐지역에서 생산됨으로써 볼로냐에서 소비한 돈이 볼로냐로 재투자되는 등 경제의 선순환 구조를 가지고 있다.
볼로냐지역에서 규모가 큰 기업들은 절반 이상이 협동조합이다. 협동조합과 협동조합, 그리고 중소기업이 서로 협동하면서 신뢰경제의 기적을 이뤄냈다. 즉, 개별 협동조합이 하기 어려운 일은 협동조합끼리 협력해 추진한다. 볼로냐의 5개 협동조합이 컨소시엄을 구성해 유치원 10개를 지었다. 유치원을 짓는 데 드는 돈을 협동조합이 공동으로 부담하고, 운영비는 지방정부에서 지원받는다.

볼로냐 외곽 대형생협매장

에밀리아로마냐 위치도

자료 : "8천개 협동조합 유기적 협력…해고사태 없이 금융위기 극복", 한겨레신문(2011.7.3)

---

36) http://www.edaily.co.kr/news/NewsRead.edy?SCD=JE41&newsid=02276326602944384&DCD=A00504&OutLnkChk=Y

협동조합이 지역경제 성장을 주도하는 이탈리아 에밀리아로마냐 주 사례를 보자. 이곳 협동조합은 대기업의 맏형 리더십을 통한 지역파트너십의 실질화를 구체화 하고, 대기업의 사회적 책임을 지역 파트너십에 결합해 실질적인 동반성장이 가능하도록 여건을 조성하는데 힘을 모으게 하여, 중소기업 경영여건의 실질적 개선 및 지역 소상공인들의 양적 성장과 질적성장을 함께 이루어 냈다. 이러한 대기업과 중소기업에서의 끝나는 동반성장이 아니라 대기업&중소기업&소상공인이 함께 성장하는 동반성장의 사례는 해외에서 많이 나타나고 있다.

독일에서도 이와 비슷한 사례가 있다. DRV(독일농협연합회) 산하의 협동조합들은 1970에 1만3,764개가 2010년 2,604개로 감소했었다. 바로 협동조합 간 인수합병(M&A)이 활발해 지면서 대형화되었

자료: DRV(독일농협연합회)

기 때문이다. 실제로 소상공인들이 만들어 성장한 협동조합은 조합원들의 투표를 통해서 인근 지역이나 동종 업종에서의 협동조합을 인수한다. 그리고 이에 따라서 산하협동조합의 총 매출은 같은 기간에 174억 6,100만 유로에서 410억 유료로 증가했었다.[37]

---

37) 독일리포트(2014) 내용 인용

DRV(독일농협연합회)는 유제품·포도주·신선채소 등 품목별 생산자, 소비자, 기업들을 연결해 주는 채널역할을 이행하여 협동조합간의 협력도 촉진시키고 있다. 이러한 협동조합의 수행은 독일 소상공인들과 대·중소기업간의 동반성장 모습을 잘 보여주는 사례이다.

B. 소상공인과 대기업간 동반성장의 새로운 방법 '동행'

1. 대기업과 중소기업의 동행을 통한 동반성장 모색: CJ제일제당

대기업의 우수한 인프라를 활용하여 지역 유망 중소기업과의 협력을 통해 새로운 동반성장을 실현하고 있다. 이는 뛰어난 품질에도 유통망 확보가 어려운 지역 식품 기업 및 중소 식품 기업들에게 CJ제일제당의 유통, 판매채널, 마케팅을 지원하여 '즐거운동행－상생제품'과 '즐거운 동행－국민제품'을 통해서 매출을 향상하는 것이다. 이러한 동반성장의 모색은 CJ제일제당은 5개 품목에 대한 자체 마진을 포기하면서 소비자에게는 저렴한 가격에 제품을 제공하고 중소 협력업체의 납품가는 그대로 유지해 가격 인하에 따른 매출 증대 효과를 협력업체에 돌아가게 함으로써 가능했다. 특히 단순하게 CJ제일제당의 인프라를 중소기업이 활용하는 것에서 끝나는 것이 아니라 CJ와 제품 제조사의 제품을 공동으로 표기하도록 하여 매출 증가뿐만 아니라 브랜드의 공동 발전도 함께 도모하고 있다.

[CJ의 동반성장 브랜드 - 즐거운 동행]

출처: CJ

['즐거운 동행'에 CJ-중소기업 브랜드가 함께 표기된 사례]

출처: CJ

　최근에는 CJ제일제당 포장개발팀이 밀껍질을 원료로 한 친환경 비닐봉투를 개발하여 기술을 모두 중소 포장업체에 이전해주고 비닐봉투는 CJ그룹의 상생브랜드인 '즐거운 동행'이 표시되어 친환경 원재료를 사용한 포장재임을 설명하는 문구를 표시함과 동시에 CJ푸드밀이 전국 뚜레쥬르 매장에서 사용되는 상생모델로 선보이고 있다.

[CJ제일제당이 개발한 친환경 비닐봉투]

자료: CJ

2. 품질관리의 협력이 만든 즐거운 동행-이마트 & 보승식품

1990년 서울 수색동에서 작은 족발가게를 운영하던 보승식품의 정의채 사장은 가게를 자주 찾던 신세계백화점 직원들로부터 맛이 좋으니 납품을 해달라는 제안을 받게 되었다. 그러나 백화점에 납품을 하기위해서는 위생적으로 문제가 전혀 없어야 하는 등 많은 문제를 가지고 있었다. 작은 족발 가게의 역량으로는 한계가 있어서 납품을 거절하였으나 신세계측의 정부 제공과 진공포장 기술을 습득하게 되면서 문제를 해결할 수 있게 된다. 유통기간도 방부제 없이도 30일까지 늘릴 수 있게 되었기 때문이다. 그 당시 첫선을 보인 보승식품의 족발 간편식은 입소문을 타고 인기를 끌게 된다. 그러던 중 창동에 이마트 1호점이 생기면서 그 곳으로 납품을 하게 되었는데, 이날 이후 이마트는 보승식품의 족발이 주로 판매되는 창구역할을 하게 되면서 이마트의 매장이 오픈 될 때마다 급성장하는 동반자가 되었다.[38]

[보승식품 연도별 성장 추이]

구분	1993년	2000년	2002년	2005년	2008년	2010년
매출액	3억	50억	120억	200억	250억	300억
이익액	0.3억	4.5억	9.6억	14억	15억	22억
직원수	11명	65명	140명	280명	310명	350명

자료: 동반성장위원회

3. 동반성장하는 공동 판매 쇼핑몰－'소중한 동행'

'소중한 동행'은 경제적으로 약한 소상공인과 중소기업간의 새로운 판로를 개척하고, 기본의 판로는 더욱 확장해서 소비자에게 저

[소중한 동행 홈페이지]

자료: 소중한 동행(http://gtmall.kr)

---

38) 동반성장위원회(www.winwingrowth.or.kr)우수사례 참조

렴하고 높은 품질의 제품을 공급하여 함께 상생을 위한 온라인 판매채널이다. '소중한 동행'에서는 일반 상품과 함께 협동조합의 제품 및 일반 소상공인의 제품도 함께 판매를 할 수 있도록 되어있다. 특히, 홈페이지 내 '업종별 협동조합'코너 에서는 '소중한 동행'에서 참여중인 전국의 여러 협동조합을 소개하고 있어서 협동조합들이 독립적으로 성장을 할 수 있는 발판을 마련하고 있다.

C. CSR과 CSV 그리고 동반성장

우리는 뉴스나 TV 매체를 통해서 CSR(기업의 사회적 책임)이라는 용어를 많이 들어보았을 것이다. CSR(Corporate Social Responsibility)은 기업의 사회적 책임을 의미라는 말로써 1953년 Howard Bowen의 저서 「Social Responsibilities of the Businessmen」을 통해서 기업과 사회간의 관계를 가장 처음 체계화해서 설명하였다. 그리고 1990년대 이후부터 지금까지 CSR은 계속 변화하고 있으며 현재에도 일반화된 정의는 나타나고 있지 않고 있다. 그러나 국제적으로 여러 기관에서 CSR에 대한 정의를 비슷한 견해로 나타내고 있는 상태이며, 국내에서도 CSR에 개념은 주로 대기업에 대한 새로운 요구 증대, 대기업의 사회적 상호작용성에 대한 인식의 확대, CSR에 대한 요구의 증가에 따른 새로운 경영환경의 변화 등으로 나타나고 있다.

구분	용어	정의
UNCTAD (국제연합무역개발협 의회)	CSR	기업이 사회의 요구와 목표에 대해서 어떻게 대응하고 영향을 미치는지에 관한 것
EU 집행위원회	CSR	기업이 자발적으로 사회와 경제적 문제를 기업 활동과 이해관계자의 상호작용에 통합시키는 것
ILO	CSR	기업이 법적 의무를 넘어서 자발적으로 전개하는 이니셔티브이며 기업 활동이 모든 이해관계자에게 미치는 영향을 검토할 수 있는 방식

　특히 국내에서 많은 대기업들은 세계화에 따른 사회적인 영향력이 증대되고 기업에 대한 새로운 요구들이 사회집단 내에서 발생하면서 이러한 현상들은 실질적인 위협으로 다가오게 되면서 기업을 견제하거나 시장에서 퇴출할 수 있기에 CSR에 대해서 많은 관심을 가지고 있다. 그렇기에 대기업들은 협력업체와 중소기업간의 기술이전 또는 협동 프로젝트 수행등을 통해서 CSR을 이행하고 있다.

　기업의 사회적책임(CSR)은 소상공인과 지역사회의 관계에서 매우 중요한 영향을 미칠 것이다. 그러나 CSR(기업의 사회적 책임)은 시민의식과 자선활동을 동기로 가지고 있으며, CSR을 위한 예산은 기업 내에서 한정적이기 때문에 이러한 활동은 제한적일 수밖에 없는 한계점을 가지고 있다. 그리고 이러한 부분은 CSR이 기존의 파이를 다른 기업과 분배한다는 개념으로의 접근을 하고 있음을 알 수 있다. 이러한 CSR의 한계성을 극복하고자 나타는 것이 CSV이다. CSV(Creating Shared Value)는 '공유가치창출'을 말하는 것으로써 기업의 이윤극대화를 위한 전략 내에 사회적 측면과 환경적측면의 가치를 통합하는 것을 전제로 하고 있다. 이는 비용으로 인식되는 CSR과는 다르게 CSV는 기업의 사회와 경제적 효용을 증가시키는 점에서, 기업의 지속적인 경쟁 우위를 위한 기회에 초점을 맞추고 있다. 그렇기에 기본의 CSR에서 파이를 분배하는 개념이었다면, CSV는 파이 자체를 더욱 키우는 것을 의미하는 것으로 볼 수 있다. 현재 전 세계적으로 CSV에 대한 개념은 아직 정립되지 않은 상태이며, 국내의 기업에서는 이러한 개념의 수용과 실제 사례로 나타나고 있는 부분은 매우 적다. 한 예로 CJ 그룹의 동반성장 프로젝트 중 하나인 '즐거운 동행'은 대기업과 중소기업간의 CSV를 실현하기 위한 하나의 움직임으로 볼 수 있을 것이며 이러한 움직임을 앞으로 계속적으로 나타날 것으로 예상된다. 그러나 앞에서의 사례를 보았듯이 대기업-중소기업간의 CSV뿐만 아니라 대기업-소상공인간의 CSV로의 확대가 필요하면 이러한 새로운 움직임은 국내 소상공인의 글로벌 시장으로의 진출을 더욱 촉진하여 결과적으로 파이를 키울 수 있는 기반을 마련하게 될 것이다. 그러나 현실에서는 대기업이 이행하고 있는 CSR의 대부분은 아직 소상공인에게 그 영향을 미치지 못하고 있는 상태이다.

대기업의 CSR과 CSV가 소상공인들에게 전달되는 것은 소상공인에게 미래의 지속적인 비즈니스의 창조가능성을 증대시킴과 동시에 소상공인에게 새로운 경영환경에 대한 변화를 능동적으로 헤쳐 나가게 하는데 영향을 미칠 수 있을 것이다. 따라서 저자는 대기업의 CSR과 CSV가 소상공인들에게 직접적인 영향을 미칠 수 있는 방안을 모색해 보고자 한다.

1. 소상공인 전용 투자펀드 조성(제언)

2014년 중소기업청은 정부 2000억원과 대기업, 벤처 1세대, 선도벤처기업, 연기금 등 민간의 출자를 받아 6000억원 규모의 미래창조펀드를 조성하였다. 이는 창업·벤처기업 육성을 위한 6000억원 규모의 미래창조펀드로서 정부가 발표한 '벤처·창업 자금 생태계 선순환' 방안의 일환으로 과거 벤처·창업기업의 97.6%가 은행을 통해 자금을 조달하고 있었는데, 이 경우 담보·상환부담·신용불량 위험이 높아 실패 시 재기 및 재도전이 어려움이 많았다. 때문에 벤처 및 창업기업에게 융자 대신 투자 개념의 자금지원체계를 도입해서, 창업→성장→회수→재투자·재도전 생태계를 조성한 것이다. 그러나 현재 소상공인들에 대한 정부의 펀드조성은 아직 없는 상태다. 일반 중소기업과 창업·벤처기업보다도 높은 비율을 보이고 있는 소상공인들에게 투자펀드가 조성되지 않았다는 점은 분명 우리가 소상공인의 위치에 대한 인식의 획기적인 전환과 대한민국 국부창출을 위하여 극복해야 중요한 부분일 것이다. 이에 '소상공인 펀드'를 운용하여 소상공인도 성장사다리의 한 축으로 우량 중소벤처기업으로 점프할 수 있도록 소상공인 성장사다리생태계를 조성하는 것이 매우 필요할 것이다.

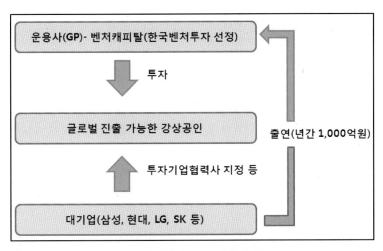

|소상공인 전용 투자펀드 운용전략(안)|

소상공인 펀드는 벤처투자조합으로 운영되며, 보통주·우선주·전환사채·신주인수권부사채 등의 형태로 투자된다. 매출액 및 당기순이익이 우수한 경쟁력 있는 소상공인(제조업 및 서비스업)과 글로벌을 지향하는 우수 소상공인에게 연간 1,000억원(소상공인기업 1개당 평균5억 이상 투자시 200개 기업 수혜)을 투입한다. 특히 투자되는 재원은 삼성·현대 등 대기업들이 사회적 책임차원에서 과감하게 출원하면 조성하면 된다. 동 투자자금은 소멸되는 자금이 아니라 회수가 가능한 투자자산이다. 투자자금 회수방안으로는 정부는 소상공인 기업에 대한 코넥스시장 진입특례 및 대기업 출연자금에 대하여 법인세 감면 등 제도를 만들고 정책적으로 지원하여, 투자자금을 출연한 대기업에서는 투자후 글로벌시장진출이 가능한 우수 투자기업에 대하여 대기업의 협력업체로 등록 혜택을 부여하고 우선구매 혜택을 제공한다면 보다 성공적인 소상공인 성

장사다리 생태계 조성이 가능해질 것이다. 소상공인 펀드는 많은 부분에서 긍정적인 영향을 미칠 것이다. 즉, 그동안 융자위주의 자금조달 관행을 탈피하여 소상공인이 글로벌강상공인 될 수 있는 기회를 제공하고 대기업은 사회적 책임의 역할을 부여하고, 성장 후에는 상장시장 및 M&A를 통해 회수하는 등 선순환 소상공인의 자금생태계를 통해서 활성화하면 소상공인의 가장애로사항인 자금 애로가 해결될 것이다.

[소상공인 전용 투자펀드 개요]

- ▶ 펀드의 규모: 연간 1,000억씩 조성
- ▶ 펀드의 출연: 대기업에서 전액 출연
- ▶ 펀드의 운영: 벤처캐피탈(한국벤처투자에서 공개선정)
- ▶ 소상공인 투자분야: 제조 및 서비스 전 분야
- ▶ 투자회수: 코넥스 상장 및 M&A 회수
- ▶ 투자규모: 소상공인당 최대 10억까지 지분투자
- ▶ 투자방법: 보통주로 전액 투자
- ▶ 투자기업에 대한 지원: 대기업 협력사 회원인정, 정부의 융자 추가지원

2. 대기업－소상공인 해외 전시·마케팅(제언)

해외 전시·마케팅은 대기업과 소상공인들이 함께 참여하여 ,소상 공인들을 해외 전문전시회를 참가하도록 지원하고 신규 시장개척과 유망바이어에 대한 발굴, 그리고 시장정보에 대한 습득 등 수출증대와 글로벌화를 촉진하게 하는 것이다. 또한 한국무역협회, KOTRA, 세계한인무역협회 등 유관기관과 함께 공동으로 소사공인과 관내 기업의 100개사 내외를 선정하여 지원규모를 확대하고, 신흥시장에 대한 개척을 촉진시킨다면, 성공적인 대기업－소상공인의 상생을 야기할 수 있을 것이다.

3. 소상공인 융합 오픈이노베이션클러스터 조성(제언)

2000년대 들어와 창조경제(Creative Economy)의 발전이 가속화되고 있다. 그 이면에는 기술융합 트렌드의 확산이 기폭제 역할을 하고 있다. 기술이 더욱 빠르게 발전하면서 표준화되고 모듈화 된 기술이 대중적으로 확산되기 시작했다. 여기에 소비자의 니즈(Needs)가 다양화되고 복잡해짐에 따라 시장과 고객의 요구를 중심으로 다양한 기술들이 빠른 속도로 상호 융합하고 있다. 이러한 융합현상은 ICT(정보통신) 기술의 발전으로 소비자와 공급자 간 네트워크가 긴밀해짐에 따라 더욱 가속되고 있다. 이러한 융합현상을 통해 새로운 기술이 등장하고 새로운 가치들이 창출되고 있으며 산업 간 경계가 무너지고 생산방식과 사업모델들이 달라지고 있다. 한 마디로 특정 기술을 개발해 꾸준히 보유하는 것보다 독특한 사업모델과 아이디어를 가지고 여러 기술들을 융합해 낼 수 있는 창의성과 상상력이 더 큰 부가가치를 창출하게 된 것이다.

창의성이 과거와 비교할 수 없을 정도로 중요해지면서 창의성과 상상력은 부의 창출의 중심이 되고 있다. 20세기 후반에 등장한 지식경제가 경제의 핵심을 물질에서 지식으로 바꾸었다면 21세기 창조경제는 지식에 창의성과 상상력을 융합해 인간의 창조력에 빅뱅을 일으켰다고 할 수 있다. 지식경제에서 중심적 역할 수행해 온 '지식노동자' (Knowledge Worker)들은 온라인과 모바일로 연결되어 집단지성과 집단 창의성을 발현시키는 창조인력으로 거듭나고 있다.

이와 같이 기술융합 트렌드의 확산이 촉매가 되어 창조경제가 발전하고 있다. 창조경제에 대한 기대는 2008년 글로벌 금융위기 이후 새로운 자본주의에 대한 요구가 증가하고 경제민주화에 대한 열망이 커짐에 따라 더욱 증대하고 있다. 창조경제에서는 기술과 자본이 독점되는 경향이 있는 산업자본주의와는 달리 개인이나 소수의 창조적 아이디어로도 세상을 바꾸거나 획기적인 성과를 얻을 수 있는 기회가 더 많이 주어진다. 이에 따라 창조인력에게 정당한 분배가 돌아가도록 하는 경제민주화가 중요하다. 또한 경쟁력을 지탱하던 기존의 가치사슬이 파괴됨에 따라 기업들에게는 산업구조의 변화로 인한 위협요인이 상존하고 개인들은 급격한 사회문화의 변화를 경험하게 되므로 이에 대한 대응이 필요하다. 앞에서 언급한 전략 혁신은 단일 기업만의 노력으로는 달성하기 어렵다. 그 전략과 비즈니스 모델에 우수한 협력기업들과 고객들이 참여해서 상생할 수 있는 생태계를 구축해야만 비로소 성공할 수 있다. 즉 기술이 융복합화되고 기업 간은 물론 고객과도 긴밀하게 네트워크로 연결되는 창조경제에서는 단일 기업의 약진만으로는 지속가능한 경쟁력을 확보하기 어렵다. 대기업의 경쟁력도 스스로의 능력만이 아니라 협력관계에 있는 중소기업들을 포함한 협력 네트워크의 능력에 따라 좌우된다. 특히 우리의 주력 산업인 조립 및 가공 산업에서는 부품의 경쟁력이 완성품의 경쟁력을 좌우한다. 기업 간 협력 네트워크를 구축하고 상생의 생태계를 조성하기 위해서는 대-중소기업-소상공인 간 협력이 필수적이다. 대기업과 중소기업이 모두 단기적 이윤 극대화에 급급해한다면 중소기업 및 소상공인의 생존기반이 먼저 약화되고 결국에는 기업 생태계 전체가 경쟁력을 잃고 위기에 빠지기 쉽다. 대기업은 자기의 생존 기반이 되는 중소기업 및 소상공인들과 동반 성장을 추진해야 경쟁력의 원천인 기업 네트워크를 강하게 할 수 있다. 따라서 대기업들은 역량을 보유한 중소기업을 발굴하고 지원함으로써 장기적으로 기업 생태계를 가꾸고 지속가능한 경쟁력을 확보해야 한다. 반면에 중소기업과 소상공인들은 협력의 파트너로서 역량을 개발하는 데 역점을 둠으로써 기업 생태계의 부가가치를 높이고 성장의 기회를 함께 잡아나가야 한다.[39]

이와 함께 기업이 지속가능한 경쟁력을 획득하고 유지하기 위해서는 경제적 요인 외에도 사회적, 환경적 요인들을 고려해야 한다. 사회와도 협력 네트워크를 탄탄하게 형성해야 건강한 생태계를 유지할 수 있다. 이를 위해서 기업은 공정하고 윤리적인 경영 등 사회적 책임뿐만 아니라 공유가치 창출(CSV: Creating Shared Value)에 나설 필요가 있다. 기업 경쟁력과 사회적 문제해결을 동시에 달성하기 위한 창조적인 노력이 점점 더 중요해 진다.[40]

혁신형 융합 창업은 지식과 기술을 활용한 고부가가치형 창업을 의미하는데, 선진국일수록 혁신형 창업이 증가하며 이는 국가의 경제성장을 이끄는 특성을 지니고 있다.

---

39) Coy, P.. Business Week, 21, 2000 August No.3696.

40) Howkins, P.. <The Creative Economy>, Berkley Pub Group, 2001.

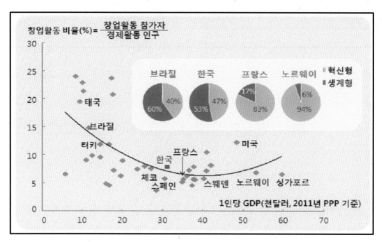

자료: 삼성경제연구원

　　그러나 현재까지는 창업가가 제조 및 유통 등 창업에 필요한 모든 분야를 관리해야 해서 창업이 어려운 것이 실정이며, 창업에 대한 실제 투자경험, 창업교육 경험, 협력 및 교유경험이 없이 시작하는 대부분으로 전반적인 Start-Up의 참여에 대한 초기 접근에서의 지원에 폭넓은 방향으로의 접근이 필요할 것으로 본다. 기업가정신은 "보유하고 있는 자원이나 능력에 제한되지 않고 새로운 기회를 포착하고 현실로 구현하려는 태도와 행동"을 의미한다.[41] 이러한 기업가정신은 과거의 연장선 속에서 성장을 추구하는 전통적 행동양식과 달리 새롭고 창조적인 혁신을 추구하기 때문에 창조경제에서 핵심동인으로 작용한다. 특히 창업은 창조경제에서 새로운 일자리를 만들고 신기술을 창출하는 핵심 원천이다.

---

41) UNCTAD, Creative Economy Report 2008: The Challenge of Assessing the Creative Economy Towards Informed Policy-making, 2008

그 동안 창업 활성화를 위한 정부의 노력에도 불구하고 전반적인 창업 붐 조성은 매우 미흡한 상황이다. 창업기업의 수가 지속적으로 감소세를 보여 왔으며 특히 교수 및 연구원 출신의 창업이 지속적으로 감소하였다. 특히 초기 창업활동 비율은 높으나, 경제적 파급효과가 작은 생계형 창업유형 비중이 높다. 심각한 것은 청년층의 창업 비중이 선진국에 비해 낮은 편으로, 청년층이 창업을 기피하고 있다. 창업 분야에서도 일자리 창출의 경제적 파급효과가 큰 신 성장 분야에서의 창업이 전체 창업기업의 3% 수준으로 매우 저조하다.[42] 한 마디로, 매년 중소기업청에서만 1조 2천 억 원이 넘는 예산을 창업부문에 투여하고 있지만 창업 붐 조성에는 성공하고 있지 못하다고 평가할 수 있다.

창조경제란 피터코이(Peter Coy)가 "개인의 창의성과 아이디어가 생산요소로 투입되어 무형의 가치를 만들어내는 기업만이 생존할 수 있는 새로운 창조경제의 출현"을 강조하면서 등장하였으며, 「The Creative Economy」의 저자 존 호킨스(John Hokins)는 창조력과 경제 간의 관계에 주목하고 그 관계의 특성과 정도가 국가경제에 엄청난 가치를 창출할 수 있다고 주장했다. 또한, 유엔무역개발회의(UNCTAD)는 창의성이 미래 국가의 근간을 이루며, 창조경제 시대에서 상상력과 창의성이 요구되는 분야는 경제와 문화뿐만 아니라 과학과 기술 등 다양하고 이러한 창의성이 국가를 지탱하는 인적·사회적·문화적·제도적 자본들과 상호작용하면서 산업에 대한 부

---

42) 박준수. 창조경제이해와 고민, 2013, p.2

가가치를 향상하고 국민들의 삶의 질을 향상시킨다고 제시하였다.

앞에서의 선진국에서의 논의를 종합하면, 창조경제는 상상력과 창의성이 과학기술, 사회, 인력, 문화, 제도 등 국가의 핵심 자본들과 상호작용하고 융합하여 새로운 산업의 부가가치를 높여 국민의 삶과 질을 향상시키는 경제라고 정의할 수 있으며, 창조경제는 21세기에 들어와 본격적으로 발전하고 있으며 선진국들은 국가발전의 핵심 전략으로 드라이브를 걸고 있다.

창조경제란 창의성과 상상력이 사회적 부의 창출의 핵심이 되는 경제구조를 의미한다. 사실 창의성과 상상력은 인간이 선사시대의 동굴에서 빠져나와 오늘날 문명을 이루기까지 중요하게 쓰이지 않은 적이 없다. 역사적으로 유명한 전쟁터에서도 승패를 결정짓는 요인이 되곤 했다. 기원전 알렉산더 대왕이 10배가 넘는 페르시아 군대에 맞서 발상의 전환으로 승리를 거둘 수 있던 것도, 갈리아 전쟁에서 카이사르가 매 전투마다 새로운 전투대형으로 승리한 것도 창의성과 상상력을 활용한 덕분이다. 그러나 창의성과 상상력이 사회적 부의 창출을 위한 핵심 생산요소가 된 것은 21세기 창조경제의 발전 때문이다.

인류 문명에 최대의 부를 가져다 준 산업시대의 핵심 생산요소는 노동의 투입과 자본의 배분이었다. 그러다가 20세기 말에 진행된 정보기술의 도입과 확산으로 지식경제가 탄생하고 지식이 사회적 부의 원천으로 등장했다. 새로운 지식의 중요성이 커짐에 따라

이를 생산하는 '지식 노동자'들이 사회의 핵심으로 부상했다. 피터 드러커는 새로운 생산 과정, 제품 및 서비스 등에 끊임없이 창의적 지식을 적용한 것이 미국을 비롯한 선진국의 경쟁력을 가져온 원동력이라고 주장했다.

지식경제에서는 노동에 체화된 지식이 노동과 자본을 대체한다. 그러나 창조경제에서는 이러한 지식이 네트워크화 된 집단 지성과 집단 창의성으로 대체된다. 개인에 체화되었으면서 네트워크화 된 지식과 창의성이 핵심 생산요소로 떠오르면서 창조경제가 발전하고 있다. 네트워크화 된 집단 지성과 집단 창의성은 엄청난 창조력을 만들어내면서 국가 경쟁력의 핵심이 되고 있다. 창조경제에서의 주역은 따로 떨어진 개별 '지식 노동자'나 전문가가 아니라 네트워크로 연결되어 집단지성을 만들어 나가는 창조인력이다.

지식경제에서 지식은 상품으로 환원되어 경제적 가치를 만들어 낸다. 따라서 시장경제 안에서 지재권으로 보호되고 교환이 이루어져야 한다. 그러나 지식은 새로운 공유물로서 협업의 산물이 될 수 있고 때로는 시장경제 밖에서 나누어질 수 있는 공공재도 될 수 있다. 창조경제에서의 지식은 네트워크로 서로 연결된 창조인력에 의해 공유되고 재창조된다는 의미에서 중요하다. 서로 연결된 개인의 작은 상상력과 아이디어가 집단을 이루어 공유된 지식들을 빠른 속도로 활용함으로써 엄청난 집단 창조력을 발휘할 수 있는 것이 창조경제이다.

영국은 1997년 토니 블레어 내각의 출범이후 창조경제를 국가
이미지 제고와 경제 활성화의 핵심으로 규정했다. 2008년 고든 브
라운 내각 체제에서는 '크리에이티브 브리튼'이라는 슬로건 아래
세계적으로 창조경제를 주도하려 하고 있다. 미국은 2009년과
2011년 미국혁신전략 보고서를 통해 국민의 창의성을 지원해 새로
운 일자리와 산업을 창출해야 함을 강조했다. 2011년 오바마 대통
령은 '스타트업 아메리카 파트너십'이라는 프로그램을 직접 제안하
고 애플, 구글, 시스코, 페이스북 등 IT 최고 경영자들에게 적극적
인 투자와 창업 지원을 요청했다. 일본은 2010년 '쿨 재팬'전략을
수립하고 콘텐츠 인재와 창조산업 육성 등에 적극 나서고 있다.

창조경제는 구체적인 실체와 흐름을 가지고 있으며 개인, 기업,
정부 등 경제주체들에게 실질적인 영향을 미치고 있다. 특히 기업
들에게는 경쟁력 제고를 위해 고려해야 할 중요한 경영환경이 되
고 있다. 일반 국민들에게도 새로운 경제사회 환경으로서 삶의 질
에 중요한 영향을 미치고 있다.

우리나라 박근혜 정부는 창조경제를 통해 글로벌 중심 국가로
도약한다는 국가 비전을 제시하였다. 박근혜정부의 창조경제는 "창
의성을 경제의 핵심가치를 두고 과학기술과 정보통신 기술의 융합
을 통해 산업과 산업, 산업과 문화가 융합해서 새로운 부가가치를
창출하고 일자리를 만들어 내는 경제"로 정의하고 있다. "상상력과
창의성, 과학기술 기반의 경제운용을 통해 새로운 성장 동력을 창
출하고 새로운 시장과 일자리를 만드는 정책"을 핵심으로 하겠다

고 선언함으로써 7,80년대 산업경제에서 90년대 지식경제를 넘어, 21세기 창조경제의 도래를 알렸다.

우수인재가 지역 중소기업과 소상공인 기업에 취업, 지역에 정주하며 창의성과 도전정신을 창업으로 연계하여 지역과 대학이 발전하는 산학협력 생태계 필요하고 고급 인재와 기술 등 대학의 창의적 자산을 활용하는 산학협력 활성화로 창조경제를 실현해야 한다. 최근 들어 대학 및 정부연구소의 기술이전을 통해 특허 등 대학 및 연구소가 보유한 지식재산권이 확대되고 있으며 '03년 보다 국내특허 출원은 7배, 해외특허 출원은 2.7배 성장하고 있음은 고무적인 상황이다.

(단위 : 건)

구분	대학수	국내특허	해외특허	실용신안	상표	디자인	소프트웨어	저작권	합계
2007	140	14,752	1,561	538	685	440	1,790	-	19,766
2008	149	15,021	1,360	490	1,129	654	1,776	835	21,265
2009	145	18,298	1,911	527	1,050	812	2,366	1,151	26,115
2010	153	23,793	2,415	612	1,176	1,376	3,596	815	33,783
2011	291	32,388	3,131	647	1,592	1,782	5,324	1,576	46,440

주1. 대학법인 및 산학협력단 명의의 지식재산권만 포함
주2. 국내특허 및 해외특허는 등록 건수만을
    산출한 것이며, 출원 건수는 포함하지 않음

또한 대학, 정부연구소과 기업 간 기술이전 및 사업화는 '03년 보다 기술이전 건수 10배, 기술이전 수입료 26배로 확대되고 있다. 특히, 소상공인은 대학 및 연구소에서 잠자고 있는 우수한 기술을 획득(이전)사업화하여 기존의 사업포트폴리오의 한계를 극복하고 융

합 창조하여 가치를 창출하여 소상공인의 파이를 키워서 글로벌시장에 도전하고 승리하여야 글로벌강상공인 히든챔피언이 탄생한다.

이를 위하여 정부는 창조경제와 고용창출 정책(성장→일자리창출)에 선도적인 중소기업과 소상공인기업의 역할수행을 위하여 중소기업 및 소상공인의 최고 아이디어 및 기술의 사업화의 One-stop 서비스를 제공하는 「융합창업⇨기술개발⇨제품개발⇨생산준비⇨본격생간⇨코넥스상장」까지 전주기적인 성장단계별 지원시스템 구축이 필요하다. 이를 위하여 소상공인의 융・복합(콘텐츠+IT+제조 등) 클러스터로서의 역할을 할 수 있는 융・복합 소상공인 오픈이노베이션 클러스터를 별도로 설립하여 소상공인의 누적된 기술력과 서비스를 바탕으로 새로운 모델 융합창업과 기존의 소상공인의 지속성장을 견인하여 제로썸 게임이 아닌 글로벌진출을 통하여 국부를 창출하는 중요한 시기이다.

이를 위하여 세계적인 글로벌 소상공인이 창출될 수 있는 메카로서 역할을 하고 소상공인 지식자산거래 및 기술사업화 허브역활 수행하는 on line, off-line 플랫폼구축을 구축하고 여기에서 융합사업화센터, 아이디어창업Lab, Living Lab, 전국지식(기술)거래 상시장터 개설하고 소상공인 기술 및 사업기획 코디네이터(재능기기부) 지원단 결성하여 글로벌수준의 사업화 허브로서 경쟁력확보로 일하는 창조도시를 구현하고 신규산업 유치를 토대로 글로벌 수준의 차별화된 아이디어 및 기술의 융합창조를 바탕으로 서비스, 컨텐츠, IT, BT, NT와 결합으로 다양한 산업분야 창출・확대로 연관 산업 유치 증가를 실현할 수 있다.

소상공인 오픈이노베이션클러스터는 테크노폴리스(technopolis)와 Living Lab의 개념으로 볼 수 있다. 테크노폴리스는 인구 약 15만 명 이상의 지방도시의 근교에 기술 중심의 기업군(企業群)과 학구적 연구시설이 집중된 도시로서, 공업발전이 뒤떨어진 지방에 고급 두뇌들이 쾌적한 환경 속에서 첨단과학 연구에 전념할 수 있게 하는 목적이 있다. 테크노폴리스라는 용어는 일본이 자국의 산업고도화 정책을 추구하는 과정에서 1970년 후반에 채택한 말로, 자연스럽게 그 개념이 형성되었다. 공업발전이 뒤떨어진 지방에 산업기능 · 연구기능 및 쾌적한 주거환경 등을 거의 완벽하게 갖춘 소도시를 조성하여 고급 두뇌들이 쾌적한 환경 속에서 첨단과학 연구와 기술 사업화에 전념할 수 있게 하여, 이들의 연구성과를 자체 지역 내의 기업체에서 산업화함으로써 산업구조의 고도화와 지방도시의 균형적 발전을 도모하는 데 목적이 있다.

Living Lab은 특정 지역이나 공간에서 공공연구부문, 인간 기업, 시민사회가 협력하여 혁신활동을 수행하는 '사용자 주도형' 및 '개방형'인 혁신 생태계이다.

[소상공인 오픈이노베이션 클러스터 개요]

> ▶ 장소: 경기도 소재(잠정)
> ▶ 참여자: 소상공인+중소기업+연구소+대학
> ▶ 클러스터 역할
> ○ 소상공인 오픈이노베이션 On & Off 플랫폼 운영
> ○ 글로벌 소상공인창조센터 운영
> ○ 글로벌 소상공인융·복합 창업사관학교 운영
> ○ 소상공인 사업화센터 운영
> ○ 전국지식(기술)거래 상시장터 개설
> ○ 소상공인 사업 및 기술기획 코디네이터 운영
> ○ 이순신CEO리더십센터 운영

4. 소상공인 사업 및 기술기획 코디네이션 조직 운영(제언)

소상공인의 가장 애로사항은 자금, 인력, 기획력의 순이다. 부족한 기획력을 강화하기 위하여 재능기부자를 위주로 전국적인 소상공인지원 코디네이션 조직(Coordination team) 설계 및 역할 설정하여 지원하면 소상공인은 정부 , 지자체, 공공기관의 각종 정책자금의 상당한 부분을 획득하여 지속적 성장으로 글로벌시장에 진출할 힘을 준비할 수 있다. 코디네이터는 주로 기술기획 및 사업기획 전문가, 기술이전 및 기술사업화 전문가, 중소기업관리담당 은퇴자 등의 참여로 구성된다.

[코디네이션 조직의 역할]

> ▶ 정부, 지자체, 공공기관의 각종 기업지원 프로젝트 등의 기획, 지원
> ▶ 분야별 인재, 기술, 연구자원에 대한 조사와 분석
> ▶ 소상공인의 니즈에 대한 체계적인 조사와 분석
> ▶ 소상공인 제품 및 서비스 수요의 매칭, 연계지원과 조정
> ▶ 소상공인의 만남의 장(세미나, 포럼, 교류회)의 기획

또한 코디네이션 조직 운영 활성화가 되면 소상공인 사업 및 기

술기획을 통한 Solution 창조 프로젝트'를 시범 추진하여 우수 성공 사례 창출이 가능하다. 즉, 소상공인의 인력 및 산업교육 수요, 애로기술 등을 조사 한 후 소상공인이 당면이슈를 해결하기위한 '사업기획' 활동을 실제로 진행하여 현장 컨설팅 및 기획결과 발표를 통한 우수 사업기획사례 창출한다.

5. 국내외 융합창조 성공사례

a) 허더스필드(Huddersfield)[43]

그 동안 침체된 도시를 다시 살리기 위해 기업 유치, 정부 투자 등의 방법들이 많이 활용되어 왔으나, 최근 들어 개인과 소규모 조직들의 창의성에 바탕을 둔 도시 재활성화 시도들이 늘어나고 있다. 예로 인구 12만여 명이 살고 있는 소도시 허더스필드는 전통적인 산업이 몰락하면서 일자리가 없어지고 도시는 낙후되었다. 여기에 힘을 불어 넣은 것이 '창조참여자들의 융합도시 허더스필스'라는 비전 프로젝트였다. 이 비전 프로젝트에 참여한 시민들의 창의적 활동이 지역개발에 원동력이 되었다.

b) 헤이온와이(Hay-on-Wye)[44]

또 다른 소도시 헤이온와이는 2004년 기준 40여 개의 헌책방, 34개의 골동품 가게와 갤러리, 30여 개의 작은 호텔과 영국식 민박으로 구성된 마을로 매년 수십만 명의 관광객이 찾는 세계적인 관광

---

43) 한국콘텐츠진흥원 09-01(제1호)참조
44) 한국경제 [1인 창조기업이 뜬다] 기사 참조

명소가 되었다. 이러한 성공은 1961년 옥스퍼드대학교를 졸업한 1인 창조기업가 리처드 부스가 영국 웨일즈 헤이온와이에 위치한 낡은 성을 사들여 고서점을 성에 입주시키고, 영국, 유럽 대륙, 미국 등지의 헌책을 구입해 모으기 시작함으로써 탄생하게 되었다.

C) 영화, 방송, 게임 등 문화콘텐츠를 기반으로 한 융합창조 성공사례

영국 : 해리포터('97)	미국 : 아바타('09)
북유럽 신화(소설) + CG 기술	스토리텔링/메시지(영화) + 3D 입체/CG 기술
한국 : 카카오톡('10)	한국 : 강남스타일('12)
창의적 아이디어 + ICT 기술	노래/퍼포먼스(K-팝) + 온라인 플랫폼/유튜브

제6장

선진국의
소상공인 정책

I. OECD

ILO(International Labour Organization), 및 OECD(Organization for Economic Co-operation and Development) 등 국제기구에서 국가별 동일한 기준에 따른 소상공인 통계나 자영업체 통계는 생산되고 있지 않으며 자영업자 통계만 생산·공표되고 있기 때문에, 자영업자 통계를 이용한 국제 비교가 가능하다. ILO 고용통계에 따르면 2008년 기준 OECD 국가들의 평균 자영업자 비중은 14.4%이고, 남성과 여성 자영업자의 비중은 각각 17.6%와 10.1%로 자영업자의 비중은 여성에 비해 남성이 높은 편으로 나타났다. 2008년 한국의 자영업자 비중은 25.8%로 그리스(27.4%), 멕시코(27.4%), 터키(26.3%)에 이어 OECD 국가들 가운데 네 번째로 높았다.

우리나라의 경우 남성 자영업자 비중은 31.1%로 그리스(33.8%), 터키(31.3%)에 이어 OECD 국가들 가운데 세 번째로 높았고 여성

자영업자 비중은 18.5%로 멕시코(25.1%), 포르투갈(19.6%)에 이어 OECD 국가들 가운데 세 번째로 높았다. 또한 자영업자 가운데 고용원이 없는 자영업자의 비중은 한국이 74.2%로 그리스(72.4%)보다는 높고, 터키(77.6%)와 멕시코(82.0%)보다는 낮은 것으로 나타났다. 한국의 자영업자 비중이 OECD 회원국(한국 제외) 평균보다 높은 산업은 제조업, 도·소매업, 숙박·음식업, 운수업, 교육, 건강·사회사업이고, OECD 회원국(한국 제외) 평균보다 낮은 산업은 전기·가스·수도 사업, 건설업, 금융·보험업, 부동산·임대업이다. 산업별로 우리나라와 OECD 회원국(한국 제외)의 자영업자 비중의 차이를 살펴보면, 전 산업으로는 10.8%p이며, 운수업(26.2%p), 도·소매업(18.3%p), 교육(16.0%p), 숙박·음식점업(15.6%p) 등에서 우리나라 자영업 비중이 높다.

[산업별 자영업자 비중의 국제 비교(208년)]

구분	한국	OECD(한국 제외)	차이
전 산업	25.8	15.0	10.8
제조업	11.6	8.1	3.5
전기·가스·수도	1.2	2.4	-1.2
건설업	21.8	24.0	-2.2
도·소매업	37.1	18.8	18.3
숙박·음식점업	32.0	16.4	15.6
운수업	39.0	12.8	26.2
금융·보험업	6.3	8.0	-1.7
부동산·임대업	14.3	21.9	-7.6
교육	19.2	3.2	16.0
건강·사회사업	7.8	7.5	0.3

출처: ILO 고용통계 (주현·김숙경 외(2010), 「자영업 비중의 적정성 분석 및 정책과제 연구」, 소상공인진흥원·산업연구원, p.144에서 재인용).

이 중에서 운수업 및 교육서비스업의 경우 국내 자영업자 비중이 OECD 평균에 비해 높은 이유는 국내만의 독특한 특수성으로 상당부분 설명이 가능하다. 우리나라 운수업의 경우, 개인사업체 혹은 자영업자의 대부분은 택시운송업(KSIC 49231) 및 용달 및 개별 화물자동차 운송업(KSIC 49312)에 집중되어 있다. 2008년 기준 이 두 업종의 개인사업체가 전체 운수업체에서 차지하는 비중은 무려 87.4%에 달한다.

즉, 우리나라 운수업에서 자영업자 비중이 OECD 평균보다 높은 이유는 개인택시 및 개인화물차의 존립을 가능케 하는 제도에서 찾을 수 있다. 우리나라 교육서비스업의 경우, 개인사업체 혹은 자영업자의 대부분은 일반 교습학원(KSIC 8550) 및 예술학원(KSIC 8562)에 집중되어있는데, 2008년 기준으로 두개의 업종이 전체 교육서비스 업체의 60.2%를 차지하고 있다. 즉, 우리나라 교육서비스업의 자영업자 비중이 OECD 평균보다 높은 이유는 국민의 높은 교육열과 과도한 사교육 의존도에서 찾을 수 있다. 이와 같은 우리나라의 특수성을 고려하면, OECD 국가들과 비교하였을 때 우리나라의 도·소매업 및 숙박·음식점업의 자영업자 비중이 상당히 높다고 볼 수 있으며, 그 중에서도 특히 도·소매업이 이례적으로 높다고 볼 수 있다.

[전 산업 자영업자 비중의 국제 비교(2008년)]

(단위: 천명, %)

국가명	취업자	자영업자 A	자영업자 B	자영업자	자영업자 비율		
					전체	남	여
Australia	11019.8	299.1	944.3	1243.4	11.3	13.6	8.5
Austria	4252.3	196.8	275.0	471.8	11.1	13.3	8.5
Belgium	4779.6	188.3	402.2	590.5	12.4	15.8	8.1
Canada	18245.1	863.8	1756.6	2620.4	14.4	17.8	10.5

Czech Republic	5232.3	179.0	603.6	782.6	15.0	19.4	9.2
Finland	2726.0			314.0	11.5	15.0	7.7
France	27983.5	1180.7	1384.5	2565.2	9.2	12.2	5.8
Germany	41875.0			4143.0	9.9	12.5	6.8
Greece	4917.9	372.0	975.4	1347.4	27.4	33.8	18.2
Hungary	4208.6	202.7	264.9	467.6	11.1	14.0	7.7
Iceland	177.3	8.7	15.6	24.3	13.7	18.8	7.6
Ireland	2101.6	122.7	216.6	339.3	16.1	23.6	6.2
Italy	23404.7	285.0	4771.2	5056.2	21.6	26.7	13.9
Japan	63850.0	1610.0	4450.0	6060.0	9.5	12.3	5.6
Korea	23432.8	1562.0	4487.2	6049.2	25.8	31.1	18.5
Mexico	43867.0	2169.0	9868.0	12037.0	27.4	28.8	25.1
Netherlands	8457.0			1107.0	13.1	16.1	9.5
New Zealand	2188.2	110.5	243.3	353.8	16.2	20.5	11.2
New Zealand	2188.2	110.5	243.3	353.8	16.2	20.5	11.2
Norway	2524.0	52.0	137.0	189.0	7.5	10.4	4.1
Poland	17011.0	651.0	2361.0	3012.0	17.7	21.1	13.6
Portugal	5624.9	291.7	925.6	1217.3	21.6	23.4	19.6
Slovakia	2700.4	79.5	269.2	348.7	12.9	17.2	7.6
Spain	22848.2	1173.0	3616.2	4789.1	21.0	25.6	14.8
Sweden	4593.0			466.0	10.1	14.2	5.6
Switzerland	4375.4	263.8	329.3	593.1	13.6	16.3	10.4
Turkey	21194.0	1251.0	4324.0	5575.0	26.3	31.3	12.4
United Kingdom	29099.9			3763.1	12.9	17.4	7.7
United States	154287.0			10584.0	6.8	8.0	5.3
OECD 평균					14.4	17.6	10.1

주: 자영업자 = 자영업자A + 자영업자B; 자영업자A는 고용원이 있는 자영업자, 자영업자B는 고용원이 없는 자영업자를 의미함.
출처: ILO 고용통계 (주현·김숙경 외(2010), 「자영업 비중의 적정성 분석 및 정책과제 연구」, 소상공인진흥원·산업연구원, p.89에서 재인용).

Ⅱ. 유럽(독일, 스위스 등)

A. 독일

1. 독일 소상공인의 정의

독일 연방 통계청은 유럽위원회의 중소기업 범위 권고안(2005년 1월부터 적용)에 따라 중소기업을 종업원 250인 미만, 연매출액 5천만 유로 이하의 기업으로 정의하고 있으며, 이 중 종업원 9인 이하, 연매출액 200만 유로 이하의 기업을 소상공인으로 규정하고 있다.

[독일 소상공인 정의]

구분	종업원	연매출액
영세기업	9인 이하	200만 유로 이하
소기업	10-49인	1천만 유로 이하
중기업	50-249인	5천만 유로 이하
대기업	250인 이상	5천만 유로 초과

출처: Statistisches Bundesamt Deutschland

2. 소상공인 지원 정책 체계

a) 정책체계

(a-1)중소기업을 위한 연방정부 구상

중소기업을 위한 연방정부 구상은 2006년 7월 19일 독일 연방 내각에서 발표한 구상으로 중소기업 성장과 고용의 중요성을 강조하고 있으며, 연방정부가 시행, 추진 또는 계획 중인 제반 중소기업 관련 시책을 포함하고 있다. 동 구상은 중소기업 성장 촉진, 행

정규제 완화, 혁신역량 강화, 기업교육 개선, 차세대 숙련 기술자 확
보, 자금조달 기회 개선을 목표로 한다. 이외에도 대외무역활동 지
원, 벤처캐피탈 활성화 및 창업 촉진을 위한 시책을 포함하고 있다.

b)**정책기관**
(b-1)제 기술부 중소기업정책국[45]
중소기업 정책은 경제기술부 중소기업정책구 제1차관이 관장하

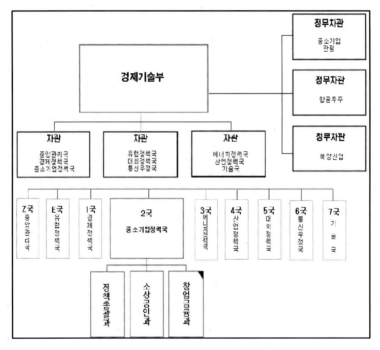

자료: 정보통신산업진흥원

|독일 경지기술부 조직도|

---

45) Bundesministeriums fur Wirtschaft und Technologie

며, 제2국 중소기업정책국에서 담당한다. 중소기업정책국은 정책총괄과, 소상공인과, 창업금융과 등 3개과로 구성되어 있으며, 수공업, 서비스업 및 자유전문직 분야의 신규 및 기존 중소기업에 대한 창업, 금융, 기술, 정보화, 수출, 경영지도 및 교육훈련 등 지원정책 업무를 수행하고 있다. 이외에는 별도로 경제기술부 장관 직속의 27인으로 구성된 중소기업자문이사회[46]가 설치되어 운영 중이다.

c)지원기관

(c-1) KfW 중소기업 은행

KfW는 1948년 2차 세계대전 후 독일 경제부흥을 위해 KfW 법에 의해 설립된 순수 정책금융기관이다. 5개 부문으로 구성되어 있으며, 그 중 KfW 중소기업은행이 연방정부의 중소기업 금융 지원을 담당한다. KfW 중소기업은행은 창업지원, 전문 자영업자 및 중소기업의 육성, 기술혁신 지원, 경영자문, 중소기업대출 유동화 등의 업무를 수행하고 있다. 이외에 KfW 금융그룹 내 연방경제기술부 장관을 의장으로 하는 중소기업 자문 이사회가 운영되고 있다.

사업내용으로는 2010년 기준 매출액 25억 원 원 이하의 중소기업에 대한 지원이 가장 큰 비중으로 차지하고 있다. 주력 대출 상품인 '기업대출프로그램[47]'은 창업기업, 중소기업, 전문자영업자를 대상으로 하는 소액대출 프로그램이다. 특히 2008년부터는 소기

---

46) SME Advisory Council

47) Entrepreneur Loan Program

업, 자영업자를 위한 기존의 소액대출프로그램인 마이크로론[48]과 스타트머니[49]를 통합한 '스타트머니 프로그램[50]'을 시행하고 있는데, 스타트머니 프로그램은 종사자 수 100인 미만 소기업, 전문 자영업자, 자영업을 준비하는 일반인을 대출 대상으로 하고 있다.

(c-2) 독일 수공업중앙회[51]

독일 수공업중앙회는 종전의 53개 수공업회의소와 36개 수공업협회가 통합되어 만들어진 중소기업의 권인보호를 위한 전국적 규모의 사업자단체다. 중소기업의 경쟁력 강화와 경영자 능력개발을 촉진하는 한편, 정부의 과도한 규제와 사유재산의 제약 및 대기업의 시장지배력 남용 등을 반대하고 있다. 독일 수공업중앙회는 수공업중소기업유럽연합(UEAPME)[52]의 회원으로써, 1990년부터 브뤼셀에 EU 사무소를 개설하여 운영 중이다.

독일 수공업중앙회의 사업내용은 다음과 같다.

- 의회, 연방정부, EU 및 국제기구를 상대로 독일 수공업자들의 관심과 이익을 대변
- 유럽 내 유사기관과의 협력 네트워크를 구성하여 중소기업의 이익을 옹호
- 수공업 정책, 교육훈련, 노동시장 및 임금정책, 사회보장, 무역 촉진 등에 대하여 연구

---

48) MicroLoan

49) Start Money

50) Start Money Program

51) The German Confederation Of Skilled Crafts, ZDH

52) European Association of Craft, Small and Medium-Sized Enterprises

(c-3) 독일 상공회의소연합

독일 상공회의소연합은 독일 80여개의 각 지역 상공회의소의 중앙 조직으로 독일 내 소상공인에서 대기업까지 300만개 기업의 이익을 대변하고 있다. 수공업, 전문자유직, 농업 등은 회원사에서 제외되면 회원사 대부분이 중소기업이다. 경영진을 중심으로 총 190명의 상근직 직원과 자문을 담당하고 있는 15개 전문위원회로 구성되어 있으며, 각 지역 상공회의소를 통해 창업, 직업훈련, 기업환경혁신 등을 지원하고 있다.

3. 소상공인 지원 시책

a) 금융지원

(a-1) 마이크로금융펀드

독일 정부는 소액대출 수요가 급증하고 있는 반면 은행 입장에서 소액대출은 수익성이 없는 사업이라는 문제를 해결하기 위해 2006년 9월 창업기업과 소기업에 자금을 지원하는 마이크로금융펀드를 조성했다. 소액을 대출받는 기업은 채무 불이행 위험이 높고, 이들 업체에 대한 평가 및 모니터링 작업에 비용이 많이 들며, 소액대출은 금리도 낮아 은행이 소액대출에 소극적일 수밖에 없어 대책 마련이 요구되었기 때문이다.

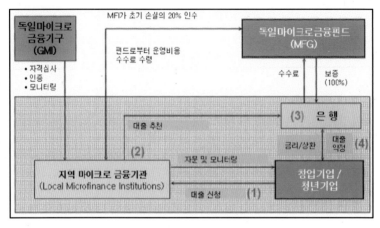

출처: KfW

|독일의 마이크로 금융펀드 운영체계|

마이크로금융펀드는 소액대출업체의 대출이 확대되는 환경을 구축함으로써 창업기업과 청년기업의 자금조달을 지원하고 있다. 기존의 지역 마이크로금융기관과 창업센터의 네트워크를 협력적 틀내에서 통합해 차입업체에 대한 이들의 자문 및 모니터링 활동을 결합해 자금 지원의 '상호연동'을 강화했다. 대출 한도는 최대 1만유로이며, 대출 기간은 최대 3년이다.

동 제도는 위의 그림에서 볼 수 있듯이 독일마이크로금융펀드, 은행, 지역마이크로금융기관, 독일마이크로금융기구 및 차입업체간 다음과 같은 메커니즘으로 운영되고 있다. MFG는 은행으로부터 수수료를 받는 대신 펀드를 100% 보증하고, 총신용 디폴트 위험을 수용하며, MFI와 협력적 관계를 구축한다. 은행은 MFI와 협력적 관계를 구축하고, 차입업체(창업기업, 청년기업)에 대한 접촉 파트너로서의 역할을 담당한다. MFI는 기업가에 자문 서비스를 지원하고, 대출 신청자의 '신용도'를 평가하며, 20%의 초기 '배상책임'을 상정하고 펀드 수수료를 수령한다. GMI는 MFI가 사업을 개시하기 전 의무적 인증절차 과정과 모니터링을 통해 MFI의 높은 자격 요건을 담보한다. 차입업체는 MFI에 대출을 신청하면 MFI가 은행에 대출을 권고하고, 은행은 차입업체와 직접 접촉을 갖게 된다.

(a-2)자영업창업보조금

회사설립 보조금이 2006년 8월1일부터 잠정자금 및 2006년 6월 30일까지 한정되었던 자영업창업보조금으로 대체되었다. 신청자격 은 SGB Ⅲ의 유상배상에 대한 청구권을 갖는자, 상기 고용창출 대책으로 지원되는 분야에 종사하는 자영업자이다.

지원 요건은 다음과 같다.

- 창업자가 실업자라야 하며, 자영업 창업으로 인하여 실업상태를 마감하여야 함
- 고용단계에서 지원을 받는 자립단계로 직접 변환함은 불가함
- 창업계획의 수행능력에 필요한 전문직 책을 전제로 함
- 창업자는 자립 활동 수행에 필요한 지식 및 능력을 겸비해야 함
- 문제발생시 중개소는 원활한 업무를 위해 적격성확인 및 자영업 창업준비과정 참여를 요구할 수 있음
- 창업자는 90일 이상의 실직수당 잔여청구를 처리한 이후 지원 가능함
- 지원된 활동은 자영업자 본업에 관계되어야 함
- 부가 활동 시간이상 시행된 경우에 본업의 활동이 성립함

지원은 2단계로 이루어진다. 1단계에서 창업자는 최초 9개월간 매월 최종실직수당 금액만큼 지원받고, 사회보장을 위해 동일기간

동안 매월 300유로를 추가지원 받으며, 그 추가지원금으로 법에 규정한 사회보험가입이 가능하다. 2단계에서 지원 후 업무활동에 관한 본인일정 자료를 제출할 경우, 회사설립보조금으로 향후 6개월간 매월 300유로가 지급된다.

(a-3)창업자금

비교적 소액융자가 필요한 창업자의 자립성 확보를 목적으로 연방정부는 경영상 조건부투자 및 운전자금을 위한 창업자금을 지급하고 있다. 경영업체의 창업 및 취득, 실행중인 자본참여인수 등 자영업창업의 모든 형태에 지원이 가능하다.

신청자격은 전문 및 상업적 필수능력을 발휘하는 자연인, 산업경제의 소기업, 직원이 100명 이내인 자유직업의 소기업으로 신청자의 활동적인 공동기업체를 전제로 하며 투자 및 운전자금 융자총계가 5만유로 이내라야 지원이 가능하다. 지원 형태는 대출이며, 필요한 융자총액의 100%까지 최고 5만 유로가 대출된다. 대출 기간은 최대 10년, 그중 최대 2년은 상환이 면제된다. 기업이 초기부업으로 운영될 경우 지원이 가능하다. 단, 중간시기에 지원전제조건인 본업경영업체로 이행되어야 한다. 그러나 기타 KfW신용기관과의 결합은 가능하지 않다.

(a-4) KfW특수전문직 창업 상담 융자 지원

연방정부 및 KfW는 자영업자 자립이 용의하도록 특수전문적인 창업상담자의 중재 및 상담업무에 대한 융자를 지원하고 있다. KfW의 창업지도는 바덴뷔르템베르크, 바이에른, 노르트라인 베스

트팔렌, 라인란트 팔츠를 제외하고 독일연방전역에서 제공된다. 이러한 KfW를 통한 기초 지원 외에 주정부차원의 부가상담 및 복지업무가 제공되고 있다.

신청자격은 창업 후 5년 이내의 자영업자, 투자가 필요한 중소기업이다. 지원은 산업 및 상공회의소(IHK), 수공업회의소(HWK), 주립지원 연구소, 독일경제의 합리화 및 혁신센터(RWK), 창업자 회의 등에서 내려진 KfW의 긍정적인 판정을 전제로 한다. 1차 농산품. 어업과 해산물 양식업, 재정위기기업은 지원에서 제외된다.

지원 종류 및 금액은 다음과 같다. 지원금 증액은 지방정부의 모델에 따라 가능하다.

- 구동독 지역의 연방주(동베를린 포함) 지원 금액: 상담수수료의 65%
- 구서독 지역의 연방주(서베를린 포함) 지원 금액: 상담수수료의 50%
- 최대지원가능 상담수수료 : 320유로
- 최대 일일지출금액 : 750유로
- 공동융자의 최대상담일 : 10일

창업지도시 KfW중소기업은행은 지방정부, 산업.상공회의소, 수공업회의소 등과 협력해야 한다. 또한 KfW중소기업 은행 지원자금은 기본시설지원에 해당되고, 지방정부 자체자금으로 확대될 수 있다. 기타 공공 지원프로그램에 의하여 결정된 상담처리 중 동시지원은 할 수 없다.

b) 교육.자문지원

(b-1) 저숙련 및 노년층 근로자 교육훈련

연방고용청은 저숙련 및 노년층 종업원 교육 훈련 프로그램인 WEGEBAU를 운영하고 있다. 이 프로그램 대상은 종업원 249명 이하의 중소기업 중저숙련 종업원(경력 4년 이하)과 45세 이상의 종업원 등이다.

(b-2) IHK 창업 지원 서비스

전국적으로 80여개에 달하는 독일 상공회의소는 중소기업의 창업 지원으로 위해 창업 기반 기초 정보와 IHK 창업자문 프로그램을 운영하고 있다. 창업 기반 기초 정보 프로그램을 통해 기업가적 삶의 기초를 습득하는 한편 창업자문 프로그램을 통해서는 기업가적 삶의 개념을 이미 습득한 예비 기업가들을 대상으로 그들이 가지고 있는 사업 계획을 점검하게 된다.

c) 기술지원

(c-1) 중앙혁신프로그램

ZIM은 2008년 7월 출범하였으며, 2013년 말까지 중소기업의 혁신 활동을 지원하게 된다. ZIM은 협회와 자유 전문직 종사자를 포함해 기업들의 혁신 역량과 경쟁력 제고를 위한 지속가능한 지원을 제공한다. 이를 통해 기업들의 시장 지향적 연구, 개발, 혁신을 도모하고 R&D등 기업들의 기술 기반 사업의 기술적, 경제적 리스크를 완화함을 목적으로 한다. 즉 시장 지향적 혁신을 도모함으로써 R&D결과물의 신속한 시행, 기업과 연구기관의 협력 강화 및 기술 이전 확대, R&D협력에 있어서 기업의 책임 확대, 기업 내 혁신, 협력, 네트워크 관리 개선 등 이 그 주요 사업 목적이다.

ZIM은 ZIM-KOOP, ZIM-SOLO, ZIM-NEMO 등 세 가지 지원 방식으로 구성되어 있다. 협력 프로젝트 펀딩 사업인 ZIM-KOOP 은 기업 간 또는 기업과 연구기관 간 R&D협력 사업 촉진을 목적 으로 하고 있으며 종업원 249명 이하, 연매출 5천만 유로 이하(총자산은 4,300만 유로 이하)의 중소기업과 종업원 천명 이하의 대기 업, 공공, 민간 비영리 기관을 대상으로 한다. 단일 프로젝트 펀딩 사업인 ZOM-SOLO은 단일 기업의 R&D사업 촉진을 목적으로 하고 있으며 종업원 294명 이하 연매출 5천만 유로 이하(총자산은 4,300만 유로 이하)의 중소기업과 종업원 1천명 이하의 대기업, 공공, 민간 비영리 기관을 대상으로 한다.

네트워크 프로젝트 펀딩 사업인 ZOM-NEMO은 시너지 효과를 얻을 수 있는 최소 6개 기업이 참여할 수 있는 혁신적 네트워크 구축을 지원하는 것으로 대외 네트워크 관리 기관이나 네트워크에 참여하고 있는 연구기관을 대상으로 한다.

ZIM-KOOP, ZIM-SOLO는 직접인건비, 프로젝트 관련 재 3자와 의 계약비용(인건비의 최대 25%), 잡비(기업 100%(국제 프로젝트의 경우 120%), 연구기관 75%) 등을 지원하며, R&D 통합 프로젝트의 경우 최대 20만 유로까지 지원한다.

(c-2) MIC (MICRO-INNO-CHANGE)

유럽연한 차원에서 회원국인 스페인, 네덜란드, 이탈리아, 독일이 소기업(종업원 10~49인)과 소상공인(종업원 1~9인)을 대상으로 경영 환경변화에 따른 기업의 대응 방안 모색을 지원하고 있는데, 독일은 북 라인-베트스발렌 중에 소재한 자우어란트(Sauerland)를 대상으로 MIC 프로그램을 실시하고 있다.

독일은 자우어란트의 자동차 부문 공급업체, 전자업체 냉난방기 업체 등이 MIC 프로그램 대상에 포함된다. MIC 프로그램은 경영환경변화를 예측할 수 있는 수단을 이용해 이러한 기업들을 지원하고 있다. 대상 기업들은 대부분 인력, 자금 측면에서 영세하기 때문에 경영환경 변화를 예측할 수 있는 수단을 이용해 이러한 기업들을 지원하고 있다. 대상 기업들은 대부분 인력, 자금측면에서 영세하기 때문에서 경영환경 변화에 적극적으로 대응하기가 어렵다는 문제점을 가지고 있다. 이에 따라 MIC 프로그램에서는 기업의 니즈를 반영해 기업과 시장 환경을 분석할 수 있는 예측도구를 사영하여 경영개념과 방식을 도출 한다.

B. 프랑스

1. 프랑스 소상공인 정의

프랑스의 소상공인 정의는 다음과 같다. 2008년 프랑스 경제현대화법[53])에서는 종업원 9인 이하, 연매출이 2백만 유로를 넘지 않는 기업을 소상공인으로 정의하고 있다. 또한 경제현대화법에서는

1인 사업자 개념을 새롭게 도입했는데, 1인 사업자 조치는 직장인, 실업자, 퇴직자, 학생 등을 대상으로 부수입 또는 주요 소득원 확보를 위한 사업 활동을 촉진하는데 목적이 있다. 1인 사업자 신분이 획득하면 세금 및 사회과세 등에 대해 일관적으로 특혜세율 적용을 받게 된다. 1인 사업자 적용 대상은 1인 기업이면서 연매출액이 상업 부문 8만 유로 이하, 서비스 부문 3만 2천 유로 이하다.

a) 소상공인 지원체계 (산하 및 조직)

(a-1)프랑스 경제산업 고용부

지난 수년간 프랑스의 중소기업 정책을 담당하는 중앙부서의 직제는 정부조직 개편에 따라 몇 차례 변화가 나타났다.

[중소기업 정책 기관 변화]

기간	소속기관 명칭	직급 명칭
2002~2004년	재정경제산업부	중소기업 차관 Secretaire dEtat
2004.3 ~ 2005.5	재정경제산업부	중소기업 담당장관 Ministre delegue
2005.6 ~ 2007.5	중소기업.상업.수공업.자유업부	장관(국무위원) Ministre
2007.5 ~ 2008,3	재정경제고용부	상업.수공업.서비스.자유업국 DCASPL
2008.3.18 ~	경제산업고용부	중소기업 차관 Secretaire dEtat

---

53) 프랑스 경제산업고용부, 현대 경제화법(Loi de modernisation de l'economie)

2005년 6월 국무위원인 장관으로 격상된 '중소기업, 상업, 수공업, 자유업부'는 2007년 5월 18일 사르코지(Nicalas Sarkozy) 대통령 취임에 따른 새로운 내각에서 제외되었으며, 새로 개편된 '재정경제고용부'로 통합되었다. 2008년 3월 18일 개각을 통해서 부처 명칭 및 직급을 다시 변경했는데, 부서 명칭을 '재정경제고용부'에서 '경제산업고용부' (장관 1인, 차관 4인)로 변경했다.

b) 소상공인 지원 시책

(b-1) 금융지원 부분

(b-1-1) ACRE

ACRE는 경제산업고용부 산하 경제산업서비스국이 운영하는 창업 및 기업 갱생 지원 프로그램으로 2007년 7월 창업지원에 관련 명령(No.2007-1396) 및 노동법 개정안, 2007년 11월 창업 지원 신청 구성 및 국가 재정 신청 구성에 관한 명령에 근거해 설립 되었다. 주요 지원대상은 실업자와 기업 인수자 등이며, 2007년 12월부터 기업행정수속센터(centre de formalites des entreprises)에서 신청을 받고 있다.

ACRE 지원 대상자는 1년간 사외연금 납부를 면제받으며, 특히 영세 기업의 경우 매출 상한을 넘지 않는 경우 이 기간이 3년까지 연장된다. 도한 지원 대상자는 기업가 정신 지원 기관으로부터 자문 서비스를 받을 수 있으며 연령, 자원 등에 따라 특정 조건에 일치하는 경우 조건부 상환 선급금을 지원받을 수 있다.

(b-1-2) NACRE

신 창업 기업갱생지원 프로그램(NACRE)은 경제산업고용부가 2009년 1월 1일 도입한 제도로 현재 실업 상태이나 창업을 원하는 대상자를 지원하고 있다. NACRE는 기존의 지원제도인 EDEN과 체크북팁(Chequiers Conseils)의 기능을 흡수한 것으로 실업자들이 창업을 통해 기업가적 정신을 고취하는데 그 목적이 있다. 프랑스 정부는 이를 위해 4천만 유로의 자금을 투입했다. 이외에 예금위탁기금이 추가적으로 1억 유로 투입해 무이자 대출 자금으로 사용하고 있다.

(b-1-3) FISAC

1989년 도입된 FISAC은 경제산업고용부 경쟁산업서비스국이 운영하는 기금으로 상업, 수공업, 서비스 부문의 소상공인들이 지역 비즈니스 네트워크를 유지 및 개발을 지원한다. 또한 지역 소상공 기업의 재건, 전문 장비 확충 등을 장려하고 있다.

지원 대상은 인구 3천명 미만의 지자체에 소재한 기업으로 연간 매출 1백만 유로 미만이어야 하며 사장이 해당 지역 지자체에 거주해야 한다. 지원 규모는 기업당 최대 1만 유로이다.

(b-1-4) ADIE 소액대출

소액신용대출조합 ADIE는 1989년에 설립되어 2010년 기준 전국 100개 지부와 300개 연락사무소를 두고 있는 유럽 최대의 소액대출 기관이다. 영세상인, 실업자, 최저생계 수급자, 은행대출이 불가능한 자를 대상으로 소액대출을 지원한다.

영세기업의 대출 목적에 관계없이 6천 유로까지 대출이 가능하며, 명예대출, 지역 인센티브 등 약 1만1천 유로까지 추가 대출을 할 수 있다. 이외에도 창업의 안정성을 보장하기 위한 소액 보험 제공한다.

1989년 이후 현재까지 8만 건의 소액대출을 통해서 창업 6만 5천건, 취업 7만 8천 건의 성과를 달성했다. 자금지원 받은 기업의 2년 후 기업 생존률은 64%이다. 2010년 기준으로 이를 위해서 50개 이상의 프랑스 은행과 파트너십을 구축하고 있다.

(b-1-5) 12인 사업자 특혜세율 적용

경제산업고용부는 2008년 경제현대화법을 통해서 개인사업자의 세금 납부 절차를 간소화하고 조세부담을 완화하기 위해서 2009년부터 1인 사업자 개념을 새롭게 도입했다. 사업자 신분이 획득하면 세금 및 사회적 부담금 등에 대해서 일괄적으로 특혜세율 적용을 받게 된다. 1인 사업자 적용 대상은 1인 기업이면서 연매출액이 상업 부문 8만유로 이하, 서비스부문 3만2천 유로 이하이다. 1인 사업자는 월 또는 분기 단위로 재화 및 서비스 판매 등 기업 매출액의 12~21.3%를 세금으로 납부해야 한다. 만약 1인 사업자가 1년 동안 매출이 없다면 신고 및 세금 나부 의무가 없으나 사회단체 가입, 의료 및 연금 보험은 그대로 적용된다.

1인 사업자로 신고하기 위해서는 프랑스 정부가 개설한 1인 사업자 사이트에 접속한 후 세금이나 관련 사회적 부담금을 납부하게 되는데, 이러한 인터넷 사이트를 이용함으로써 가족 수당 사회적 부담금과세연합 또는 상공회의소를 방문하는 불편을 해소하고 있다.

C. 미국(United States)

미국에서 중소기업지원은 중소기업에도 대기업에 못지않은 균등한 기회가 부여되어야 하고 자유경쟁이 미국 경제시스템의 원동력이라는 전제를 기본이념으로 하고 있다.

이에 따라, 중소기업정책에 있어서도 자유경쟁을 통한 중소기업의 육성 및 성장을 통하여 최종적으로 국가경제의 발전과 안보에 기여하는 '경쟁촉진'과, 다른 한편으로 중소기업을 지원하고 보조해야 한다고 규정하여 '육성지원'의 성격도 동시에 지니고 있다. 시장경제를 지향하는 미국의 경제원리상 경제활동에 대한 정부개입은 최소화되어 왔으며, 같은 맥락에서 중소기업정책도 정부개입을 최소화하면서 시장메커니즘에 맡긴다는 입장을 취하고 있다. 이러한 시장경제의 원칙 하에서 중소기업을 자유경쟁을 유지하는 중요한 요소로 인식하고 주로 규제완화를 통한 인허가 및 융자절차 부담 감소나 감세조치 등 사업 환경 개선에 초점을 두고 있으며, 중소기업에 대한 직접지원보다는 민간에 의한 간접지원방식이 주류를 이루고 있는 상황이다.

미국의 중소기업정책은 1953년 7월 30일 중소기업법에 의해 설립된 연방정부의 독립된 행정기관인 중소기업청을 중심으로 중소기업 조성(aid), 지도(counsel), 지원(assist), 중소기업 권익보호(protect) 등 자유 경쟁적 기업 체제를 보존하는 것을 목적으로 한다.

미국 중소기업청(Small Business Administration, SBA)은 영세기업을 포함하여 장애인이나 국가원호대상자, 여성과 소수민족 등 사회의 소외계층을 대상으로 자본형성과 경제성장, 취업강화를 지원하기 위한 다양한 정책을 추진하고 있으며, 특히 자본형성 부분을 가장 기본적인 사항으로 지원하고 있다.[54]

미국의 소기업을 포함한 중소기업 정책의 주요 특징으로는 정부 개입의 최소화 및 시장 메커니즘 중시. 간접지원방식, 각종 프로그램의 운영, 민간 전문가에 의한 경영지도 활성화, 소수민족이나 여성 기업에 대한 지원 강화, 특정분야에 대한 지원개념 지양 등을 들 수 있다.[55]

미국의 중소기업은 종업원 수 20인 미만의 영세기업(Very Small Sized)과 종업원 수 20~99인 이하의 소기업(Small Sized), 종업원 수 100~499인 이하의 중기업(Midium Sized)으로 구분되는데, 실질적인 지원의 집행은 1980년 「소기업개발센터법」(Act of Small Business Development Centers)을 제정하여 전국적인 중소기업지원 네트워크를 형성하였고 이를 통해 중소기업의 활성화를 지원하는 조치를 취하였다.

우리나라 소상공인지원센터와 대비되는 중소기업개발센터(SBDC)

---

54) 중소기업연구원 (2011)_소상공인 지원체계 개편방안
55) 최상렬, 노현섭(2007), '소상공인 운영지원시스템의 개선방안', 국제회계연구 제20집, pp335-358

는 지역 소기업.소상공인에 경영지도 및 자문 그리고 인력훈련과 기술지원 등 경영전반에 걸친 지원을 종합적으로 제공하는 것을 목적으로 하는데, 각 주의 주립대학에 메인 SBDC(Lead Center)를 설치하여 각종 프로그램을 운영 관리하고 있으며, 대학, 전문대학, 직업훈련대학교, 상공회의소 등 공공기설에 산한 SBDC(Subcenter and Satellite Locations)를 설치하도록 하고 있다.

또한 미국 중소기업청의 지원시책으로는 금융 및 신용보증지원, 지도 및 교육훈련, 정보제공, 계약이행 보증지원 및 정부조달지원, 연방세제 특례, 특정 중소기업 지원 등이 있으며, 이를 금융지원, 지도 및 교육훈련, 정보제공과 소매업 지원 등에서 소기업을 대상으로 한 정책을 중심으로 살펴보면 다음과 같다.[56]

1. 금융 및 신용보증 지원

1997년 이후 정부에 의한 소액대출 및 재해대출을 제외한 직접 대출 프로그램이 전면 폐지됨에 따라서 미국의 중소기업 금융지원은 중소기업이 민간 금융기관으로 대출시 SBA가 보증하는 융자보증제도를 중심으로 운영되고 있는 상황이다. 융자보증체계는 SBA가 우선 사전인증절차10)를 통해 선정된 우대금융기관(Preferred Lenders Program, PLP)11), 인정금융기관(Certified Lenders Program, CLP)[57] 및 일반금융기관(General Lenders) 등과 보증조건에 대해 포괄적인 융자보증계약을 체결하고 은행시스템을 통해 보증을 제공

56) 중소기업중앙회(2005), 외국의 중소기업 정책연구 를 참조함.
57) CLP는 대출승인권한의 일부를 위임받으며, SBA는 CLP 대출에 대해 최고 85~90%까지 보증함.

하는 방식인데, 이를 통해서 우대금융기관에 대해서는 보증절차를 전적으로 위임하고 인정 및 일반금융기관에 대해서 는 SBA가 직접 보증심사를 실시하고 있으며, 한편으로는 신용도가 낮은 중소기업에 대한 지원보다는 우량 중소기업에 대한 장기자금 신용보증지원으로 정책이 전환되었다.

a) '7(a) 대출(7(a) Loan Program)'

현재 7(a) 대출프로그램이 SBA 대출프로그램의 80% 이상을 구성하는 가장 큰 부분을 차지하는 것으로써, 일반대출 보증형태인 7(a) 대출보증, 10만 달러 이하의 소액보증 프로그램, 단기 운전자금 보증, 여성기업가 보증, 소수민족 소유기업 보증, 수출용 운전자금 보증, 장기 무역금융 대출보증 등으로 구성되어 있다.

b) 소액대출(7(m) Microloan Program)

소액대출프로그램은 여성, 저임금 및 소수인종기업들을 지원하기 위해 1992년 도입되었으며, 특히 경기침체로 유동성부족을 겪고 있는 지역의 중소기업을 지원하는 것으로써, 창업 또는 성장단계의 소기업에 대해 최대 3.5만 달러까지 소액자금을 직접 대출하며, 지역 내 소액대출 중계업체[58]에 직접 신청을 하거나, 중개업체가 중소기업자의 개인보증 또는 일정한 담보를 요구할 수 있으며, 때에 따라 마케팅 및 기술교육 이수를 대출조건을 제시할 수 있도록 되어있다. 중개 만기는 최대 6년으로 융자조건은 대출규모, 사용처, 중개업체

---

58) 재무부로부터 소액대출 권한을 이양 받은 지역 금융기관

의 요구조건, 대출기업의 필요성 등에 따라 변동된다.

c) 'Pre-Qual 대출(Pre-Qualification Loan Program)'

Pre-Qual 대출은 전통적으로 대출이 어려운 특정 중소기업과 낙후지역의 지원을 위하여 마련하기 위함이며, 여성기업가, 참전용사, 소수민족 소유 중소기업, 수출업자, 농촌 및 특정지역 등을 대상으로 하며, 최대 융자금액은 25만달러를 지원하게 된다.

2. 세제지원

미국의 법인세율은 소득범위에 따라 차등 적용되어 중소기업에 대한 세 부담을 경감시켜주고 있으며, 소기업에 해당하는 세제지원제도로는 S 법인제도(S Corporation)가 있다. S 법인제도는 일정규모 이하의 소규모 법인에게 법인세를 과세하지 않는 대신 해당 법인의 손익을 개인주주에게 출자비율에 따라 배분하여 개인소득세로 과세하는 방식을 말하는 것인데, 이 때 개인주주는 출자기업에서 손실이 발생할 경우 개인소득세를 절감할 수 있으며, 이에 따라 창업초기 적자가 날 가능성이 높은 소기업에 대한 개인출자를 촉진시키는 효과가 나타난다.

3. 경영지도 및 교육훈련

a) 소기업지원센터

소기업지원센터는 1980년 제정된 소기업지원센터법(Small Business Develpoment Center Act of 1980)에 기초, 대학을 중심으로 전국 센터가 설립되어 이후 중소기업 정책의 근간을 이루었다. 58개 주에 중심센터와 1,000여개의 지역센터로 구성되는데, 중소기업의 성장과 확대, 기술혁신, 생산성 향상, 경영개선 지원을 목적으로 운영되는 지역밀착형 중소기업 지원기관으로 90%이상이 대학에 설치되어 있고, 연방정부, 주정부 및 민간부문의 자원봉사자와 파트타임 근무자가 있으며, 무역협회, 대학, 상공회의소, 퇴직경영봉사단(SCORE) 등의 전문가로 구성되어있는 전문 지원 센터이다. 역할은 One-Stop Service라는 개념 하에 소기업 경영자 및 예비 창업자에게 개별상담·사업 정보제공·마케팅·기술연계·수출보조·자금알선 등 경영전반에 걸친 종합서비스를 제공하며, 지역 경제의 연구 등을 수행하는 등 지역중소기업 발전에 기여하고 있다,

소기업센터가 제공하는 서비스[59]에는 각종 정보제공과 상담, 기술이전 및 연구개발 지원, 수출지원, 규제준수 지원, 지역개발 및 정부조달 지원 등이 있으며, 자금조달 지원서비스도 제공하고 있는 종합적인 형태를 띠고 있다.

[소기업지원센터의 법적 의무서비스]

서비스항목	내 용
무료 1대1 상담서비스	· 소기업의 신용관행 및 신용필요조건 습득 · 사업계획, 자금조달, 신용신청, 및 계약제안서 개발 · 창업계획, 사업확장 및 수출계획시 필요한 정보 확보
기술이전 및 연구개발	· 기술이전 및 응용기술을 위한 연구개발 지원 · 자동 유연생산시스템에 대한 접근 증대 · 소기업과 교육기관과의 연계를 통한 기술이전의 네트워크 강화 · 생산시설 공유 확대를 위한 노력

[59] 소상공인진흥원(2007), 외국 소상공인정책 조사연구

농촌지역지원	·상무성 및 다른 연방기관과 협력, 수출·정부조달·관광·신용접근 및 혁신을 위한 농촌지역 소기업지원 ·농촌지역 소기업의 경쟁력 확보를 위한 생산 및 마케팅전략의 개발
수출지원	·다른 수출지원기구와 협력하여 수출유망시장 개발, 수출촉진, 외국기업과의 연계강화 등 수출활동 지원 ·무역금융에 대한 다양한 정보 제공 ·외국시장에서의 경영활동 강화를 위한 외부기관(대학, 컨설턴트, 소기업공동체, 주정부)과 협력 ·인터넷을 활용한 다양한 수출관련 정보 제공
군사기지 폐쇄에 따른 지원	·군사기지의 축소나 폐쇄에 따른 소기업의 경영환경 문제에 대응하기 위한 전략적 사업계획개발 지원
규제준수를 위한 지원	·환경·에너지·건강·안전·기타 규제에 대한 정보제공 ·필요한 경우 규제준수를 위한 상담 및 기술개발 지원 ·각종 규제에 대한 정보간행물, 참고자료 센터, 규제준수 가이드라인 제공
특정 정보제공	·기술 및 경영문제해결을 위한 연구개발 수행 ·소기업이 필요로 하는 각종 통계나 정보자료실, 전자도서관 이용 ·금융기관, 투자기관, 법률연합회, 컨설팅기관, 소상공인연합회 등과 실무 및 개방적 관계 유지 ·지역경제 및 지역소상공인에 대한 심도 있는 서베이 실시 ·소상공인 벤더 유지를 위한 자격정보 제공 ·소상공인들이 활용할 수 있는 지역컨설턴트 리스트 확보 ·마약이 없는 사업장 운영을 위한 정보나 지원 제공

특히 소기업이나 예비창업자에게 지역적 요구를 반영하여 창업과 자금조달, 기업경영 및 관리에 대한 상담, 훈련 및 전문서비스 등을 제공하고 있는데, 이를 위해 다른 연방정부기관이나 주정부 또는 지방정부의 중소기업 지원프로그램을 활용할 수 있으며, 중소기업의 수요를 충족하기 위해 정기적으로 이들 프로그램에 대한 평가와 개선을 추진하고 있다.

한 부분으로 센터가 제공하는 법적 의무서비스에는 1대1 상담, 기술이전 및 연구개발, 농촌지역지원, 수출지원, 군기지 폐쇄시 경영환경 개선지원, 규제순응을 위한 지원 및 특정 정보제공 지원 등을 이행하고 있으며, 소기업지원센터의 지역특화프로그램으로 기업개발서비스, 지역경제 발전 참여, 정부조달계약 지원, 금융상담 지원 및 중소기업청의 각종 보증프로그램 이행 지원 등을 이행하고 있다.

[소기업지원센터의 지역특화프로그램]

서비스항목	내 용
기업개발 서비스	· 창업자에 관심 있고 국가표준기술연구소와 협력하는 제조업 노동자 지원 · 확장과 성장을 하는 기존기업에 대한 프로그램 제공 · 적절한 원거리 교육프로그램운영 및 제공 · 소기업들의 정보수요를 충족시키는 정보센터(SBDC Net) 사용 · 장애인에 대한 사업기회 및 사업성공 지원 · 턴키 훈련 프로그램의 수집, 분류 및 제공 · 현사업의 구조조정에 대한 방안에 대한 마케팅 및 재무관리 카운셀링, 시장개발이나 금융재조정, 신용조정 등 경제회복 프로그램 개발
지역경제 발전에 참여	· 각급 정부와 함께 지역경제기반을 강화하여 지역경제의 안정 및 형평에 기여 하기 위한 지역개발에 참여 · 민간분야의 동반참여로 지역 전체에 이익이 되는 개발프로젝트 촉진
정부 계약지원	· 정부의 각종 계약에 참여하도록 하는 정보제공이나 지원활동 · 정부계약의 주된 당사자가 되도록 마케팅, 판매촉진을 위한 지원 · 정부조달 기술지원프로그램과 협력
자본접근 등 기타 중소기업청 프로그램 추진	· 금융패키지 및 기타 금융상담 지원 · 퇴역장교 사업개발을 위한 지원 · 중소기업청의 각종 보증프로그램에 대한 정보 제공

한편 센터는 중소기업의 자금조달을 용이하게 하기 위해, 사업계획의 개발, 재무제표의 준비 및 분석, 현금흐름표의 준비 및 분석

등의 상담 서비스를 제공하고 있다. 하지만 중소기업의 금융기관 이용편의를 지원하기 위하여 금융기관과의 접촉에 관여할 수 있는데, 이 때 해당 중소기업을 대리하여 자금 대출이나 대출결정을 하는 등의 직접적 역할은 제한되며, 중소기업청의 대출보증 프로그램을 위해 신청서의 작성이나 재무제표의 작성 및 분석을 도와주는데 그치고 이에 대한 수수료를 받을 수도 없게 되어 있다.

그밖에 중소기업청이 지정한 특정 중소기업에 대해 특별프로그램을 추진할 경우 이를 지원해야 하며 이에 대한 협력 여부가 매년 개발센터 지정 신청과정에서 평가되기도 한다.

b) 퇴직경영봉사단(SCORE)

SCORE는 현업에서 은퇴한 각 분야 전문가, 경영상담자등 약 11,400여명으로 구성되며, 중소기업에 대해 교육, 훈련, 상담 등을 통해 경영컨설팅을 제공하는 곳으로써, 중소기업청에서는 SCORE의 중앙사무소 운영비용과 지방출장 비용 등의 일부를 지원하고 있다.

c) 기업정보센터(BICs)

BICs는 고가의 정보시스템과 애플리케이션의 정비가 어려운 중소기업에게 최신 정보기술과 기술지도를 통합적으로 제공하는 민관 공동프로그램으로 1994년부터 시작된 곳이다.

각 센터에서 중소기업 경영 관련 소프트웨어에 대한 정기적인 교육 및 개인 상담을 통해 최신기술의 활용방법을 습득하고 있으며, 센터의 설립 및 운영자금은 민간부문의 협력에 크게 의존하고 있고, 주로 컴퓨터 관련 대기업이 하드웨어와 소프트웨어를 제공하고 각 지역의 전화사업자와 금융기관이 시설 및 인프라 정비에 협력을 통해서 이루어지고 있다.

d) 수출지원센터(USEACs)

USEACs는 상무성이 미국 전역에 설치한 기관으로 여기에서 중소기업청은 주로 수출초기 기업에 대한 지원을 수행하는 곳으로, 주요 지원내용으로는 해외시장 선정, 자금조달방법, 각종 법적 수속, 무역실무등 이며, 정기적으로 수출관련 세미나를 개최하고 필요시 수출신용보증, SBDC, SCORE 등의 지원프로그램과 연계하고 있다.

4. 정보제공

정보제공에는 온라인 정보원, Answer Desk, ACE-Net 등이 있는데, 온라인 정보원은 중소기업청의 지원시책을 망라하여 각종 지원시책에 대한 안내와 창업방법 등 정보를 제공하고 있으며, 기타 중소기업이 이용할 수 있는 정부기관 및 지원단체를 소개하고 있다. Answer Desk는 24시간 접수되는 무료 전화정보서비스로 창업상담과 중소기업청의 각종 지원시책을 안내하며, ACE-Net(Angel Capital Electronic Network)은 중소기업과 개인투자자를 연계하기 위한 인터넷 정보제공서비스를 말한다. 특히 ACE-Net(Angel Capital Electronic Network)은 미국 전체 중소기업에 대하여 업종, 희망투자액, 개발기술, 소재지, 경영자 등의 정보를 게재하고 투자자는 희망투자처의 조건을 등록하도록 하여, 조건이 서로 맞으면 자동적으로 이메일통지를 받도록 하고 있다.

5. 유통지원정책

미국의 소매업정책은 유통점포의 입지를 주민들의 생활환경측면에서 배려하는 것이 기본원칙이며, 따라서 소비자의 이익보호가 최우선 과제로 공정한 거래질서 확립차원에서만 영업규제를 하는 '정부개입의 최소화'를 원칙으로 하고 있다. 이에 따라 SBA는 개별점포 보호정책에서 벗어나 선택과 집중 원칙하에 도시기능을 고려한 인프라 구축에 초점을 두고 있으며, 기술혁신, 원활한 자본공급, 교육훈련과 지역개발 연계를 통해 중소유통업을 지원하고 있는데, 이를 위해 대형소매업과 중소소매업 간의 대립 억제차원에서 시도되는 '구역제(Zoning Plan)'와 지역의 상권이 중심이 된 '중심시가지 활성화 정책(Business Improvement District, BID)'을 추진하고 있다.

구역제는 지역유통산업정책으로 소매업의 집중화, 대형점포의 교외 이전과 쇼핑센터의 발전으로 인한 신유통시설 확대 등에 따라 대형점, 중소소매업, 주민복지 등을 동시에 고려하면서 지역경제를 활성화시킬 필요성에 따라 추진하는데, 구역제는 대형소매점이나 쇼핑센터의 개발에 따른 대규모 소매업과 중소소매업 간에 대립이 발생하는 경우 지방자치단체가 이를 억제·조정하는 시스템으로 자리 잡고 있다. 이를 위해 지방자치단체의 조례에 기초하여 주민복지를 보호하고 상업경쟁을 저해하지 않는 범위에서 대형소매점의 입점여부도 결정한다. 최근에는 기존 억제·통제와 조정을 바탕으로 하는 '개발억제형 구역제'에서 '개발 유도형 구역제'로 전환하여 대규모 개발을 추진하는 동시에 대형점, 중소소매업, 지역주민 간의 이해를 조정하고 지역발전을 촉진하는 방향으로 전개되고 있다.

한편, 중심시가지 활성화정책은 1970년대 이후 인구의 교외유출 증가로 인한 상업기능의 교외화와 이들 지역의 대형쇼핑몰 확산, 이에 따른 지방정부의 재정악화와 도시중심시가지의 공동화 등 문제를 배경으로 하며, 영국의 TCM, 일본의 TMO를 모체로 한다. BID는 중심시가지의 특정 지구 내에 소재한 부동산 소유자 및 사업자에게 특별세 등을 부과하는 대신, 해당지역에 필요로 하는 시설, 설비, 서비스 등을 제공할 권한을 갖는 조직을 말하는 것이며, 마케팅(홍보 및 판촉활동)으로 상품권발행, 이벤트 개최, 할인카드 발행, 홍보, 고객 안내서비스 등이 있으며, 기타 치안, 경관조성, 청소 등의 업무를 수행한다.

6. 정부구매 프로그램

미국은 중소기업 정책 범주 내에서 소상공인 정책을 다루고 있다. 미국 중소기업청의 중장기전략계획(2008~2013)에 의하면 취약계층의 창업 여건 강화를 4대 목표의 하나로 제시하고 있다. 주요 지원 프로그램으로는 금융지원, 창업지원, 재해지원, 공공구매지원 등이 있다. 이 중에서 정책 초점은 창업지원이다.

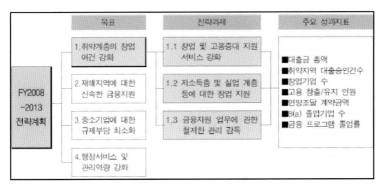

자료: 소상공인 진흥원, 2010, 참조

|미국 중소기업청의 전략 핵심과제|

공공구매지원 프로그램으로 정부의 8(a) 프로그램이 있다. 8(a) 프로그램은 1968년 중소기업법 제8(a)조에 따라 경제 사회적으로 불리한 위치에 있는 소기업을 지원하기 위하여 도입된 연방프로그램이다(소상공인진흥원, 2010, 88쪽). 성장 잠재력이 있는 소기업에 대해서는 개발단계와 전환단계로 구분하여 총 9년간 지원을 한다. 개발단계는 5년간으로 각종 사업개발 지원을 통해 경제적 불리함을 극복할 수 있도록 한다. 전환단계는 그 다음 4년간으로 추가적인 지원을 통하여 경제적 불리함을 극복하고 프로그램을 졸업할 수 있도록 지원한다. 지원사업으로 대표적인 것이 정부구매 지원이다. 정부 구매에서는 8(a) 지원 대상 기업만을 대상으로 수의계약 혹은 경쟁 입찰을 할 수 있다. 이 경우에 경쟁 입찰 멘토기업을 통하여 최소 1년 이상 지원을 받을 수 있도록 하여 소기업의 입찰 경쟁력을 제고 할 수 있도록 지원 한다.

D. 일본 (Japan)

1. 금융지원

a) 소규모사업자 경영개선자금 융자제도

소규모사업자 경영개선자금 융자제도는 일본정책금융공고가 1973년부터 시행하고 있는 융자제도로서 성공회. 상공회의소의 경영지도를 받고 있는 소규모사업자를 대상으로 제공하고 있는 무담보·무보증 저리의 경영재선자금이다. 상기 종업원이 20명 이하(상업·서비스업인 경우 5명 이하)인 법인 및 개인 사업주가 융자 대상이다.

융자 대상의 상세한 내용은 다음과 같다.

- 융자대상은 원칙적으로 6개월 전부터 경영지도를 받고 있는 자로서, 경영지도에 근거한 설비 및 시설의 근대화, 판매방법의 개선, 기타 경영 또는 기술의 개선을 위해서 필요한 자금을 차입하려는 자
- 최근 1년 이상 동일 회의소 지구 내에서 사업을 실시하고 있는 자
- 소득세, 법인세, 사업세 또는 도도부현민세 혹은 시읍면민세를 모두 납부한다.
- 상공업자로서, 일본 정책금융공고의 비융자대상 업종에 속하지 않는자

동 융자제도의 대출 한도액은 1,500만 엔이며 대출 기간은 운용자금의 경우 7년 이내, 설비자금의 경우 10년 이내다. 대출 금리는 2009년 12월 9일 현재 12.85%로 변동 금리가 적용된다. 동 대출은 담보와 보증인이 필요치 않다.

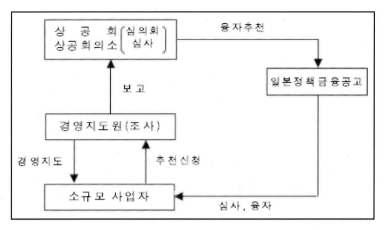

|소규모사업자 경영개선자금융자 처리 절차|

b) **소규모기업설비자금대출제도**

소규모기업설비자금대출제도는 도도부현 중소기업지원센터가 신용력이나 자금 조달력이 취약한 소규모 기업의 창업 및 경영 기반의 강화에 필요한 설비의 도입을 지원하기 위해서 실시하는 융자 사업이다.

지원대상은 다음과 같다.

· 종업원 20인(상업, 서비스업은 5인) 이하의 소규모기업자
· 종업원 50인 중소기업자 중 일정 요건을 충족하는 자
· 창업자(1개월 이내 창업할 자 또는 창업 후 5년 이내인 자)

지원 내용으로는 설비자금대출과 설비대여가 있다. 설비자금대출은 설비구입대금의 절반을 무이자로 융자하는 것이며, 대출 한도

액은 4,000만 엔이다. 단, 창업 후 1년 이상이 경과나면 대출 한도액은 6,000만 엔으로 확대된다. 설비대여의 경우 설비를 할부 판매하거나 또는 리스하는 것이다. 관련 대출액은 원칙직으로 소요자금의 2/3 이내로 하며 한도는 6,000만 엔이다.

대출은 무이자로 이루어지며 7년 이내 상환해야 한다. 단, 공해발지 시설의 경우 상환 기간은 12년 이내다. 이자를 받지 않는 대신 대출을 위해서는 연대보증인이나 물적담보가 필요하다. 도도부현 중소기업지원 센터엣 대출신청서를 접수하며, 서류심사 및 기업진단 등 대출심사를 실시하여 대출 여부를 결정한다.

c) **소규모기업 공제제도**

소규모기업 공제제도는 소규모기업의 개인 사업주 또는 임원이 사업을 그만두거나 퇴직할 경우, 생활안정이나 사업재건을 돕기 위한 일종의 경영자 퇴직금제도다.

가입 대상은 다음과 같다.

- 상시 종업원 20명 이하 (상업. 서비스업에서는 5명 이하)의 개인 사업주 및 회사의 임원)
- 조합원이 20명 이하인 기업 조합의 임원
- 상시 종업원이 20명 이하인 협업 조합의 임원
- 상기 종업원이 20명 이하인 농업 경영을 주로 하는 농사조합법인의 임원

가입자들은 월 금액을 1,000엔부터 70,000엔까지 범위 내에서 500엔 단위로 자유롭게 설정할 수 있다. 고제금은 폐업, 사망, 노령 또는 임원 퇴직 시 지급되는데, 「일괄」, 「분할(10년~15년)」 또는 「일괄/분할의 병용」 중에서 선택할 수 있다. 부금 납부 월수가 240개월 미만에서 해약할 경우(해약 수당금0, 부금 합계액보다 적게 지급된다.

세제상으로 보면 금부 전액이 과세대상 소득으로부터 공제되고, 일괄 수취되는 공제금이 퇴직 소득으로 처리되며, 분할 수취되는 분할 공제금이 공적 연금 등의 기타소득으로 취급된다는 점에서 이점이 있다. 또한 납부된 부금의 범위 내에서 담보나 보증인 없이 사업자금 등을 대출한다.

[공제제도 대출의 종류]

일반대출	질병재해시 대출	창업전업시 대출
신규 사업 전개 등 대출	복지대응대출	긴급경영안정대출

이와 같은 제도의 지원기관은 중소기업청 경영안정대책실, 중고기업기반정비기구 공제상담실 등이 있다.

2. 상가 및 상업지원

1997년부터 10년간 일본의 중소 도매업 사업자 수는 약 26%, 연간 판매액은 약15% 감소되어 어려운 상황이 지속되고 있다. 소매업을 둘러싼 사업 환경이 계속해 어려움을 가중되고 있는 반면, 저출산 고령화가 진행됨에 따라 기능이 저하된 지역 커뮤니티를 대신해 상가를 중심으로 한 지역 커뮤니티의 활성화에 대한 기대가 높아지고 있다.

이러한 가운데 상가 활성화를 위한 지역 주민의 요구에 따른 사업 활동 촉진에 관한 법률안(이하「지역상가활성화법안」이 2009년 3워에 국회에 제출되었다. 동 법률안에 따라 지역 주민에게 도움을 주는 보조금, 세제, 인재육성 등 종합적인 지원이 실시되고 있다.

3. 소상공인 판로 및 네트워킹 지원

일본의 소상공인 신사업 전국 전개지원 사업에서는 지역 소상공인과 제휴하여 지역자원을 활용한 특산품 개발, 판로개척이나 관광객 유치 사업을 실시하는 상공회, 상공회의소 및 지역 상공회의소

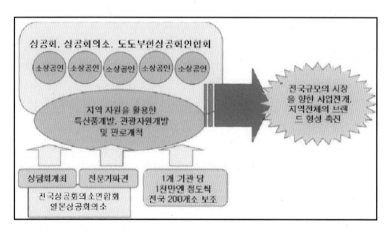

자료: 소상공인진흥원, 2010, 참조

[일본의 소상공인 신사업 판로지원]

연합회를 지원한다. 주요 지원 프로그램으로는 특산품·관광자원 개발 및 판로지원, 상품개발·판로개척 지원을 위한 전문가 파견·상담·전시회 등으로 구성되어 있다.

특산품·관광자원개발 및 판로지원프로그램은 기본사업, 조사연구사업, 집중종합 판로지원을 하는 지역매력환대사업으로 구성되어 있고 각각 건당 자금을 보조하고 있다. 상품개발·판로개척 지원을 위한 전문가 파견 프로그램은 백화점 바이어 등 전문가의 자문을 받아 상공회, 상공회의소에서 전문가를 파견하는 것으로 구성되어 있다. 상담·전시회에서는 전국 백화점 바이어나 유통업자 담당자 등을 초청하여 개발된 특산품을 한자리에 모아 상담, 전시회를 개최하여 판로 개척을 지원한다. 소규모 기업을 위한 전국적 지원 네트워크인 지역 제휴 거점사업은 전국적 네트워크를 통하여 고도의 전문인력을 정부 차원에서 네트워크화 하여 원스톱으로 지원하는 시스템이다. 전국적인 공모에 의해 선정된 거점기관, 파트너, 응원 코디네이터로 구성된다. 작동 메커니즘은 거점기관을 중심으로 중소기업진단사, 세무사, 기업OB, 우수 경영지도원 등으로 구성된 우수 코디네이터가 지원이 필요한 것으로 발굴된 중소기업과 상담 후에 경영진단, 경영전략 수립을 통하여 시스템 도입, 새로운 판로개척, 사업전환, 비즈니스 매칭 등을 지원하고, 사후 관리를 해주는 것이다. 수요 중소기업의 발굴은 코디네이터, 기관 제휴 등을 통하여 추진된다.

Ⅲ. 시사점

한국 소매업의 주요한 문제는 생계형 자영업의 공급과잉으로 인해 상당수 업체가 경영 악화에 직면하여 비자발적 퇴출 상태에 직면해 있다는 점이다. 중소기업중앙회와 전국소상공인단체연합회가 전국 소상공인을 대상으로 조사한 결과를 발췌하면 다음과 같다[60]. 전국 소상공인의 44.7%가 자신이 속한 업종이 소상공인 간 과잉 경쟁상태, 34.2%가 다소 경쟁 상태라고 응답하였다. 또 소상공인의 48.5%가 자신의 영위 업종에 대기업의 사업진입이 있다고 응답하였고, 대기업 진입이 있다고 응답한 소상공인의 78.7%가 대기업 진입으로 경영환경이 악화되었다고 응답하였다. 또한 대기업 진입이 있다고 응답한 소상공인의 77.2%가 대기업 진입으로 소상공인의 폐업, 철수, 파산 증가를 체감한다고 응답하였다. 따라서 소상공인의 시장 환경적인 문제점은 과당 경쟁과 대기업의 진입에 따른 시장 잠식으로 나타났다.

이렇듯이 소상공인의 시장 환경적인 문제점은 과당 경쟁과 대기업의 진입에 따른 시장 잠식되어지는 비 자발형 퇴출 상태의 심화와 생계형 자영업의 공급과잉에 따른 경쟁강도의 높아짐은 지속적으로 사회에서 증가되는 상태이다.

이러한 현상은 최근에 나타나고 있는 베이비붐 세대의 은퇴로 인해 더욱 심화될 것으로 전망된다. 베이비붐 세대는 노후 준비에

---

60) 중소기업중앙회, 전국소상공인단체연합회, 2012, 중소기업중앙회, 전국소상공인연합회에서 2012년 2월 22일부터 3월 9일까지 전국 소상공인 1,599명을 대상으로 웹팩스, 이메일, 전화 등을 활용하여 조사한 결과를 발췌하였다.

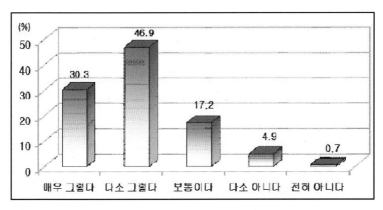

자료: 중소기업중앙회, 전국소상공인단체엽합회, 2012

[대기업 진입으로 인한 폐업 철수 파산 증가 체감]

대한 부분에서 다른 세대 대비 많이 부족한 상황이며, 노후 자금에 대한 부분에서도 준비가 부족한 계층으로 현재 사회적으로 많은 문제들이 발생할 것으로 전망하고 있다. 이러한 잠재적이고 현재도 발생되어지고 있는 많은 문제들을 해소하기 위해서는 자영업으로의 유입 및 퇴출 관리를 통해 공급과잉 상태를 완화하는 것이 무엇보다 중요하다.

다만, 이와 관련하여 자영업이 우리나라 취업자의 30% 정도에 해당하는 고용을 책임지고 있다는 점에서 자영업이 실업문제를 완화시키는 버팀목 역할을 수행하고 있다는 점을 고려할 필요가 한다. 현재의 자영업자를 임금 근로자로 흡수할 충분한 노동수요처가 확보되지 않는 상태에서 인위적인 급속한 자영업의 진입 제한 및 퇴출은 실업문제를 심화시킬 수 있기 때문에 자영업의 비중을 인위적으로 하락시키는 정책은 사회적 비용을 가중시킬 가능성이 크다.

따라서 자영업 정책은 인위적인 급속한 변화를 꾀하기 보다는 사회의 적응능력을 고려한 자연스러운 변화에 초점을 맞출 필요가 있다. 또한 세계적으로 FTA가 빠르게 확산됨에 따라 글로벌 교역에서 FTA 체결국간의 교역이 차지하는 비중도 지속적으로 늘어나고 있다. 한-유럽연합(EU) 자유무역협정(FTA)이 2011년부터 발효되었으며, 한국의 수출환경에 구조적 변화가 과거와는 달리 많은 부분이 변화하였다.

이제 FTA의 체결에 따른 국내 시장의 변화는 아주 빠르게 변화되는 것은 물론 FTA체결에 따른 산업구조 및 시장구조 또한 변화될 것은 당연한 것이다. 실제로 세계 금융위기 이루에 EU에 속해 있는 유럽소비자들의 구매패턴은 빠르게 변화 하고 있고, 이러한 EU국가의 소비자들의 구매패턴은 세계 산업과 기업들에게 영향을 미칠 것이다. 또한 이러한 부분은 한-유럽연합(EU) 체결국가인 한국에 까지 영향을 미칠 것이다. 그렇기에 금융위기 이후의 유럽소비자들의 구매패턴의 변화를 간단히 주목할 필요가 있을 것으로 생각된다. 세계금융위기 이후에 유럽소비자들의 주된 변화를 간단하게 보면 아래와 같다.

1. 스페인

스페인의 경우 소비자들은 첨단기능을 갖춘 비싼 일본 제품을 선호하던 추세에서 벗어나 가격이 합리적이면서 품질도 우수한 한국제품에 대한 선호도가 높아지고 있다. 뿐만 아니라 생활용품에 디자인이 가미된 제품들이 유행하고 있다. 금융 위기 이후 외식을 좋아하던 스페인 직장인들이 외식을 줄이고 도시락을 싸가지고 다니기 시작했는데, 도시락 가방에 세련된 디자인을 접목 시킨 스페인 가방업체들이 최근 스페인에서 큰 인기를 얻고 있다.

2. 프랑스

프랑스는 한국의 세계 20대 및 EU 2대 수입 대상국이다. 프랑스의 경우 소비자들은 지역사회나 국가에 대한 기여도가 높은 기업의 제품이나, 공정거래를 하는 기업의 상품 거래가 증가하는 추세이다.

3. 독일

독일의 경우 소비자들은 여행과 외식을 줄이고, 가정에서 좀 더 독립적이고 편안하고 실속있게 즐기는"호밍(Homing)"현상이 나타났고, 친환경 유기농 제품을 선호하고, 중고품의 구매도 마다하지 않는 좋은 소비가 늘어나고 있다고 한다.

앞에서의 국가별 유럽소비자들의 국가별 동향을 보면, 한-EU FTA 발효에 따른 글로벌 시장에서의 국내 소상공인들은 내수시장에서는 새로운 시장구조라는 큰 변화에서의 어려움을 맞게 될 것이고, 해외시장으로는 새로운 시장으로의 진입이 보다 수월해지는 계기가 될 수 있음을 알 수 있을 것이다. 따라서 국내소상공인들의 글로벌 진출의 중요성은 앞으로 지속적으로 높아질 것이고, 글로벌 진출에서 필요한 많은 지원책들을 소상공인들이 인지하고 있어야지만 새로운 시대의 주역으로 성장할 수 있을 것이다.

제7장

정부의
소상공인 정책

Ⅰ. 지원제도

A. 소상공인 지원제도의 발전

1997년 IMF 외환위기 이전에는 국내산업의 주축이던 제조업과 수출산업을 중심으로 정부의 정책지원이 이루어 졌다. 그러나 외환위기 이후 해외주문의 감소와 국내경기의 침체로 구조조정을 거치게 되었고 이러한 기업의 구조조정은 곧 대량해고로 이어져 많은 봉급생활자들이 실업자가 됨으로써 가정의 붕괴와 실업이 사회적인 문제가 되었다. 많은 실업자에 대한 가장 효과적인 정책은 이들에게 창업하도록 하여 고용을 창출하고 가정을 안정적으로 유지하는 것이었으므로, 이를 위하여 정부는 1999년 2월 중소기업청에 소상공인지원센터를 설치하여 이들 소상공인의 창업과 경영개선에 도움을 준 것이 소상공인 지원정책의 시작이었다.

소상공인에 대한 지원의 필요성에 따라 소상공인의 성공적 창업 및 경영성장 지원과 소규모 창업을 통한 고용기회창출과 도·소매업, 서비스업, 소규모 제조업 등을 지원함으로써 산업간 균형발전을 촉진할 목적으로 1999년 2월 소상공인지원센터를 개소하여 현재 전국에 57개 소상공인지원센터와 17개 분소로 확대되어 지원을 계속하고 있다. 또한 중소기업청은 2005년 12월 28일 소상공인 지원기구를 확대하여 소기업 및 소상공인 지원업무와 재래시장 업무를 담당하던 재래시장소기업과를 소상공인지원 단으로 확대개편하고, 2006년 5월 23일 소상공인지원본부를 출범시켰으며, 소상공인 지원기구로 2006년 5월 소기업 및 소상공인 지원을 위한 특별조치법(제10조의 4)의 설립근거에 따라 소상공인진흥원을 설립하여 소상공인 지원정책에 대한 싱크탱크(think tank) 역할수행 및 전국 공통적인 기반구축사업수행 등으로 300만 여개에 이르는 소상공인들의 성공적 창업과 경영을 지원하고 있다.

우리나라, 미국과 일본의 소상공인 관련 정의는 아래 표와 같으며, 소기업 및 소상공인에 대한 규정은 다음과 같은 차이점을 보이고 있다.[61]

---

61) 우리나라, 미국과 일본의 소상공인 관련 정의와 제도가 달라 소상공인제도에 대해 직접적으로 비교할 수 없다. 이에 소상공인제도를 포함하는 중소기업관련 정책을 중심으로 살펴보고 비교 가능한 부분을 소상공인과 유사한 제도와 비교하였다

구분	한국	미국	일본
소기업 및 소상공인	·소기업의 경우 광업, 제조업, 건설업, 운송업은 상시종업원수 50인 미만, 이외의 업종은 상시종업원수 10인 미만 ·소상공인의 경우 광업, 제조업, 건설업, 운송업은 상시종업원수 10인 미만이며, 이외의 업종은 상시종업원 수 5인 미만	제조업의 경우 영세기업은 상시종업원수 20인 미만, 소기업은 상시종업원수 20-99인 이하, 중기업은 상시종업원 수 100-499인 이하	제조업, 건설업, 운수업의 경우 상시종업원수 20인 미만 ·도매업, 소매업, 서비스업의 경우 상시종업원수 5인 미만
법적 근거	중소기업기본법 제2조	중소기업법제3조	중소기업기본법 제2조

　　기업규모면에서 미국과 일본의 경우는 중소기업의 특성과 경영자원 및 경영여건과 상황 등 여러 가지 요소를 고려하여 중소기업 중에서도 상대적으로 열악한 조건을 가지고 있는 소기업을 달리 규정하고 있는 반면에, 우리나라의 경우 중소기업을 중기업과 소기업으로 구분하고 다시 소기업을 소기업과 소상공인으로 나누어 규정하고 있는 상태이다.

　　2004년 중소기업협동조합중앙회에서는 미국과 일본 그리고 한국이 모두 소기업을 다르게 규정하고 있다는 점에서는 같다고 할 수 있으나, 한국은 소기업을 다시 분류하여 규정하고 있다는 점에서 차이가 있다고 설명하였다. 선진국가인 미국의 경우, 중소기업의 비중과 역할은 2002년의 경우에, 종업원 1인 이상 500인 미만 규모의 중소사업체수가 5,680천개 기업으로 전체 기업의 99.8%를 차지하고 있으며, 종업원 수는 56,366천여 명으로 50.2%를 차지하

고 있다고 설명하였다. 이를 구체적으로 살펴보면, 사업체수가 20
인 미만은 89.3%, 100인 미만은 8.9%, 500인 미만은 1.4%이며, 종
업원 수가 20인 미만은 18.3%, 100인 미만은 17.7%, 500인 미만은
14.2%를 보이고 있는데, 이는 전반적으로 한국과는 중소기업 비중
이 다른 면모를 보이고 있는 것임을 알 수 있다.

또한 2001년 기준 일본의 경우, 종업원 1인 이상 300인 미만 규
모의 중소사업체수는 6,071천여개사로 전체 기업의 99.2%를 차지
하고 있으며, 종업원 수는 43,704천명으로 79.9%를 차지하고 있다.
또한 이 중에 소규모기업 사업체수는 76.6%를 차지하고 종업원 수
는 28.3%를 보이고 있는데, 이러한 모습은 전반적으로 한국과는
중소기업 비중이 다른 면모를 보이고 있음을 알 수 있다.

B. 소상공인 관련 정책의 발전과 특징

소상공인 선진국 중 하나인 미국의 경우 소상공인과 관련된 정
책을 다음과 같이 진행하여 지금에 이르렀다. 1953년 중소기업법
이 제정되고 중소기업청(SBA: Small Business Administration)이 처
음으로 설립되었다. 이후에 1953년부터 1972년까지는 대기업이 중
소기업에 비하여 상대적으로 높은 성장을 이룩하였다. 1970년대
후반과 1980년대 초반에 일본과 독일 기업들은 자동차산업과 같은
일부 산업에서 미국의 대기업들을 추월하기 시작하였다. 이에 따라
연방정부는 1980년에 전국적인 중소기업지원 네트워크를 형성하는
중소기업개발센터법 , 1982년 중소기업 혁신개발센터법 , 1988년

여성기업소유법 등을 제정하여 중소기업의 활성화를 지원하는 조치를 취하였다.

1993년 클린턴 정부의 출범과 함께 국정과제의 최우선 목표를 경제발전에 두면서 벤처중소기업을 중심축으로 등장하게 되었으며, 이에 따라 중소기업정책은 많은 일자리 창출과 경제성장에 기여하였으며 중소기업에 대한 중요성과 역할이 제고되게 되었다. 2003년 3월 부시정부는 '중소기업 아젠다'를 발표하였고 중소기업정책에 대한 기본 방향을 세제상의 인센티브 제공, 건강보험제도의 개선, 공정한 법률규제, 경쟁에 근거한 공정한 정부계약, 정보에 대한 접근성 제고 등으로 제시하였다. 이는 부시정부의 중소기업정책이 감세, 규제완화 및 중소기업의 자생력 강화를 위한 간접지원 방식의 정책이 주로 강구되고 있었던 것이다.

미국 중소기업 정책의 주요 특징은 정부개입의 최소화와 시장메커니즘 중시, 간접지원방식, 각종 프로그램의 운영, 민간전문가에 의한 경영지도 활성화, 소수민족이나 여성 중소기업에 대한 지원강화, 벤처 등 특정 분야에 대한 지원개념 지양 등이다.

반면에 일본의 경우는 다음과 같다. 1963년에 중소기업기본법이 제정되어 중소기업정책은 근대화정책으로 체계화되었고 중소기업자의 자조노력을 전제로 불리시정 정책과 적응조성 정책을 두 축으로 전개되었다. 불리시정 정책은 경쟁 촉진적 역할을 수행하는 것이고 적응조성 정책은 산업정책에 대한 보완적 역할을 수행하는 것이었다. 1973년 석유위기를 계기로 안정성장기로 이행하고 나서 일본경제는 국제 분업에 기초를 둔 산업조정을 하게 되었다. 그리고 중소기업정책으로는 전환정책이 점차 중심적 정책으로 등장하게 된다.

1999년 중소기업기본법 의 전면 개정과 함께 중소기업정책은 창조적 시장집약화정책으로 체계화되었고, 독립된 중소기업자의 자주적 노력을 조장하는 것을 전제로 하여 경영혁신 및 창업촉진, 경영기반 강화와 함께 경제적 사회적 환경변화에 대한 적응원활 정책을 중심축으로 하여 기업의 경쟁력 행상에 중점을 두는 정책으로 전환되었다.

일본 중소기업 정책의 주요 특징은 정부주도하의 적절한 정책조합 구사, 체계적인 지원체계 구축, 정부와 지방자치단체의 역할분담, 창업활성화, 대기업과 중소기업간 경쟁 및 협력병행, 지원시책의 다양성과 복잡성의 혼재 등을 들 수 있다.

한국의 경우에는 위의 미국이나 일본과 다르게 소상공인에 대한 다양한 지원을 통합적으로 지원하고 있다. 그리고 이에 대한 지원은 아래와 같이 크게 13가지 부분에서 지원하고 있는 것을 알 수 있다.

	지원 항목	주요 내용	
1	교육	1)창업학교 교육 3)e러닝 5)상인 대학 교육 7)맞춤형 교육 9)교육장 대여	2)경영학교 교육 4)해외 소자본 창업 교육 6)상인 대학원 교육 8)정보화 교육
2	컨설팅	1) 소상공인 컨설팅 3) 공동마케팅 지원 5) 점포경영지도	2) 창업경영컨설팅 4) 시장자문
3	자금	1) 정책자금 3) 은행자금	2) 지자체자금
4	협업화	'협동조합기본법' 시행 및 사회적 공감대 형성에 따른 다양한 형태의 자율적인 협업화를 유도 업종별 특성을 고려하여 공동이익을 기반으로 소상공인 사업 인프라 구축 및 영업활성화 지원	
5	정보	1) 소상공인 방송	2) 상권 정보안내
6	프랜차이즈	1) 사업개요 3) 수준별 맞춤형 연계지원 4) 유망 프랜차이즈 지원 사업	2) 프랜차이즈 수준평가
7	나들가게	기업형 슈퍼마켓(SSM), 대형마트 등의 골목상권 난립으로 어려움을 겪고 있는 동네 슈퍼마켓이 스스로 변화와 혁신을 통하여 경쟁력을 갖출 수 있도록 컨설팅 및 시설 개체 등을 지원하는 사업	
8	신사업 육성지원	국내외 신사업 아이디어 발굴을 통해 틈새시장 공략 및 최신 트렌드에 대응하는 창업 아이디어 정보를 제공하고 신사업 성공사례 발굴 및 성공창업 업체 투어 지원을 통해 신사업 아이템으로의 창업 유도	
9	소공인 센터지원	소공인 지원센터 설치/운영을 통해 소공인 집적지구의 생산·경영환경 개선 및 협업화를 통한 경쟁력 강화	
10	조사 연구	1) 소상공인 경기 동향 3) 전국 소상공인 실태조사	2) 소상공인 정책조사. 연구 4) 전통시장실태조사
11	온누리 상품권	1) 종이 상품권 3) 상품권 사용방법 (안내 및 지원)	2) 전자 상품권
12	상권 육성	1)문화관광형 시장육성	2)상권활성화 지원
13	행사	1)전국소상공인대회	2)전국우수시장박람회

총 계 : 13개 부분

자료: 소상공인시장진흥공단 지원 사업을 재구성함.

C. 국내 소상공인 정책 자금지원 및 활용

2014년 기준 한국 정부에서는 소상공인들에 대해서 포괄적이고 다양한 지원들을 이행하고 있다. 특히 소상공인들에게 중요한 부분 중 하나인 자금부분에서 많은 지원을 이행하고 있는데, 전국 62개 소상공인시장진흥공단(지역센터·분소)관련 기관에서 신청 및 접수가 이루어지고 있고, 이를 통해서 소상공인들에게 많은 도움을 제공하고자 하고 있다. 본 장에서는 국내 소상공인들이 정책자금 지원에 대한 전반적인 이해와 이를 활용하는 방법을 알려주고자 한다. 우선 소상공인 관련 정책자금 지원 절차는 간략하게 아래와 같이 볼 수 있다.

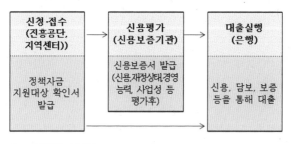

자료: 소상공인 진흥공단

[소상공인 정책자금 지원 절차]

2014년 기준 소상공인 관련 지원자금을 신청할 시에 중요한 부분은 다음과 같은데 (1)정책자금 예산범위 내에서 대출실행 순서에 따라 선착순으로 지원해야 하며, (2)유효기간은 발급일로부터 3개월로 지정되어 있다는 점이다. 과거 대비 소상공인에 대한 정부의 자금 지원의 폭은 많은 부분 향상되었다. 그리고 이러한 정책자금

을 소상공인들이 활용하기 위해서는 사전에 미리 준비해야 할 것
이 있는데, 필수서류부분으로써 구비서류와 적성서류 부분을 사전
에 미리 구비하여야 한다. 소상공인 정책자금 지원을 받기 위해서
는 기본적인 자격이 갖추어져 있어야 가능하다. 지원대상의 경우는
아래와 같이 「지원대상」표를 통해서 확인 할 수 있다.

지원 대상
□ 소상공인*으로 다음 사항을 모두 만족하는 경우 　*『소기업 및 소상공인 지원을 위한 특별조치법』에서 소상공인은 「중소기업기 　본법」 제2조 제2항에 따른 소기업 중 상시 근로자가 10명 미만인 사업자로서 　업종별 상시 근로자 수 등이 대통령령으로 정하는 기준[1]에 해당하는 자 　　1) 주된 사업에 종사하는 상시근로자의 수가 광업·제조업·건설업 및 운수업 　　　의 경우에는 10인 미만, 외의 업종의 경우에는 5인 미만에 해당하는 사업자 ㅇ 사업자등록증을 소지한 개인 또는 법인 사업자 　* 사업자등록증상 '사업개시년월일'이 자금신청 당일 이상인 사업자 　▶ 사업체의 대표자(공동대표 포함)만 신청가능 　▶ 공동소유(2명이상) 사업체는 소유주별 최대한도 적용이 아니라 업체당 7천만 원 　▶ 폐업신고를 한 후 경영개선교육을 듣는 경우, 교육 신청 및 수강은 가능하 　　나 정책자금 지원대상의 기본요건인 사업자가 아니므로 신청불가 　* 고유번호증을 교부받는 사회단체 및 법인은 신청불가(예: 어린이집 등) ㅇ 주된 사업에 종사하는 상시근로자의 수가 5인 미만인 사업자 　* 하나의 기업이 둘 이상의 서로 다른 사업을 영위하는 경우에는 매출액의 비중 　이 가장 큰 사업을 주된 사업으로 함(「중소기업기본법 시행령」 제4조, 제5조) 　* 제조업, 건설업, 운송업, 광업은 10인 미만까지이며, 장애인지원자금에 한하여 　'장애인기업확인서'가 있는 경우 업종에 무관하게 10인 이상도 지원가능 ㅇ 정책자금 지원제외 업종이외의 사업을 영위하고 있는 소상공인 　- 제외업종 : 유흥 향락 업종, 전문 업종, 주점업, 입시학원업 등 　- 단, 숙박업,노래연습장,간이주점업종은 생계형일 경우 지원가능 　· 증빙서류: 신청당시 신청자 및 세대원, 동거인과 배우자의 건강보험료 부과선 　　정내역서(최근 3개월 평균)의 최초산정금액(감면·면제 이전 부과금액) 　　95,537원 미만인 경우(장기요양보험료 별도)

① 세대원: 주민등록등본 상 거주지를 같이하는 직계존·비속
② 동거인: 주민등록등본 상 거주지를 같이하는 형제, 자매
③ 배우자: 거주지를 달리하더라도 무조건 포함

* '지역건강보험' 가입자로 '부과선정내역서'를 제출할 수 있는 경우만 가능
- 해당 소상공업 외의 다른 직장, 타인의 피부양자, 해당 소상공업이 직장건강보
  험에 가입된 경우 생계유지가 가능한 것으로 판단하여 제외

○ 비영리 개인사업자·법인, 단체 또는 조합이 아닌 경우
  *『중소기업기본법』상 '기업' 중 영리사업자에 한정. 비영리 법인 및 비영리 개
  인사업자는 지원제외(비영리사회적기업, 어린이집, 장기요양 등)

< 영리사업자 확인 방법 >

구분	사업	코드	내용	비고
고유번호증	개인 및 단체	-	소득세법 제168조 제5항 고유번호증 발급대상인자 1. 종합소득이 있는 자로서 사업자가 아닌 자 2. 「비영리민간단체 지원법」에 따라 등록된 단체 등 과세자료의 효율적 처리 및 소득공제 사후 검증 등을 위하여 필요하다고 인정되는 자	신청불가
사업자등록증(①②③ - ④⑤ - ⑥⑦⑧⑨ ⑩)	개인	01~79	개인과세사업자	-
		80	소득세법 제2조 제3항에 해당하는 자로써 89 이외의 자(아파트관리사무소 등 및 다단계판매원)	-
		89	(소득세법 제2조 제3항에 해당하는) 법인이 아닌 종교 단체	신청불가
		90~99	개인면세사업자	-
	법인	81,85, 86,87	영리법인의 본점 또는 지점	-
		82	비영리법인 본점 또는 지점 (법인격이 없는 사단, 재단, 기타단체 중 법인으로 보는 단체 포함)	신청불가
		83	국가, 지자체, 지자체 조합	신청불가
		84	외국법인의 본지점 및 연락사무소	-

[영리기준]

① 영리 개인사업자
- 일반사업자: 영리추구를 목적으로 하는 개인사업자

- 부가가치세 면세사업자: 정책적으로 보호, 육성하거나 서민생활을 보호할 업종에 대해 지정하며 기본적으로 영리추구를 목적으로 하는 영리 개인사업자로 분류

② 영리법인: 영업활동으로 발생한 이익을 주주 또는 출자자에게 분배 가능
- '상법'에 따라 설립하는 주식회사·유한회사·합명회사·합자회사는 영리법인에 해당
- '중소기업기본법'(제2조제4항)에 의거 중소기업시책별 특성에 따라 특히 필요하다고 인정하면 '중소기업협동조합법'이나 그 밖의 법률에서 정하는 바에 따라 중소기업협동조합이나 그 밖의 법인·단체 등을 중소기업자(소상공인)로 할 수 있다.
- 영농조합법인: 농어촌발전특별조치법에 의하여 설립된 영농조합법인은 출자자에게 이익배당을 목적으로 설립되었으므로 영리 아닌 사업을 목적으로 하는 법인세법상 <u>영리법인에 해당</u> <국세법령정보시스템>

[비영리 기준]

* 영리를 추구하지 않는 비영리 개인·법인·단체 또는 조합은 지원대상 제외

① 비영리 개인사업자
- 영유아보육법령에 정한 교육을 정부로부터 위탁받아 교육생들을 모집하여 교육하는 시설로서 어린이집, 영유아 대상 정보센터, 영유아플라자 등

② 비영리 법인: 영업활동을 통한 수익이 있더라도 이익분배가 불가능
- 상법에서 '비영리 및 단체'로 구분된 정부·지자체·학교법인·의료법인·협회 등은 '상법'상 회사가 아니므로 소상공인이 아님

- '민법' 및 특별법에 따라 설립하는 종교법인·학교법인·의료법인·사회복지법인·재단법인·비영리특별법인(한국은행, 단위농협, 새마을금고 등)

☞ 소비자생활협동조합 : 소비자생활협동조합법에 의하여 설립된 법인으로서 「민법」제32조에 규정된 목적과 유사한 목적을 가진 법인에 해당하는 경우에 있어서 법인세법 시행령 제1조에 열거된 법인 등은 그 주주·사원 또는 출자자에게 이익을 배당할 수 있음에도 <u>비영리법인</u>으로 보는 것이나, 이익을 배당할 수 없는 법인은 <u>비영리법인에 해당</u>

☞ 사업조합 : 중소기업협동조합법에 의하여 설립된 사업조합은 조세감면규제법('98. 12. 28 개정전의 것) 제60조 제1항의 규정에 의하여 법인세법 제1조의 규정에 의한 <u>비영리법인</u>으로 봄

☞ 농업협동조합 : 민법 제22조에 의거 <u>비영리법인</u>으로 봄

☞ 새마을금고는 '새마을금고법'에서, 신용협동조합은 '신용협동조합법'에서 <u>비영리법인</u>임을 규정

- 사회복지법인은 '사회복지사업법'에 따라 비영리법인

③ 단체 등 기타
 - 교회 등 종교단체는 '민법'에 따른 비영리법인 또는 단체이며, 교회운영을 위해 일부 수익사업을 하더라도 영리성이 인정되지 않음

만약 위의 지원 대상에 적합하다면 정책자금을 누구나 지원받을 수 있다. 그러나 많은 소상공인들이 좀 더 많은 정책자금 지원 받을 수 있기 위해서 기본적으로 필요한 구비서류와 작성해야하는 서류에서 어려움이 발생하기에 이 부분에 대해서 간략하게 정리해보았다. 서류 부분에 대해서 필요한 서류에 대한 내용은 아래의 「구비서류부분에서 필요한 서류」와 같이 볼 수 있다.

[구비서류부분에서 필요한 서류]

① 실명확인증표 사본 1부 (주민등록증, 운전면허증, 노인복지카드, 장애인복지카드, 공무원증, 여권 등 본인을 증명할 수 있는 서류)
② 사업자등록증(최근3개월 이내) 또는 사업자등록증명원 1부(최근3개월 이내)
③ 상시근로자 확인가능 서류 1부(최근3개월 이내)
 - 상시근로자 없는 경우 : 대표자 지역건강보험증 사본 또는 보험자격득실확인서 중 선택(최근3개월 이내)
 * 대표자가 다른 직장의 직장건강보험에 가입중이거나 타인의 피보험자로 등재된 경우는 해당 건강보험증 사본 혹은 보험자격득실확인서
 * 발급처 : 보험자격득실확인서(국민건강보험공단 www.nhic.or.kr 1577-1000)
 - 상시근로자 있는 경우 : '사업장 가입자명부' 또는 '사업장별 고지대상자 현황' (최근3개월이내)
 * 발급처 : 4대사회보험 정보연계센터(www.4insure.or.kr),
　　　　　　고용센터(www.ei.go.kr 1350),
　　　　　　국민연금공단(www.nps.or.kr 1355),
　　　　　　국민건강보험공단(www.nhic.or.kr 1577-1000),
　　　　　　근로복지공단(www.kcomwel.or.kr 1588-0075)
 * 대표자가 다른 직장의 직장건강보험과 해당 소상공업 직장건강보험에 이중 가입된 경우 해당 소상공인 직장건강보험 관련 서류를 제출하여야 한다.

또한 서류와 함께 사업자에 대한 상시근로자 부분에서 소명기준은 중요한 부분으로 작용하게 되는데, 이 부분에 대해서도 함께 이해하고 있어야 한다. 상시근로자 부분에서 소명기준에 대해서는 아래와 같이「사업자 상시근로자 소명기준」을 통해서 볼 수 있다.

사업자 상시근로자 소명기준

* 대표자의 상시근로자 포함여부 : 법인 대표이사, 개인사업자 사용자 미포함
- '소기업 및 소상공인 지원을 위한 특별조치법 시행령' 제2조 소상공인 범위 준용

1. 상시근로자가 없는 경우 소상공인이라 할지라도 자신 명의로 지역건강보험에 가입하거나 타인의 직장건강보험에 피보험자로 등재가능
* 사업자등록증(본인명의)과 지역건강보험(본인명의), 사업자등록증(본인명의)과 타인 건강보험증(사업자가 피보험자로 등재)으로 상시근로자가 없음을 반증가능
2. 상시근로자가 있는 경우 4대보험에 가입하도록 의무화 되어 있으므로 '사업장 가입자 명부'를 통해 증명가능

<4대보험 가입기준>

국민연금	건강보험	고용보험	산재보험
1인 이상의 근로자를 사용하는 모든 사업장 * 대사관 등 주한외국기관으로서 1인 이상의 대한민국 국민인 근로자를 사용하는 사업장	상시 1인 이상의 근로자를 사용하는 모든 사업장 * 공무원 및 교직원을 임용 또는 채용한 사업장	일반사업장 : 상시근로 1인 이상의 근로자를 고용하는 모든 사업 및 사업장	일반사업장 : 상시근로자 1인 이상의 사업 또는 사업장

* (국민연금·건강보험 기준) 대표자의 상시근로자 포함여부 : 법인 포함, 개인사업자 미포함

특히, 위의 서류 항목에서 주의 깊게 보아야 할 부분은 '음식업'의 경우인데, 음식업의 경우 연면적 330평방미터 이하는 확인 서류가 있어야 하는데, 이에 대한 부분을 이행해야지만 지원을 받을 수 있

다는 점을 파악하고 있어야 한다. 음식업에 대한 부분은 아래의 표로 간략하게 볼 수 있다.

면적 확인	자가건물	임차건물
영업장 (음식업)	영업신고증	영업신고증 혹은 임대차계약서

* 주차장 면적제외, 영업신고증에 면적이 미표기 된 경우 건축물대장 등 확인 서류

정책자금을 지원받기 위해서는 기본적으로 작성해야 하는 필수 서류들이 있다. 기본적으로 특별한 위치에 있지 않은 사람이라면 누구나 소상공인 자금지원에 참여가 가능하다는 부분은 큰 이점일 것이다. 그러므로 사전에 미리 알고 있다면 큰 도움이 될 것으로 생각된다.

소상공인 정책자금 작성서류(필수)
① 정책자금 융자 신청서 1부 ② 사업계획서 1부 ③ 정책자금 융자신청 자가진단 1부 신용보증 자가 체크리스트 1부(담보방법으로 보증서－재단 선택한 자에 한함) ④ 개인(신용)정보 조회·수집·이용·제공 동의서 및 사전고지 확인서 1부

주의해야 할 부분은 정부에서 명시한 지원제외 업종에 관해서는 해당 소상공인 정책 자금 지원을 받을 수 없다는 부분이다. 따라서 소상공인 자금 지원이 가능한 업종인지 또는 제외 업종인지를 자금 신청자가 사전에 미리 파악해야 한다. 이 부분에 대해서는 아래의 「정책자금 지원제외업종」을 통해서 미리 파악해 볼 수 있고, 이

를 토대로 자금신청에 적합한 업종인지를 사전이 미리 인지하였으면 한다.

정책자금 지원제외업종	
표준산업분류	업 종
33409 중	도박기계 및 사행성, 불건전 오락기구 제조업
46102 중	담배 중개업
46109 중	예술품, 골동품 및 귀금속 중개업
46209 중	잎담배 도매업
46331	주류 도매업
46333	담배 도매업 * 담배대용물(전자담배 등) 포함
46416 중	모피제품 도매업 * 단, 인조모피제품 도매업 제외
46463 중	도박기계 및 사행성, 불건전 오락기구 도매업
46492 중	귀금속 도매업
46722 중	귀금속광물 도매업
47221 중	주류 소매업 * '전통주 등의 산업진흥에 관한 법률'에 따라 지정된 "전통주 등"의 매출액이 50% 이상인 경우에는 신청가능
47640 중	도박기계 및 사행성, 불건전 오락기구 소매업
47859 중	성인용품 판매점
47911 중	도박기계 및 사행성, 불건전 오락기구, 성인용품 도소매업
47993 중	다단계 방문판매
55	숙박업 * 단, 생계형은 신청가능
561 중	연면적 330m2를 초과하는 영업장을 가진 식당업(주차장 면적 제외)
5621	주점업 * 단, 기타주점업(56219) 생계형은 신청가능
58122 중	경마, 경륜, 경정 관련 잡지 발행업
58211, 58219 중	도박 및 사행성, 불건전 게임 S/W 개발 및 공급업
63999 중	온라인게임 아이템 중개업, 게임 아바타 중개업
64	금융업

표준산업분류	업 종
65	보험 및 연금업
66	금융 및 보험관련 서비스업 * 단, 손해사정업(66201), 보험대리 및 중개업(66202)은 신청가능 - (66202) 보험계약체결을 대리 또는 중개, 알선하는 산업활동. 이는 하나 이상의 보험사업자를 대리하는바 특정회사에 포함된 보험모집인(인적용역제공자)은 지원제외
68	부동산업 * 부동산의 임대, 구매, 판매에 관련되는 산업활동으로, 직접 건설한 주거용 및 비주거용 건물의 임대활동과 토지 및 기타 부동산의 개발·분양, 임대 활동이 포함 * 단, 부동산관리업(6821), 동일 장소에서 6개월 이상 사업을 지속하는 부동산 자문 및 중개업(6822)은 신청가능 - 부동산관리업: 수수료 또는 계약에 의하여 타인의 부동산시설을 유지 및 관리하는 산업활동(주거용·비주거용 부동산관리) - 자문 및 중개업: 수수료 또는 계약에 의거 건물, 토지 및 관련 구조물 등을 포함한 모든 형태의 부동산을 구매 또는 판매하는데 관련된 부동산 중개 또는 대리 서비스를 제공하는 산업 활동
69390 중	도박기계 및 사행성, 불건전 오락기구 임대업
711, 712	법무, 회계 및 세무
71520	지주회사
71531 중	컨설팅 또는 자문서비스 중 부동산컨설팅 서비스 * (예시) 기획부동산 등
731	수의업
75330	탐정 및 조사 서비스업 (예: 탐정업, 흥신소 등)
75993	신용조사 및 추심대행업
75999 중	경품용 상품권 발행업, 경품용 상품권 판매업
85501	일반 교과 학원 * 상급학교 진학을 위한 일반교과과정을 교육 혹은 보습(일정한 학과과정을 마치고 학습이 부족한 교과를 다시 보충하여 익힘)하는 산업 활동 * (예시) 일반교과학원, 지역아동센터(일반교과교육), 공부방(일반교과교육), 학습향상클리닉(입시교육위주), 검정고시학원, 고입학원, 과외학원, 교습소(일반교과교습소), 대입학원, 보습학원운영, 속셈학원, 일반강습소운영(진학입시), 입시학원운영, 진학학원, 학원(일반강습소)
86	보건업 * 87에 해당하는 '보건업 및 사회복지서비스업'은 신청가능 * 지압치료(86902)는 보건업에 해당 * 안마원(96122)은 서비스업에 해당되어 신청가능(국세청은 보건업)
91113	경주장 운영업

표준산업분류	업 종
91121	골프장 운영업
9122 중	성인용게임장, 성인오락실, 성인PC방, 전화방
91221 중	성인용 게임장 운영업
91223	노래연습장운영업 * 단, 생계형은 신청가능
91241 중	복권 판매업
91249	기타 갬블링 및 베팅업
91291	무도장 운영업 (예: 댄스홀, 콜라텍 등)
9612 중	증기탕 및 안마시술소 * 안마원 규모(300M2 이하)의 안마시술소는 장애인자금 신청가능
96992	점술 및 유사서비스업 (점집, 무당, 심령술집 등)
96999 중	휴게텔, 키스방, 대화방
기타	기타 위 업종을 변경하여 운영되는 도박, 향락 등 불건전 업종, 기타 국민보건, 건전문화에 반하거나 사치, 투기조장 등 우려가 있다고 중소기업청장이 지정한 업종

II. 그동안 추진성과

국내 소상공인에 대한 많은 지원은 과거보다 최근에 많은 부분에서 이루어지고 있는 상태이며, 이를 통한 향후의 많은 긍정적인 효과를 기대하고 있다. 그러나 '소상공인시장진흥공단'의 출범과 함께 소상공인지원이 과거보다 구체적이고 체계적인 지원이 시작된 것은 2014년 기준 불과 몇 년 동안의 진행밖에 이루어지지 않아 그 추신성과는 미미한 것으로 보인다.

소상공인 정책은 외환위기 이후 실업문제를 해소하는데 기여한 것으로 평가되었지만, 소상공인의 과잉화 및 정책의존성 심화라는 문제를 초래하고 있다. 외환위기 이후 사회문제화가 된 실업을 해소하기 위한 정책의 필요성으로 인하여 창업을 통한 일자리 창출에는 크게 기여하였으나, 우리 경제규모에 비해 소상공인 계층의 과잉화를 초래하게 되었다. 실제로 우리나라 중소기업의 88.3%가 소상공인이며, 업체수를 기준으로 총 중소기업체 300만개 중에서 268만개 업체가 소상공인이고, 외환위기 이후 실업률해소를 위한 창업지원에 치중하고 생계형 창업보증 등을 적극적으로 실시한 결과, 국내 자영업자 비중은 34%로 증가하였으며, 이는 미국 7%, 일본 15%, 대만 23% 등에 비해 높은 수준이 되었다.

최근 소상공인에 대한 지원정책이 본격화되면서 소상공인들의 정책의존 성향의 심화에 대한 우려가 제기되고 있다. 소상공인 등 사회적 약자계층에 대한 사회 정책적 지원의 확대가 필요하다. 그러나 정책 방향을 사회 복지적 관점에서 추진하는 것은 바람직하지 못한 것이며, 이는 소상공인 등 사회적 약자계층에 대한 공적부조 및 빈곤대책과 같은 사회복지정책 관련 지원책들은 오히려 영세자영업자들의 정부 의존 경향을 야기하고 경제활동을 포기하게 하여서 결과적으로 빈곤층으로 전락할 가능성을 발생 할 수 있다. 그러므로 정부의 소상공인 지원정책은 기존의 사회복지 정책과 소상공인정책간의 경제적 활동을 촉진할 수 있는 방안이 우선적으로 필요하다고 사료된다.

또한 기존 소상공인 정책은 소기업 지원이 대부분을 차지하고 있으며, 소상공인에 특화한 지원정책이 필요한 것으로 보인다. 기존 국내 소상공인 정책은 규모면에서 자금, 기술, 판로, 인력 등 소기업지원이 대부분을 차지하고 있으며, 소상공인 정책은 2005년 5.31대책(영세자영업자 대책) 이후 내용면에서는 풍부해졌지만, 정책대상으로서 대상이 불명확하고 소기업 지원과 혼재됨으로써 지원정책의 체계화 및 효율화가 미진한 상황이다. 특히 소상공인정책 추진 시 시장경제원리, 자원배분에 있어서의 선택과 집중 원리의 적용이 불명확하고, 내수부진이 계속되는 상황속에서 어려움에 처한 소상공인에 대하여 프로그램 형태의 단기적인 처방에 집중되어 있는 상황이다.

따라서 향후 소상공인에 특화한 지원정책을 수행할 필요성이 있으며, 소상공인정책의 경우 기존 소기업정책과 분리하여 수행할 필요성과 유망 소상공인을 중심으로 한 준비 된 창업·경영지원·퇴출지원을 위한 전문 인프라구축 및 경영지원을 위한 소상공인 자금·컨설팅 연계지원 등에서 지속적인 성장으로 나아갈 수 있는 장기적 관점에서의 소상공인 방안들이 필요할 것이다.

2012년 4월 중소기업중앙회에서 소상공인 300명을 대상으로 한 부채상황 조사 결과 중에서 참고가 될 수 있는 부분을 발췌하면 다음과 같다. 해당 조사 결과에 의하면 소상공인 84.3%가 업체경영 등을 위해 부채를 지고 있는 것으로 나타났으며, 부채가 없다는 응답은 15.7%에 불과한 것으로 조사되었다. 반면에 부채가 있다고 응답한 소상공인들의 사업체당 평균 부채금액은 1억 1,364만원으로 조사되었다.

(단위: 명, 원, %, 월, 복수응답)

구분	응답수	금액 (만원)	금리 (연,%)	기간 (개월)
대부업체	15명 (5.9%)	2,287	23.9	21
미등록 대부업체 (사채 등)	6명 (2.4%)	3,300	29.3	24
일수 또는 계	12명 (4.7%)	3928	20.2	29
친적 또는 친지	68명 (26.9%)	5078	7.5	24
금융기관 (은행,신협 등)	208명 (82.2%)	11607	7.5	40
평균	-	11364	9.9	36

자료: 중소기업중앙회, 2012

　부채가 있는 소상공인의 82.2%가 금융기관(은행, 신협 등)으로부터 평균 1억 1,607만원의 자금을 조달하였고, 26.9%는 친척 또는 친지로부터 평균 5,078만원을 빌린 것으로 조사되었다. 또한 미등록 대부업체(사채 등)를 통해 자금 조달한 경우는 2.4%이며 사채를 통한 자금 조달 시 금리는 평균 연 29.3%(최대 연 45%)를 보였으며, 부채가 있다고 응답한 소상공인 중 62.2%가 원금은 못 갚고 이자만 내고 있다고 응답하였다. 현재 부채에 대해 원금을 갚아나가고 있다는 응답도 29.5%에 불과하였다. 특히 소상공인의 자금조달 여건이 취약한 것이 문제점으로 나타났다. 부채가 있는 소상공인들에 대해 부채를 상환하기 위한 기간이 얼마나 걸릴 것으로 예상하는지를 조사한 내용에서는 기약 없음이라는 응답이 32.8%로 가장 많았고, 다음으로 3~5년 이내라는 응답이 30.4%로 나타났다. 이는 소상공인들이 부채상환이 상당한 기간에 걸쳐 이루어지고 있으며, 이자 및 원금 상환이 큰 부담으로 작용하고 있는 것임을 알 수 있는 부분이다.

소상공인들의 경우에 자금조달을 위한 담보나 신용이 부족하지만, 특히 자금조달 후에도 경영 상태를 개선할 수 있는 전문 경영 능력이 부족한 것이 문제점으로 나타난 것으로, 소상공인들에게 기본적으로 필요한 부분인 자금에 대한 부분에서 마저도 정부에서의 과거 지원책이 크게 긍정적 영향을 미치지는 못한 것으로 볼 수 있다. 이러한 상황에서 아직은 정부의 소상공인 지원책에 대한 활용 및 효과가 발생하고 정착하기 까지는 앞으로도 상당한 시간이 소요될 것으로 보이며[62], 소상공인들의 새로운 기회의 창을 열기 위해서는 글로벌시장의 장벽을 반드시 넘어야 할 것이다.

---

62) 중소기업연구원 _ 소상공인 지원체계 개편방안

〈참고 문헌〉

Siza Standards Regulation, Code of Federal Regulations Title 13, Part 131

Florida, R., <The Rise of the Creative Class: and How It's Transforming Work, Leisure, Community and Everyday Life>, Harper Collins Publishers, NY, 2007.

PRIME : Program for Investment in Microentrepreneurs, 13 CFR Part 119

Landry, C., Creative City Making, 메타기획컨설팅 역, 역사넷, 2009.

Caves, R. E., <Creative Industries>, Harvard University Press, 2000.

Drucker, P., <자본주의 이후의 사회>, 이재규 옮김, 한국경제신문.

Statistisches Bundesamt Deutschland

O'Sullivan, A.(2007). Urban Economics. NY: McGraw-Hill.

Kaleci, A., 「자본주의 4.0」(컬처앤스토리, 서울, 2011)

Global Business (2011) FTA 시대에 대비하는 유럽 시장진출 전략 참조

「2012년도 대·중소기업 동반성장 시행계획」(지식경제부 고시 제2012-81호, 2012. 4. 18. 발령·시행)

ILO 고용통계 (주현·김숙경 외(2010), 「자영업 비중의 적정성 분석 및 정책 과제 연구」, 소상공인진흥원·산업연구원, p.144에서 재인용)

고용노동부(2010), 정년연장 등 고령자 고용촉진을 위한 정책방안 연구 용역보고서

소상공인진흥원 (2013) 도시형소공인 지원활성화 방안

소상공인진흥원 (2010) G20 소상공인 정책에 관한 연구

2010년 시니어 실태조사(2010)

서용구.김숙경(2012)_국제 비교를 통한 소매업 소상공인 현황과 정책적 시사점_유통연구 17권 5호

이유태 (2012) 2012 정책제안 포럼 발표자료

이장우, 한국형 동반성장 정책의 방향과 과제, 「중소기업연구」 제33권, 제4호(중소기업학회, 2011), 79-93p

최상렬, 노현섭(2007), '소상공인 운영지원시스템의 개선방안', 국제회계연구 제20집, pp335-358

한 소매업 소상공인 현황과 정책적 시사점_ 유통연구 17권 5호

한국노동연구원(2010), 고령화연구패널의 조사결과 및 기초분석 보고
한국콘텐츠진흥원, 콘텐츠산업통계, 2012.
한국경영학회, 한류의 수익효과 및 자산가치 분석, 한류미래전략연구포럼
　　연구보고서, 한국문화산업교류재단, 2012.
이장우, '창조경제에서 중소기업 융합경영', 기술경제경영학회, 동계학술대
　　회 발표자료, 2013. 2.
한국경영학회, 융합행정 선진화를 위한 정책방향 및 인천국제공항 사례조사
　　분석, 국가경쟁력강화위원회, 2011. 9.
(재)창조경제연구원, 창조경제에서 창조인력 양성을 위한 콘텐츠 기반의 교
　　육방안, 문화체육관광부, 2011.
한국경영학회, 융합행정 선진화를 위한 정책방향 및 인천국제공항 사례조사
　　분석, 국가경쟁력강화위원회, 2011. 9.

광주발전연구원 (www.gji.re.kr)
통계청 (www.kostat.go.kr)
중소기업청 (www.smba.go.kr)
국토교통부 (www.molit.go.kr)
한국은행 (www.bok.or.kr)
국세청 (www.nts.go.kr)
중국인터넷정보센터 (www.cnnic.net.cn)
신영증권 (www.shinyoung.com)
한국무역협회 (www.kita.net)
주간무역신문사 (www.weeklytrade.co.kr)
MBC (www.imbc.com)
금융위원회 (www.fsc.go.kr)
중소기업중앙회 (www.kbiz.or.kr)
고비즈코리아 (https://kr.gobizkorea.com)
동아비즈니스리뷰 (www.dongabiz.com)
대전광역시인터넷방송 (http://tv.daejeon.go.kr)
서울스포츠닷컴 (www.sportsseoul.com)
소상공인시장진흥공단 (www.kmdc.or.kr)
소중한 동행(http://gtmall.kr)
이데일리 (www.edaily.co.kr)
엔뉴스 (www.nnews.co.kr)

영남일보 (www.yeongnam.com)
중앙일보 (joongang.joins.com)
재뉴한인 음식협업회(www.auckland.hansik.org)
지디넷코리아 (http://www.zdnet.co.kr)
중소기업연구원 (www.kosbi.re.kr)
프랑스 경제산업고용부
CJ(www.cj.net)

박준수

단국대학교 대학원 경영학과(재무관리), 경영학박사
한양대학교 대학원 전자통신공학과(전자통신공학), 공학석사
서강대학교 대학원 경제학과(금융경제), 경제학석사
숭실대학교 대학원 중소기업지도학과(경영지도), 경영학석사
서울시립대학교 경영학과(경영학), 경영학사
휴넷마케팅MBA(마케팅), 휴넷전략MBA(경영전략) 수료

지경부장관 표창(기술사업화 공로 대상수상)
중소기업청장 표창(중소벤처기업육성 공로 수상)
중소기업중앙회장 표창(중소기업육성 공로 수상)

비에스투자파트너스 파트너(현)
순천향대학교 산학협동객원교수(현)
한국기술거래사회 부회장(현)
군산대학교 기술지주회사 이사(현)
한양대학교 산학교수
순천향대학교 산학교수
충남 중소기업 희망키움아카데미 멘토교수(중소벤처기업 문제해결)
소상공인리더십아카데미 멘토교수(소상공인 문제해결)
전북테크노파크 기업지원단장/기술이전센터장/전북기술지주회사이사
충남테크노파크 기업지원단장/기술이전센터장(기술이전사업화110건)/Post-BI
센터장
서린바이오사이언스 기획전략본부장/이사
한국벤처캐피탈협회 기획전문위원
한국벤처투자 투자부장(벤처기업투자116건, 코스닥상장39건, 나스당상장1건,
나스닥M&A1건)
아주아이비투자 영업부장
한국종합캐피탈 영업팀장
신용보증기금 행원

기술금융 이야기(2018)
세계속의 소상공인(2016)
Death-Valley극복을 위한 기술사업화 투자계약 핵심가이드(2010)

홈네트워크시스템 표준화 연구 및 응용(2007, 한양대)
특허취득공시가 기업가치에 미치는 영향에 관한 실증적 연구(2004, 단국대)

중소기업도산예측을 위한 중소기업종합평가표 유용성에 관한 연구(1999, 숭실대)
금융산업개편에 따른 리스전업사의 대응방안 연구(1996, 서강대)
제주도 팜파스곤충랜드 사업타당성 연구(2017, 네이처월드(주))
미백화장품 국내외 시장경쟁력 확보방안 연구(2017, 국세지역학회)
경기테크노벨리 성장요인 분석을 통한 발전방안 연구(2018, 경기도)
사용자 주도의 개방형 혁신을 통한 국내 스타트업 기업체 대상의 정부 자금지원
개선 방안 제언: 신용보증기금을 중심으로(2018, 한국중소기업융합학회)

순천향대학기술지주회사 설립(2014)
순천향대 연구마을 및 창업선도대학 프로젝트(2013)
순천향대 산학협력선도대학(LINC) 프로젝트(2012)
전북대학기술지주회사 설립(2011), 전북기술이전센터 지경부인가(2011)
중부권기술사업화 거래촉진네트워크프로젝트(2010)
충청권광역선도산업 의약바이오 기업지원프로젝트(2009)
충청권광역선도산업 그린반도체 기업지원프로젝트(2009)
충청광역경제권 협력프로젝트(2008), 중부서남권 바이오기술사업화 프로젝트
(2008)
해외기술사업화 기술금융 프로젝트(2007)
소방검정공사 경영혁신프로젝트(2006), 진도홍주 명품화프로젝트(2005)
다산벤처펀드(800억) 결성·운용(2003), 테크노블러더&다산T펀드(20억) 결성·
운용(2002)
다산이노텍펀드(100억) 결성·운용(2002), 성남다산펀드(100억) 결성·운용
(2002)
다산인큐베이팅펀드(150억) 결성·운용(2001)
기술사업화 투자 및 상장 프로젝트(1996~2005)
충남스타펀드(160억) 결성 지원(2009, 아주아이비투자)

정우성

한양대학교 대학원 (경영컨설팅), 박사재학
한양대학교 대학원 (전략경영), 경영학석사
순천향대학교 경영학과, 경영학사

주파오(助跑)중국컨설팅 전문연구원(현)
한양대학교 경영대학 연구조교(전)

화성시 지역발전연구논문 공모/ 우수(2015)
대한민국 경영혁신 연구논문 공모/ 한국능률협회컨설팅 사장상(2013)
제17회 글로벌 창업 아이디어 대회/ 한양대학교 총장상(2013)
제2회 기업분석창의제안 대회/ 한국커리어개발원장상(2013)
S.C.H 사회적기업 창업경진대회/ 우수(2013)
제3회 사회적기업 창업 공모/ 인천광역시 연수구청장상(2013)
S.C.H 대학 토론대회/토론부분/ 순천향대학교 총장상 (2011)
국군방송 TV프로그램 기획안 및 아이디어 공모/군내부입상(2009)
플랜한국위원회 이벤트 아이디어 공모/ 3위(2009)
결핵퇴치 및 예방홍보 대학생 광고 및 아이디어 공모/ 대한결핵협회장상(2009)
제14회 하동야생차축제 프로그램 및 아이디어 공모/ 수상(2009)
상반기 군정 시책 공모/ 옥천군수상 (2009)
군정 시책 제안 아이디어 공모/ 고령군수상(2008)
S.C.H 창업아이템 경진대회/ 순천향대학교 총장상(2008)

화성시 외래방한객 유치를 위한 생태관광 클러스터 조성방안-사용자 중심의 개방
형 혁신(Living Lab)을 중심으로 (화성시 지역발전 연구센터, 2015)
사용자주도의개방형혁신을통학신용보증기금지원기업의경쟁력강화방안연구:
Start-up 기업을 중심으로(신용보증기금 연합학술대회, 2015)
사용자 주도의 개방형 혁신 모델(Living lab)을 통한 국내 헬스케어 기업의 글로
벌 경쟁력 강화 방안에 대한 연구(한국능률협회컨설팅 연구논문 수상, 2013)

플로리스트협동조합 프로젝트 참여(2014)
백년화편 마케팅전략 프로젝트 참여(2014)
엠케이메디칼 투자사업계획 프로젝트 참여(2014)
성남시 일자리창출 전략 프로젝트 참여(2014)

세계 속의
소상공인

초판인쇄 2014년 10월 20일
초판발행 2014년 10월 20일

지은이 박준수 · 정우성
펴낸이 채종준
펴낸곳 한국학술정보㈜
주소 경기도 파주시 회동길 230(문발동)
전화 031) 908-3181(대표)
팩스 031) 908-3189
홈페이지 http://ebook.kstudy.com
전자우편 출판사업부 publish@kstudy.com
등록 제일산-115호(2000. 6. 19)

ISBN 978-89-268-6709-9 93320